财税史话

中国古代财税演进与国家财富分配

黄燕 著

上海财经大学出版社
上海学术·经济学出版中心

图书在版编目(CIP)数据

财税史话:中国古代财税演进与国家财富分配/黄燕著. —上海:上海财经大学出版社,2023.11
ISBN 978-7-5642-4282-4/F.4282

Ⅰ.①财… Ⅱ.①黄… Ⅲ.①财政-经济思想史-中国-古代②税收管理-经济思想史-中国-古代 Ⅳ.①F812.9

中国国家版本馆CIP数据核字(2023)第212842号

□ 策划编辑　陈　强　朱晓凤
□ 责任编辑　朱晓凤
□ 封面设计　贺加贝

财税史话

中国古代财税演进与国家财富分配

黄　燕　著

上海财经大学出版社出版发行
(上海市中山北一路369号　邮编200083)
网　　址:http://www.sufep.com
电子邮箱:webmaster@sufep.com
全国新华书店经销
上海叶大印务发展有限公司印刷装订
2023年11月第1版　2023年11月第1次印刷

710mm×1 000mm　1/16　18印张(插页:2)　304千字
定价:88.00元

前　言

财政是重要的国家财富分配工具,在中国历史上,我们有极为丰富的财政实践经验。正如南宋时的学者叶适所言:"财用,今日之大事也,必尽究其本末,而后可以措于政事。欲尽究今日之本末,必先考古者财用之本末。盖考古虽若无益,而不能知古则不知今故也。"(《叶适集》卷4)经济学家约瑟夫·熊彼特在《税收国家的危机》一文中强调财政史的重要性时提出:"财政史是一个民族整体历史中最为基本的部分……财政史使人们能够洞悉社会存在和社会变化的规律,洞悉国家命运发展的推进力量,同时也能洞悉实在的条件(特别是组织的形式)发展和消失的方式。"[1]

党的二十大报告在开篇部分指出:"坚定历史自信,增强历史主动,谱写新时代中国特色社会主义更加绚丽的华章。"中国财税的演进历史是经济类学生以及财税从业人员的必修内容,结合财政学的基本理论、知识和方法,笔者试图通过讨论中国财政在数千年历史发展过程中的基本演变轨迹、特点,方便读者了解、掌握和运用中国财政演变发展的规律,为我国正在进行的财政体制改革提供借鉴。本书在传统中国财政史的基础上,以断代史为时间轴,以国家财富分配制度的建立、发展、变革为核心,阐述中国古代不同历史时期的政治经济社会背景、财政收入、财政支出、财政管理与国家财富分配制度,意图解决如下问题:维持中国长期发展的财政机制是什么?主导中国古代国家财富分配制度的产生、衰落及向近现代转型的思想基础是什么?中国古代对财富在政府与民间分配、中央与地方分配的财政逻辑是什么?中国社会发展的财政动因是什么?

---

[1] Joseph Schumpeter, "The Crisis of the Tax State", in *The Economics and Sociology of Capitalism*, edited by Richard Swedberg, Princeton University Press, 1991.

本书将国家财富分配思想引入中国财政史内容，从全新的角度解读3 000多年来国家财政的收支分配、管理制度及财税思想。笔者希望从经济学的角度解读传统史学，突破以往史学著述过多地从政治学角度解释财政问题的限制。同时，由于引入了最新的考古学、历史学研究成果，努力做到史料真实、内容丰富，用考古成果的直观性和现实存在性使读者对历史的形象性理解由原来的抽象、晦涩，变为简单明了。

经济史教育本身具有双重意义，它既是政治思想教育，又是专业教育。就前者来说，它是爱国主义教育，是振奋民族精神的教育。一个不了解祖国历史、不了解民族历史的人，就是一个没有精神寄托、没有崇高抱负的人。就后者来说，它是历史唯物主义教育、唯物辩证法的教育。历史是不能割裂的，是逻辑发展的，是有规律可循的。因此，本书在撰写的过程中时刻围绕爱国主义精神，将民族自信贯穿始终，从中国自身的逻辑出发进行研究，从中国自身的历史变迁和逻辑过程来组织材料、提炼概念、构建理论，将当前中国的现实看成本民族机体自然成长的结果。本书期待可以帮助读者理解中华文明作为一个多民族整体如何从文明启蒙、国家建立、文化交融发展为当今世界上唯一延续的古文明，中国为什么能够在3 000多年的历史长河中绵绵不息，一次又一次如凤凰涅槃般在苦难中重生。

关于中国财税历史的内容散落在经史子集及其他浩瀚的文献之中，本书的史料以正史记载的经济、食货资料为主，引用亦尽量使用经典的古代文献版本，为了保持阅读的流畅，只在正文中标注文献出处，详细版本陈列于最后的参考文献。同时在编写过程中，笔者亦学习和参考了当下史学专家的历史、考古研究成果，在此表示诚挚的感谢。本书的写作及出版得到了山东工商学院的同事们大力的支持与帮助，上海财经出版社的编辑也为本书做了大量的工作，在此一并表达我的感谢。由于笔者水平有限，在史料文献的选取、观点表述等方面势必存在诸多不足，恳请读者批评指正。

目 录

第一章　远古时期的社会生产与公共财富形成的萌芽/001
　　第一节　远古时代的经济生活/003
　　第二节　父系氏族社会的经济发展与分配/007
　　第三节　私有制的出现与公共财富分配的形成/011

第二章　夏、商、西周时期的国家财富分配制度的建立/017
　　第一节　夏、商、西周时期的社会经济时代背景/019
　　第二节　夏、商、西周时期的财政收入/026
　　第三节　夏、商、西周时期的财政支出/035
　　第四节　夏、商、西周时期的财政管理及国家财富分配制度的建立/040

第三章　春秋战国时期的财税变革与国家财富分配思想/045
　　第一节　春秋战国时期的社会经济时代背景/047
　　第二节　春秋战国时期各国的变法与财政变革/050
　　第三节　春秋战国时期各国的财政收入与财政支出/055
　　第四节　春秋战国时期的财政管理及国家财富分配思想/061

第四章　秦汉时期的财政与中央集权分配制度/067
　　第一节　秦汉时期的社会经济背景与中央集权分配制度的建立/069
　　第二节　秦汉时期的财政收入/073
　　第三节　秦汉时期的财政支出/084
　　第四节　秦汉时期的财政管理机构与制度/092

第五章　三国、魏晋、南北朝时期的财政与分配制度的沿袭与融合/095
　　第一节　三国、魏晋、南北朝时期的社会经济背景/097
　　第二节　三国、魏晋、南北朝时期的财政收入/101
　　第三节　三国、魏晋、南北朝时期的财政支出/110
　　第四节　三国、魏晋、南北朝时期的财政管理及胡汉分配的沿袭/115

第六章　隋唐时期的财政与国家财富分配/117

　　第一节　隋唐时期的时代背景/119
　　第二节　隋代的财政收支/123
　　第三节　唐代的财政收入/127
　　第四节　唐代的财政支出/135
　　第五节　隋唐时期的财政管理及国家财富分配/139

第七章　五代至两宋时期的财政与国家财富分配/145

　　第一节　五代十国的财政/147
　　第二节　宋代的社会经济背景/154
　　第三节　宋代的田赋与徭役/156
　　第四节　宋代的工商税收/162
　　第五节　宋代的财政支出/169
　　第六节　宋代的财政管理及国家财富分配/174

第八章　辽、金、元时期的财政与国家财富分配制度的探索/181

　　第一节　辽、金、元时期的政治经济/183
　　第二节　辽的财政收支/186
　　第三节　金的财政收支/188
　　第四节　元代的财政收支/193
　　第五节　辽、金、元时期的财政管理及国家财富分配制度的探索/207

第九章　明代财政与新经济模式的碰撞/211

　　第一节　明代的社会经济时代背景/213
　　第二节　明代的财政收入/219
　　第三节　明代的财政支出/228
　　第四节　明代的财政管理与新经济模式的碰撞/234

第十章　清代财政与国家财富分配/239

　　第一节　清代的政治经济背景/241
　　第二节　清代前期的财政收支/246
　　第三节　清代中后期的财政收支/259
　　第四节　清代的财政管理及国家财富分配/274

参考文献/278

第一章

远古时期的社会生产与公共财富形成的萌芽

开篇导言

中华文明，是人类现存的唯一没有消亡的古文明。中华文明诞生之初的历史，我们通常是从口口相传的神话传说和古代保存下来的历史典籍中探索所得，其真实性尚存争议。现当代考古发掘的成果为我们对文字诞生之前的历史研究带来了突破性的进展，三皇五帝的传说，旧石器时代与新石器时代，黄帝云师与大禹治水，都被赋予了更加清晰的历史概念。

我们通常把夏商周作为中国国家形成的早期阶段，那么在夏商周三代之前的时期，可以理解为没有政府、没有阶级的原始氏族社会。大约在10万年前，在东亚大陆的这片土地上，多元起源的中华民族已进入母系氏族时期。中国人类先祖幸运地生存在了一片适于植物生长的陆地上，他们选择了更有利于维持生存的种植业，不断地改良工具，提高种植业的产量，慢慢出现了维持生存食用后的盈余，产生了剩余产品。随之形成的是全新的社会关系与制度，即私有制和公共选举的权力集团，社会开始出现剩余财富，早期的国家财政是为了更好地分配及更有效率地使用这些财富的工具。

对于这一历史发展阶段，中国古代文献和民间神话保存了大量美丽浪漫的传说；各地已发掘的史前遗址中也出土了丰富的历史文物，这些文献与文物展现了我们的先祖如何为后世奠定了国家的雏形，中国社会如何从蹒跚学步开始走上辉煌的历史舞台。

第一节　远古时代的经济生活

人类由类人猿进化而来已是共识,1965年考古发掘出的云南元谋古猿化石是中国发现的早期人类化石之一,证明在170万年前,云南已有古人类生存。1964年在陕西公王岭发现的蓝田人头骨,将蓝田人的生存年代从原先普遍接受的115万年前提早到大约163万年前,是迄今为止我国发现的有确定年代数据的最早的古人类化石。1954年开始发掘出土的山西襄汾丁村人化石及丁村文化距今20万~2.6万年,上承北京猿人,下启山顶洞人,向世界宣告:中华大地历史悠久,中华民族的祖先一脉相承、代代传续,一直生活在中国这块土地上。

一、远古传说与原始社会

经历了几百万年的发展,从人类的产生到人类社会的萌芽阶段,即原始社会的出现、国家的诞生,原始社会的经济和社会组织随着时代的推移,发生了重要的变化。

19世纪初期,史学家把人类文化演进的次序,按生产工具的材料划分为石器时代、铜器时代和铁器时代。原始社会属于石器时代,由于石器时代时间跨度大,因而又分为旧石器时代与新石器时代。1961年发现于山西芮城县西侯度村附近的西侯度,距今约180万年,是中国目前已知最早的旧石器时代遗址,保存有中国最早的人类用火的证据。西侯度遗址位于黄河中游左岸高出河面约170米的古老阶地上。出土的石器包括石核、石片和经过加工的石器,其制作方法包括锤击、砸击,石器种类有刮削器、砍斫器、三棱大尖状器。西侯度遗址的发现,提早了中国旧石器时代以及人类用火的历史。

旧石器时代后期以山顶洞文化为代表。据山顶洞人文化遗址所反映的情况,可以推测当时已有氏族的萌芽。早期氏族社会存在着按性别、年龄划分的简单的分工形式:男子多从事狩猎、捕鱼以及防御猛兽等工作;妇女则多从事采集果实、看护住所、缝制衣服、抚养老幼等任务;老人和儿童则辅助劳动。山顶洞人的公共墓地中埋葬着男女老少的氏族成员,反映出血缘亲族关系的密切,表明共同劳动、共同消费、因血缘关系而形成的集体已正式出现。他们在随葬品的分配上没有多大差别,这意味着氏族成员的地位较为平等。

我国古代文献中记载有不少远古人类生活的传说。如关于采集、渔猎的传说：

"上古之世，人民少而禽兽众，人民不胜禽兽虫蛇；有圣人作，构木为巢，以避群害，而民悦之，使王天下，号之曰有巢氏。"（《韩非子·五蠹》）

关于用火的起源：

"民食果蓏蚌蛤，腥臊恶臭，而伤害腹胃，民多疾病；有圣人作，钻燧起火，以化腥臊，而民说之，使王天下，号之曰燧人氏。"（《韩非子·五蠹》）

"古者禽兽多而人民少，于是民皆巢居以避之。昼食橡栗，暮栖木上，故命之曰有巢氏之民。古者民不知衣服，夏多积薪，冬则炀之，故命之曰知生之民。"（《庄子·盗跖》）

这些远古传说乃至神话，似与现今考古所知者不谋而合，但我们今天仍要辩证地看待，分辨其中的虚构、夸张与实录。有巢、燧人、伏羲、神农、黄帝等传说最早有明确文献记载的时期是战国，西汉司马迁综合黄帝、颛顼、帝喾、尧、舜的传说，写下了《五帝本纪》，将原本各自独立的原始氏族的古史传说置于同一个系统，以黄帝为共祖。这是在商周至汉初华夏民族逐渐统一的历史趋势下，将各氏族的祖先组合起来而形成的一个固定世系。

参照考古学成果及古代文献，可以认为，三皇和五帝是前后两个不同时代，其表现形式是人类使用的工具的材质不同。东汉袁康所著《越绝书》中引用战国时代风胡子的话："轩辕、神农、赫胥之时，以石为兵，断树木为宫室"；"至黄帝之时，以玉为兵，以伐树木为宫室，凿地"；"禹穴之时，以铜为兵，以斸伊阙，通龙门，决江导河"；"当此之时，作铁兵，威服三军"。从上可知，三皇是使用石器的时代，距今不少于 5 万年；从黄帝开始的五帝时代是使用玉器的时代，距今已有六七千年；禹以后的夏商周三代为铜器时代，距今已有三四千年；春秋战国为铁器时代，距今已有二三千年。

二、母系氏族公社与农业的选择

由旧石器时代向新石器时代过渡，出现了人类文明的曙光：农业起源，农牧业的分工，以及农牧业代替渔猎而成为社会经济的主要部分。随之出现了定居的村落，进而发展到制作陶器、饲养家畜、修建半地穴式建筑和地面建筑。人类进入新石器时代，出现了农业、畜牧业、磨制石器业、制陶业、纺织业，标志着人类已进入生产经济阶段。在此以前，人类只是食物的采集者，而新石器时代的人类开始转变为食物的生产者。耕种土地、饲养禽畜为人们提供了可靠的食物来源，间或还有剩余。这种生态环境促进了人口增长、生活稳定以及配套的社会制度的形成。

我国已发掘出了丰富的氏族公社的新石器文化遗迹：在黄河流域有"仰韶文化"[①]"马家窑文化"[②]，北部地区从东北部起，经内蒙古、宁夏直至新疆，分布着大量的"细石器文化"[③]，在其他地区，近年来也出土了各种母系氏族公社阶段的新石器文化遗迹。

根据人类学家的研究，在半坡、北首岭等遗址发现的数百具骨架都属于蒙古人种，和近代蒙古各支人种比较，则与太平洋支的南亚人种系、远东蒙古人种系接近，体质特征接近近代南方人。仰韶文化地区附近的人是今天的中国人的血缘先祖，这是考古学上已解决的重大问题之一。

1977年和1978年在河南新郑发掘出土的裴李岗遗址[④]是新石器时代早期的文化遗址。裴李岗遗迹表明当时男女在生产上分工不同，男性以从事农耕和狩猎为主，女性以加工粮食为主。除了裴李岗遗址，其他各地已出土的文化遗迹也表明，在新石器时代，农业已经成为中国古人们的主业。

（一）南北地区的农业选择

中国的农业，大约是在距今一万多年前出现的。古人之所以选择农业，既有其自然环境的影响，也有其历史发展的必然。从中国地形、地貌看，北部为荒漠，西部和西南部为高原，东部和东南部是大海；境内有长江、黄河流贯东

---

① 仰韶文化，是指黄河中游地区一种重要的新石器时代彩陶文化，其持续时间大约在公元前5000年—前3000年（即距今约7 000年至5 000年，持续时长2 000年左右），分布在整个黄河中游从甘肃省到河南省之间。因1921年首次在河南省三门峡市渑池县仰韶村发现，故按照考古惯例，将此文化称为仰韶文化。其以渭、汾、洛诸黄河支流汇集的关中、豫西、晋南为中心，北到长城沿线及河套地区，南达鄂西北，东至豫东一带，西到甘、青接壤地带，其中比较重要的遗址有：陕西宝鸡北首岭、西安半坡、临潼姜寨等。

② 马家窑文化，1923年首先发现于甘肃省临洮县的马家窑村，故名马家窑文化。马家窑文化是黄河上游新石器时代晚期文化，年代约为公元前3300年—前2050年。主要分布于黄河上游地区及甘肃、青海境内的洮河、大夏河及湟水流域和凉州的谷水流域一带。历经了1 000多年的发展，有石岭下、马家窑、半山、马厂4种类型。

③ 细石器文化以细小的打制石器为主要特征，其石器多以玛瑙、石英为原料。分布地区主要在东北、内蒙古、宁夏、新疆等广大地区，是我国北部和西北部广泛存在的一种新石器时代的文化。

④ 裴李岗遗迹的墓葬形制多为长方形竖穴，死者多是单人葬，个别的为合葬。多数墓穴内在死者两侧放置了数量不等的随葬品。男性墓主多随葬石铲、石斧、石镰等生产工具和陶器，女性墓主则多随葬石磨盘、石磨棒等。

西,大小河流遍布其间;气候温润,土地也比较肥沃,是适于农耕的环境。但以神农氏为代表的先祖之所以选择农业,应是当时的生产生活条件发生变化所致。史传:

"古之人民皆食禽兽肉。至于神农,人民众多,禽兽不足,于是神农因天之时,分地之利,制耒耜,教民农作。"(《白虎通义》)

古人选择农业作为主业的原因有三:(1)人口显著增多,活动区域相对扩大,需要有比较稳定的生活资料来源;(2)人口众多,禽兽不足,生活资料来源不足;(3)传统的采集果木之实等食物来源对人民的身体健康有一定危害。三者之中,食物不足应该是主要原因。因此,古人选择了适于定居、有选择和发展空间的农业作为主业,改变了人类的生活,推动了历史的发展。

首先,人类的生产和生活空间得到了开发。在采集和狩猎经济形式下,受自然条件制约很大;受野生植物的再生能力和野禽、野兽的繁殖能力的影响很大,加之狩猎艰难,使人们终日忙于觅食。而农业的种植和栽培,则为人类提供了较为稳定和比较丰富的衣食之源。其次,随着农业种植业和栽培业的发展,收获的作物增多,为人类定居及之后发展稳定的社会制度奠定了物质条件。最后,农业种植业的发展,也为家庭养殖业的发展提供了条件,为人们的饮食及其他副产品增加了新的来源。从西安半坡遗址和浙江河姆渡遗址的出土物看,北方的遗址出土了狗、鸡、猪、羊等动物骸骨,南方的遗址还发现了大量的水牛骨,说明此时的家庭养殖业已有了相当程度的发展。

原始农业就是通常所说的"刀耕火种"的耕作方法。即先将原始的树木植被砍伐掉或放火焚烧,然后用石斧、石铲、木棒松土后进行耕种。这种耕作技术相当原始,仰韶文化时期的农业,就处在这个阶段。在西安半坡等遗址的窖穴、房屋和墓葬中,都发现了谷物的皮壳,经鉴定是粟(小米,比较耐旱的农作物,适宜我国干燥性气候的黄土地带)。姜寨和半坡遗址都发现了饲养牲畜的圈栏遗址。[①] 从仰韶文化各遗址所发现的诸种遗迹、遗物的数量比例上看,当时人们的经济生活是以农业为主,而其他如采集、渔猎和家庭养殖,只不过作为副业而已。

1972到1974年在浙江余姚河姆渡发掘的新石器文化遗址由四个文化层组成,叠压关系非常清楚,每层遗物各有特色,前后互相关联,逐步发展。其中第三、四层是长江下游东南沿海地区目前发现的新石器时代最早的文化层。

---

① 临潼姜寨新石器时代遗址的新发现[J]. 文物,1975(08):82—86.

它的绝对年代距今约 6 700 年到 6 900 年。在遗址第四层十多个探方广达 400 平方米的范围内,普遍发现了稻谷、谷壳、稻秆、稻叶等的堆积,厚度从一二十厘米到三四十厘米,最厚处达七八十厘米。根据对部分完整谷粒外形的鉴定,认为属于栽培稻的籼稻稻谷。观察河姆渡出土的文物可知,当时的农作物主要是水稻,农具有骨制耒耜,家畜有猪、狗、水牛。将河姆渡文化和仰韶文化比较后可知,无论是农作物、牲畜、用品等均有明显差别,很明显这是南北两个同期但类型相异的文化。

我国古代农业遗迹的出土,说明一万余年来,农业和农业生产逐渐成了氏族社会的主要经济形态,是中华民族的重要衣食之源,也是氏族公共事务活动的物质来源。

(二)手工业的产生

新石器时代一项新兴的手工业是制陶业,当时,制陶业主要是有经验的妇女的专属工作。制陶业是仰韶文化的最高成就,在西安半坡、华县泉护村等遗址,都发现了一些专门用于制作陶器的土窑遗址,出土的陶器种类较多,如炊具有鼎、甑、釜和陶灶等,陶灶可以随意搬动,使用方便;饮食器具有钵、碗、盆、盘、杯等;汲水的用具有小口尖底瓶;储藏食品或盛水的器具有瓮、罐等。浙江河姆渡遗址的第三文化层和第四文化层出土了 10 多万片陶片,已复原的陶器有 200 多件。陶器的发明对人类的生活有着重大的意义。在这以前,人类处理食物一般采用烧或烤的方法;有了陶器后,人类增加了煮熟食物的方法,并且便利了饮用水的运送和储存,使人类能够定居下来,从事农业生产。可见陶器的制作是人类与自然界斗争中一项划时代的发明创造,也是新石器时代文化的一个重要标志。

家庭纺织业也在编织业的基础上出现了,从西安半坡和陕西华县泉护村出土的麻布痕、江苏苏州草鞋山出土的葛布、浙江余姚河姆渡出土的织机零件看,至少在距今六七千年前,我国就已有了织布机和纺织业。

手工业中除了制陶、纺织外,突出的还有加工复杂的生产工具。对石器的磨光和钻孔是人类的另一个重要创造,也是进入新石器时代的重要标志之一。

第二节　父系氏族社会的经济发展与分配

距今大约四五千年以前,我国黄河流域、长江流域的一些氏族部落,先后从母系氏族逐渐进入父系氏族公社时代。地下考古材料,如黄河流域的大汶口文化晚期、龙山文化和齐家文化等,长江流域的青莲岗文化、良渚文化和屈家岭文化等,都体现了这种社会变革。这些原始文化是以各文化遗址的首次发现地,如山东泰安的大汶口、山东章丘的龙山镇、甘肃广河的齐家坪、江苏淮安的青莲岗、浙江余姚的良渚镇和湖北京山的屈家岭等地名命名的。

在母系氏族公社制度繁荣阶段,农业、畜牧业不断发展,促使当时的社会组织也不断变化。仰韶文化晚期半坡类型遗址的墓葬出现多人合葬的新现象。墓葬习俗是和人们的现实生活相一致的。比如在母系氏族公社前半期,生产资料和财产是氏族公有的。氏族作为当时社会组织的基本单位,既是一个血缘集团,又是一个经济集团。全氏族成员在生产时,共同劳动,共同占有产品,死后一同埋在公共墓地里。这些都充分体现了母系氏族社会的民主生活。但是,随着社会生产力的发展,人们同自然做斗争的能力不断提高,过去需要整个氏族才能从事的生产活动,而今在较小的范围内就能够完成了。为了便于生产,氏族内部便依照血缘的亲疏,自然而然地形成了若干个小生产集团,这就是氏族内部划分成若干个母系家族的原因。母系家族作为一个共同体,共同生产、生活,共同占有财产。共产制家族经济下的对偶家庭成员,包括一些始终属于别的氏族的男子,他们死后必须归葬到自己出生氏族的墓地。这种家族的产生,意味着母系氏族制度开始走下坡路,并以缓慢的步伐向着父系氏族制度前进。

一、父系氏族公社制的形成

大约从 5 000 年前开始,我国黄河流域、长江流域的一些氏族、部落,先后从母系氏族进入父系氏族公社时代。从现有的考古资料看,华东地区的大汶口文化前期还是母系氏族占主要地位,到中、后期便开始转变为父系氏族社会了。在西部地区,马家窑文化还是母系氏族社会,到齐家文化就过渡到了父系氏族社会。在长江中、下游流域,马家浜文化可能还是母系氏族,至屈家岭文化、良渚文化大概已是父系氏族了。

长城以北草原地带的细石器文化遗址,所出土的陶器在技术上比中原地区的原始,有的遗址根本就没有发现陶片。那里的人们主要从事狩猎和游牧,可能较早进入以高级畜牧业为主的生活,而高级畜牧业往往是以男子劳动占主要地位的。因此,可以推测细石器文化地区可能较早进入父系氏族公社阶段。

母系氏族社会之所以转向父系氏族社会,主要是由于当时的社会生产力有了进一步发展,男子在农业和畜牧业劳动中逐渐居于主导地位。从山东堡头、青海柳湾的墓葬所反映的情况来看,当时人们在劳动上有了明确的男耕女织的分工。男子在作为主要生产部门的农业和手工业中逐渐成为主要劳动力,而妇女则成为从事纺织和家务等的次要劳动力。这与仰韶文化早期妇女主要从事农业,男子从事作为辅助经济的狩猎形成鲜明的对比。男女生产劳动分工的变化,决定了男女社会地位高低的变化。这时社会经济的主要生产者既然已不是妇女,她们也就逐渐丧失了过去那种崇高的社会地位,取而代之的是男子变成了社会的主宰。

父系氏族社会的一个主要标志是按父系确定血统关系和继承权。男子在社会生产和家庭经济中占主导地位,拥有更多的财产。随着对偶婚进一步发展,子女已确知谁是自己的生身父亲,迫切要求改变旧的继承法,由自己继承父亲的财产,父亲也愿意自己的子女继承自己的财产。为解决财产不能流出本氏族与父系继承这个矛盾,人们改变了原有的女子留在本氏族、男子出嫁的旧传统,变为让男子留在本氏族,女子出嫁到男方氏族,随男方居住,血统关系按父系计算。这种变化虽是人类史上的一次大变革,却是在完全不自觉的状态下进行的。因为这一变革,并不损害任何别的氏族成员,并且对待这种变革,父亲和儿女是欢迎的,妇女为了有利于自己的子女,当然也是欢迎的。

在这一大变革过程中,原来夫妇关系不甚牢固的对偶婚,逐渐向一夫一妻制的婚姻关系过渡,这是男女双方比较牢固和持久的结合,一般都是终身的夫妇关系,这就形成了社会生活的基本细胞,因而也成为氏族制度瓦解的一个重要因素。

1974 年在青海乐都柳湾发现一个规模很大的氏族公共墓地,包括马家窑文化半山类型、马厂类型和齐家文化类型的墓葬。已发掘马厂类型合葬墓 24 座,其中有夫妻合葬墓,如 319 号、348 号墓,一为老年夫妇,一为成年夫妻,这反映了一夫一妻制家庭的出现和父权制的建立。[①]

二、农业经济的发展与商品交换的产生

从各地出土的耘田器和石锄等物品看,在母系氏族社会晚期,农业经济逐

---

① 青海乐都柳湾原始社会墓葬第一次发掘的初步收获[J]. 文物,1976(01):67—78.;青海乐都柳湾原始社会墓地反映出的主要问题[J]. 考古,1976(06):365—377、401—404。

渐取代了采集、狩猎经济的主导地位,从事农业的人们不断改进农具,更新耕作技术,除草技术也在各地推广。太湖地区出土的木制千篰,说明人们已知灌溉和施肥是提高农产品产量的重要措施。与此同时,人们还注重农作物品种的选择、改良和培育。黄河流域主种黍稷(粟),长江中游及以东主种稻,说明适应各地气候地理条件的农作物,已广为种植并成为主要农作物。农业技术发展使得农作物产量得到提高,粮食生产除了满足人们的基本食用之外,还出现了剩余。从大汶口出土的各种酒器说明当时的人们已开始利用粮食酿酒。如仪狄造酒、禹恶旨酒的传说①,便可能是为了批判酿酒浪费粮食、酗酒妨碍生产生活的情况而产生的。

此外,从各地的出土遗物中,发现有大量的家畜骸骨,如河南陕县庙底沟文化遗址的 26 个灰坑中,除了有大量的鸡、猪、狗、山羊和牛的骸骨,有的遗址中还有马骨,说明家庭养殖的牲畜数量增多,品种也空前增加,而牲畜数量的增加,也反映了当时农业产量的提高和农副产品的增多,能为牲畜提供所需饲料。

家庭养殖业的发展,为氏族成员增加了食物和财富:牲畜不仅为人们提供美味肉食,为人类提供御寒皮毛,为农业生产提供畜力,为交换承担原始货币职能;同时,也为祭祀提供了重要的祭品,各氏族墓地中,猪、羊、狗等作为祭祀和随葬的现象比较多见。

农业和家居生活,必然促进家庭手工业的发展。相传"神农耕而作陶",说明农耕和制陶有不可分割的联系。父系氏族社会中手工业得到重大发展,其中一个原因就是手工业与农业逐渐分离,手工业成为独立的生产部门。如制陶业和冶铜业都是比较复杂的手工业,像过去那样既要从事农业劳动,业余时间又要从事陶器的制作和金属的冶炼是不行的,多样性的品种和制作工艺已经不是一个人所能胜任的,必须使农业和手工业彻底分离才有利于生产。这种新的社会劳动大分工,是从制陶和冶铜业的出现开始的,之后又逐渐扩展到手工业的其他各个部门。在南京北阴阳营等地出土的制作精美的玉器和泰安大汶口出土的象牙器,其制作技术均达到了前所未有的水平。特别是甘肃永登连城和山东胶县三里河出土的小型铜器,说明中国的冶铜技术(开矿、冶炼、铸造和加工等)在父系氏族社会阶段已经出现。

手工业的提高和发展,使得物品生产超过本氏族生活所必需的数量,就很

---

① 《战国策·梁王魏婴觞诸侯于范台》:鲁君兴,避席择言曰:"昔者帝女令仪狄作酒而美,进之禹,禹饮而甘之,遂疏仪狄,绝旨酒,曰:'后世必有以酒亡其国者。'"

自然地产生了商品交换的条件。最初的交换,是氏族之间偶发性的物物交换,还没有产生货币。《易·系辞下》记载:"日中为市,致天下之民,聚天下之货,交易而退,各得其所。"青海齐家文化遗址中的564号墓仅陶器就有91件,显然超出一人生活所需。一个人拥有这么多的陶器,一方面反映那时生产已经有了剩余,另一方面也意味着私有制已经萌生。人类对财产的占有欲也会导致商品交换的产生。交换进一步发展,使个别商品从许多商品中分离出来,逐渐承担起货币的职能。最后,约定俗成,某种商品便成了货币。45号墓出土了3枚海贝,91号墓出土了仿海贝制成的石贝,345号墓出土了骨贝,这些海贝、石贝等物虽然还有装饰品的作用,还不能算作纯粹的货币,但是从其普遍性和石、骨仿制贝的出现来看,贝也可以说是原始的货币了。[①] 海贝不是西北地区的产物,很可能是由交换得来的。因此,可以判断这时原始交换已正式出现在历史舞台上。

第三节　私有制的出现与公共财富分配的形成

生产力的迅速提高,使得一个人所生产的产品除维持自己基本生活需要之外,还能提供一些剩余产品,这为劳动产品私人占有奠定了物质前提。最初的个人财产仅是生产工具、生活用品和个人的装饰品。个体生产、社会分工和交换的发展,催化了私有制的形成。因耜耕农业的发展,使个体家庭能独立进行农业生产;随着野兽被驯化为家畜,个体家庭也能进行牧畜养殖,从而出现了个体经济,农业产品和畜产品都归个体家庭支配。财富的私有化最终瓦解了氏族公有制并催生了国家与阶级。

一、私有制的产生与氏族公有制的瓦解

青海乐都柳湾的齐家文化氏族公墓中既发掘出了近百件陪葬品的豪华大墓,也有仅一两件随葬品的贫乏小墓。通过这些不同的墓葬规格,我们可以了解到,在原始社会的末期私有制已经产生,私有制的出现是贫富分化的必然结果。此后,接踵而来的是奴役和掠夺。于是,阶级和奴隶的出现,便成为必然。在生产力低下的时期,一个人的劳动所能生产的东西,仅能维持他个人及其子

---

① 青海乐都柳湾原始社会墓地反映出的主要问题[J].考古,1976(06):365-377、401-404.

女的生活，也就是说，只有必要的劳动，还没有剩余劳动。战争时捉住俘虏，一般是把他杀掉。生产力提高后，有了剩余劳动，战俘才被保留下来，强迫他们从事劳动，以夺取其剩余产品。不仅他们的劳动力及其劳动成果全部归主人支配，连他们本身也如同牛马一样，成了主人的财产。主人对他们有生杀予夺之权，主人死时还往往用他们殉葬。这就是奴隶与奴隶主，两个对抗的阶级出现了。

阶级的出现，在原始社会晚期的文化遗址中也有证据表明，如邯郸涧沟龙山文化的一个房基内和一个乱葬坑内，有砍伤的人头骨；一个圆坑里杂乱地埋着10具人骨，男女老少都有；还有一个废弃水井，埋有五层人骨架，也是男女老少都有，或者身首分离，或作挣扎状。[①] 这些死者不是葬于公共墓地，而是男女老少同埋一处，显然不是自然死亡，而是由于一种外来强加的暴力致死的。

乱葬坑中的尸骨，生前当是俘虏或奴隶。父系氏族公社的大家族内部，与丈夫奴役妻子的情况并存，出现了家庭奴隶。奴隶是父族家长和父系氏族首领的财产。这些富有的父族家长或氏族首领，逐渐成为氏族部落的显贵，成为支配氏族部落的力量。他们凭借职权，用各种手段侵占氏族财产，用战争掠夺或对外交换等手段作为他们积累财富的途径。

氏族显贵、奴隶和剥削等的出现，破坏了全族共同生产劳动、共同分配、无阶级、无剥削的原始社会的一些特征，使氏族制度逐渐走向解体。

为了掠夺财产和人口，一些氏族部落首领经常发动战争，导致另一些部落不得不为了防御而联合。若干相邻部落组成部落联盟，以保卫自身安全。组成部落联盟后，自然而然地产生了不少公共事务。这些事务包括对外掠夺和防止其他部落前来掠夺的战斗准备，农业气象预测，农作物的种植和收获、储存，土地的开发、水利灌溉，财产纠纷的处理，以及宗教传播和对外联络交往等，于是联盟中便相应形成了处理这些事务的领导班子，分工管理农业、军事、水利、宗教、分配等各类事务。这些负责分管部落联盟公共事务的首领，最初是由氏族成员选举产生的；后来因为在掠夺或反掠夺战争中树立了各军事首领的权威，同时也为了保护各自的既得利益，一个强有力且长期掌权执政的统治集团便顺理成章地形成了。

历史上部落之间的流血冲突，规模之大、战斗之残酷，以神农之后、黄帝

---

① 1957年邯郸发掘简报[J]. 考古, 1959(10): 531-536、588.

之时最为突出。《庄子·盗跖》说："然而黄帝不能致德,与蚩尤战于涿鹿之野,流血百里。"《商君书》说："神农既殁,以强胜弱,以众暴寡,故黄帝内行刀锯,外用甲兵。"司马迁在《史记·五帝本纪》中说："天下有不顺者,黄帝从而征之,平者去之。披山通道,未尝宁居。东至于海,登丸山及岱宗;西至于空同,登鸡头;南至于江,登熊、湘;北逐荤粥,合乎釜山,而邑于涿鹿之阿。"这种情况延续至"尧舜作,立群臣"。为了应对自然灾害以及对抗野兽、组织生产,尧举舜治理,舜以益掌火,益烈山泽而焚之,驱走禽兽,播种五谷,恢复农业;使禹疏九河,安定民居,于是一个强有力的领导集体,在中原大地便开始形成。

据传说,直到禹之时,部落联盟领袖虽仍由氏族成员选举产生,但是已有传子的倾向。司马迁《史记·五帝本纪》记载"尧知子丹朱之不肖,不足授天下,于是乃权授舜";"舜子商均亦不肖,舜乃荐禹于天";禹之后传位于子启。在国家出现以前,"选贤与(举)能,天下为公"的旧制度不断被挑战,而父子相传的世袭制就是在这种反复的斗争中逐渐产生和加强的,于是禅让制逐渐被世袭制取代,"各亲其亲,各子其子"的"天下为家"的新时代正式出现。原始民主制度的崩溃预示着国家诞生的前夜已经到来,财政萌芽露出了地平线,社会进步的曙光开始映照中华大地。

二、公共收支与公共财富的分配

为了弥补对公共事务的支出,需要联盟的各个部落共同付出财富,这就是贡赋的开始。《史记·五帝本纪》记载黄帝时期,对不来贡纳的诸侯、部落进行讨伐,促使其臣服和朝贡。历经数百年,贡赋制度日益成形完善,史称"自虞夏时,贡赋备矣"(《史记·夏本纪》)。据文献记载,在舜、禹时期,为保证公共职务的实现,也为考察其是否真心臣服,要求臣服部落和被保护的小部落贡献财物,同时亦要求本部落居民贡纳土地出产物。

由于生产能力的限制,早期国家财富的分配主要表现为财政收入与财政支出。据传,当时各部落一年一贡,"禹合诸侯于涂山,执玉帛者万国"(《左传·哀公七年》)。当时禹已是部落联盟的领袖,其他部落如有不臣则有杀身危险。相传禹会诸神于涂山,防风氏后至,禹将其杀掉。关于部落成员财产税赋的缴纳,史传在禹平治洪水之后,要求各国(部落)以土地出产定量贡纳,这应该就是最早期的财政税赋了。

早期的财政支出主要有四项:

(一)战争支出

史称轩辕之时,神农氏世衰,一些部落国家相互侵伐,暴虐百姓,神农氏无力控制,"于是轩辕乃习用干戈,以征不享"(《史记·五帝本纪》)。这时的武器,不过是弧、矢之类,黄帝"弦木为弧,剡木为矢,弧矢之利,以威天下"(《周易·系辞下》),击败强大的蚩尤部落和炎帝部落后,黄帝被诸侯尊为天子,代神农。黄帝后来"以师兵为营卫,官名皆以云命,为云师。置左右大监,监于万国"(《史记·五帝本纪》)。黄帝之后,自颛顼、帝喾至尧、舜、禹之世,与炎帝支系因争帝位而进行过长期的、有时十分激烈的战争。但此时的战争,规模不会很大,持续时间也不会很长。有关这方面的支出,作为兵器的玉(石)、弓矢之类,是就地取材,由民自备;只有"战争"中的伤亡,国家(部落)可能有相应的抚恤和救济措施。

(二)僚属补偿

按《史记》记载,黄帝时已有政府机构及相应僚属独立存在,除了部落诸侯,还有黄帝设立的左右大监、风后、力牧、常先、大鸿诸官;尧时曾"信饬百官,众功皆兴"(《史记·五帝本纪》);舜有十二牧、四岳等。这些人,均应是长期脱离生产的专职人员,要定期接受考察,在公共积累中给予适当补偿。

(三)祭祀耗费

远古祖先多有祭祀,黄帝时"万国和,而鬼神山川封禅与为多焉"(《史记·五帝本纪》)。从考古发掘的遗迹来看,出土了大量的古代祭祀场所。祭祀的供品除了食物(包括猪、羊等牲畜在内),有时还有俘虏的奴隶,说明当时的财富用于祭祀的数量是相当多的。

(四)生活保障和灾荒救济

远古时期自然灾害频发,黄河流域亦常有旱涝灾害。从史籍记载来看:尧舜时代水患持续的时间特别长,史载"尧有九年之水"。这里的九年,当是指连年洪涝,由于暴雨成灾,一时难以排泄,所以成了大面积的洪涝区。即《史记》所载的"洪水滔天,浩浩怀山襄陵"。据传,当时水旱频发,不是偶发性的。按当时的生产力发展水平,人们无力对水、旱、虫灾等自然灾害做出有效的回应,所以人民的生产生活时常受到威胁。为了保持氏族的安定,牢固部落联盟的统治,在领导集团中设有水官之职,相继以鲧、禹为长官组织治水,以平息水患。舜继尧位后,调整人员分工,命弃"播时百谷",以解决民众饥馑的状况;命禹继鲧之后,疏导江河,解决洪涝问题。为此,禹"居外十三年,过家门不敢入"(《史记·五帝本纪》)。他在勘察水势、全力治水的同时,还解决被洪水久困的灾民的生活问题：在山林地区，劈山开径时，同林官益猎捕鸟兽供民之食；在平地、低洼多水地区同农官稷率民播种五谷，供民食用；在难得食物之处，以疏导洪水时所得鱼鳖供民充饥。在重灾区领导灾民就地取食，当食物实难解决时，"调有余相给"。于是，"烝民乃粒，万邦作乂"（《尚书·虞书·益稷》）。由此可见，当时的政府在面对天灾时，通过各种方法取得食物、调剂有余来保障人民的基本生活。

第二章
夏、商、西周时期的国家财富分配制度的建立

开篇导言

从原始社会进入奴隶社会之时，有一个过渡时期，这是因为社会制度的转变必须经过一个由量变到质变的过程。在这个过渡阶段，一般时间延续较长，而且呈现含有前后两种社会因素的社会状态。具体地说，就是在原始社会末期，奴隶社会的私有制、剥削、阶级和奴隶等新的因素都已出现，同时，旧的原始社会的若干原则仍在继续起作用，一直等到奴隶制的新因素增加到超过或者压倒旧因素时，社会制度才由量变转为质变，奴隶社会才算正式产生。

我国史学家多把夏、商、西周和春秋四个时期定为中国的奴隶社会。自唐尧、虞舜、夏禹到商的前期，是从原始社会向奴隶社会过渡的时期，夏代是典型的奴隶制社会形成时期；商代和西周时，奴隶制发展到较高阶段；到春秋时，奴隶制日渐衰落，新的生产关系逐渐产生和发展。

第一节　夏、商、西周时期的社会经济时代背景

我国古代传说中唐尧、虞舜和夏禹的时代，基本上还处在原始氏族公社制度的末期，那时社会生产力不高，个人的生产品大多仅满足个人所需，供他人剥削的剩余部分还不多。所以，当时的氏族酋长的生活情况，与普通人民无多大区别，酋长亦须在田中从事生产劳动。史载尧、舜、禹当时的生活：

昔者尧有天下，饭于土簋，饮于土刑。（《韩非子·十过》）

尧之王天下也，茅茨不翦，采椽不斫；粝粢之食，藜之羹；冬日麑裘，夏日葛衣。（《韩非子·五蠹》）

古者舜耕历山，陶河滨，渔雷泽。（《墨子·尚贤中》）

禹之王天下也，身执耒臿以为民先，股无胈，胫不生毛；虽臣虏之劳不苦于此矣。（《韩非子·五蠹》）

尧、舜、禹的"卑宫室"和亲自耕稼，实因当时处于氏族公社制度时期，社会生产力低，产品贫乏，所以他们虽身为酋长，仍与人民共同生活、共同劳作，在生活水平上与一般平民差距不甚显著。

一、夏的时代背景

尧、舜、禹禅让的传说，是这个由民主选举到王权世袭的过渡阶段的产物。唐尧、虞舜和夏禹基本上都还是由氏族成员民主选举选出的领袖。夏禹和唐尧、虞舜不同的是：唐尧、虞舜至少在形式上还是执行着民主选举这一古老的制度，而夏禹则经过一段曲折斗争的过程，最后传子制战胜传贤制，因而出现了中国历史上第一个王朝。

关于夏王朝，古籍上记载的史实不多。相传夏朝从禹开始，到桀灭亡，共传十四世、十七王，历时400多年（公元前2080—前1600年）。翦伯赞先生认为，夏王朝开始于公元前2200年左右。

传说夏王朝是由包括夏氏族在内的十多个氏族部落联合发展而来的，其活动地区，西到现今的河南西部和山西南部，东至河南、河北和山东三省交界的地方，与我国其他氏族部落形成犬牙交错的局面。黄河流域是我国古代文化重要发源地之一，早在公元前2500年前后，颛顼、帝喾、尧、舜等即活动于这一带，夏部落亦是其中之一。由于夏朝活动的中心地区在河南西部和山西南

部,地处伊水、洛水、黄河、济水、汾水流域,气候湿润,土壤肥沃,适于农耕。所以,农业在夏代经济中已占主要地位。

夏已进入了青铜时代,考古发掘证实了传说中禹的时代"以铜为兵",以及禹铸九鼎等。但铜器用于农业生产的可能性很小。当时主要的农具还是木器、石器和一部分骨器、蚌器。农具有耒、耜等。从禹治洪水的传说中可以看出当时已有原始的灌溉技术。《论语·泰伯》说,禹"尽力乎沟洫";《孟子·滕文公上》说,"禹疏九河","然后中国可得而食也"。这些记载表明当时的人们已知道开通沟洫、排洪泄涝是农业生产的命脉。

夏代劳动人民经过长期的生产实践,逐渐积累了天文、历法方面的知识。春秋时孔子主张"行夏之时"(《论语·卫灵公九》)。因为夏代为了适应农业生产发展的需要,已有了简单的历法。现在民间所流行的阴历也名"夏历",是以月亮环绕地球一周为一月,以十二个月为一年,五年二闰。其所分月份是以月亮的盈亏为准的。农民不必计算,一望而知时日。这种"夏历"在西周时仍广泛存在,如《诗经·豳风》中各诗、《竹书纪年》和《左传》中的晋地即均用"夏历"这种以建寅之月为岁首的古历。夏历对古人来说,不失为一种较便利的历法。

夏代还出现了以六十甲子(干支)纪日的方法,从夏朝后期的几个王,如胤甲、孔甲、履癸(桀)等以日干为名,便可窥知一斑。《左传·昭公十七年》引用《夏书》中的一段记载:"辰不集于房,瞽奏鼓,啬夫驰,庶人走",展现了夏人观测到发生于房宿位置上的一次日食时击鼓奔走的情景。这是见于记载的世界上最早的日食记录。《竹书纪年》中有"夏帝癸十五年,夜中星陨如雨"的记载,这是夏人观测到流星雨的最早记录。

二、商的时代背景

商是长期居住在黄河下游的子姓部落,有着悠久历史。商的始祖名契,传说其母简狄吞吃了玄鸟的蛋而生下了契。《史记·殷本纪》说:"殷契,母曰简狄,有娀氏之女,为帝喾次妃。三人行浴,见玄鸟堕其卵,简狄取吞之,因孕生契。"故商以玄鸟为图腾。商与夏同时并存于世。依照神话传说,夏的始祖禹源于黄帝子孙颛顼这一支,而商的始祖契源于黄帝子孙帝喾这一支。依照《史记》的说法,夏商周三代的祖先禹、契、后稷,都在尧、舜的朝廷里服务,他们都是黄帝后代。从比较可靠的历史资料来看,商在灭夏以前,早已有了自己轰轰烈烈的历史,即所谓先公先王时代。《诗·商颂·长发》说:"相土烈烈,海外有截",表明商人可能在海外打过胜仗。据说,契曾随禹治水,后来商人冥又做了夏的水官,表明在成汤以前,夏朝统治黄河中下游时,商人可能一直臣属于夏。

到夏桀统治时,由于夏桀无道而失去民心,汤趁夏乱而翦灭夏的许多属国、部落,先后有葛(今河南宁陵北)、韦(今河南滑县东)、顾(今山东鄄城东北)和昆吾(今河南濮阳东),最后与夏战于鸣条(今河南封丘东)之野,桀战败逃往南巢(今安徽寿县东南)。汤的武功很大,除了推翻夏朝外又向四方征伐,大大扩展了商的疆域,兵威一直影响到黄河上游地区。到春秋时人们还称颂说"昔有成汤,自彼氐羌,莫敢不来享,莫敢不来王。曰商是常。"(《诗经·商颂·殷武》)可见在汤时,商的政权疆域已经很大了。

商汤灭夏后建立的商王朝,虽然还带有浓厚的氏族社会传统因素,但当时已出现了阶级,出现了奴隶。《尚书·汤誓》记载:"予则孥戮汝,罔有攸赦",这句话反映出商王对人民具有生杀予夺之权,逐渐超出了氏族酋长的权限,即将进一步发展过渡到第一个阶级社会——奴隶制社会。

商人从事农业生产的同时,维持了强劲的流动性,从契到汤的四五百年中,他们集体迁徙了8次,大抵是从山东到河北再到河南。商朝建立后,王室内部连续发生争夺王位的纷争,"兄终弟及"制度遭到破坏,都城也几经迁徙,统治很不稳定。到商王盘庚的时候,为了扭转局面,迁都于殷(今河南安阳西北),进行改革,"行汤之政",于是政治中兴。商的历史以此为转折点,《竹书纪年》说:"自盘庚迁殷,至纣之灭,二百七十三年,更不徙都",表明了商朝的统治日趋稳定,定居农业已占主导地位。盘庚迁殷后,商在政治、经济各方面都有较大发展,特别是在武丁统治的 50 余年中,"修政行德,天下咸驩"(《史记·殷本纪》)。此后又北伐鬼方、南征荆楚,疆域日益扩大,《诗经·玄鸟》称商朝"邦畿千里,维民所止,肇域彼四海"。直至帝辛残暴,被周所灭。从契到汤,传了 14 世,正相当于夏朝末年。按《史记》记载,自汤建国到商朝灭亡,共传 17 代、31 王。《竹书纪年》说历时 496 年,《左传》则称有 600 余年。

盘庚所迁的殷地具有优越的地理条件,其都城临水而建,便于用水和防卫,对商朝的经济、军事和社会生活均产生重要影响。

首先是农业。农业是商朝的主要生产部门。商王对农业寄予了很高的希望,希望东、南、西、北各方土地都能获得好收成("受年");还亲自巡察各地,派管理农业的官员督促农业劳动。① 商代的农业生产工具,据考古证明,仍为木、石锤制成,如木耒、石铲、骨铲、蚌铲、石镰、石锤等,由于农具的原始和农耕技术的

---

① 甲骨文卜辞有"王大令众人曰协田"和"小臣令众黍"等记载。

落后,所以农业劳动一般都采取大规模协作方式,即集体耕作。从甲骨文中的"耤"字和"犁"字看,当时也有踏耒而耕的,并已开始用牛拉犁耕种。农作物的种类,据卜辞所记,有禾、黍、稷、麦等。在殷墟遗址中发现了密集的大型窖穴,这些窖穴有些应是储藏粮食的仓窖。史载商代贵族饮酒之风极盛,我们在墓葬中发现了觯、爵、斝等酒器,也可以推测当时已有酿酒和饮酒之风。酒是粮食的再制品,没有足够的粮食,酿酒是不可能的。这些储粮的窖穴和酒器的出现,意味着商朝粮食的生产必然比过去有很大的提升。畜牧和狩猎,在商代仍有一定地位。驯养的家畜有马、牛、羊、鸡、犬、豕等,而祭祀所用的牛,有时一次就用几百头,而商代统治者祭祀活动又比较频繁,可见养殖的牲畜之多。

商代的手工业,首推青铜冶铸。从出土的车马饰物和容器、酒器、工具、武器、乐器等祭祀用的青铜器来看,不仅数量多,品类也很多,而且制作精美,其中不少是价值很高的艺术珍品。也恰在此时,人们对陨铁的锻制和利用有了认识。陨铁是天空中的陨石铁,数量是很少的,用少量的陨铁制成的工具,当然更少。这些有限的陨铁工具,在生产上不可能产生多大作用。但是,这毕竟是铁器,至少可以证明早在大约 3 300 年前,我们的祖先不仅认识了铁,而且能够用简单的工具铸造青铜和铁的复合器具,这不能不说是我国古代冶金史上一件划时代的大事。

制陶工业是商代重要的手工业生产部门,制作技术有了新的提高,其中白陶色泽洁白,形制美观,艺术价值也很高。商代的丝织业也有新发展,出土的暗花绸说明商代已有比较高超的织造技术。此外,商代的漆器、制骨和琢玉等工艺也达到了很高水平。藁城台西遗址发现了漆器残片共 26 块。其中漆片上的画彩,很多是先在木胎上用利刃雕成花纹,然后再涂朱、辗漆、镶嵌,表面呈现浮雕式的花纹。① 这些技艺不仅表现了古代劳动人民在漆器制作方面的卓越成就,也反映当时镶嵌艺术的高超水平。从漆器制作的成就看,当时漆工可能已经脱离木工而成为一项专门行业。

随着经济的发展,特别是手工业生产的大发展,促进了商王和贵族的贪欲,商品交换无论从品种或是交换范围来看,到后期都有大的发展。海螺、海贝的大量发现(山东益都苏埠屯 1 号墓中随葬的贝有 3 790 枚),说明交换数量扩大。而交通工具(车、舟、马)的大量出土,说明交通工具在推进交换、活跃

---

① 李捷民,华向荣,文启明等.河北藁城县台西村商代遗址 1973 年的重要发现[J].文物,1974(08):42—49、95、97—98.

商品流通中起了重要的作用。

文字的发明和使用是文明的标志,也是史前时期与历史时期的分水岭。世界上早先的文字都是象形字,后来有的慢慢进化为抽象文字。自从1899年甲骨文最初在河南安阳小屯村(即殷墟)出土之后,经过百年的考古发掘及研究,有力地证明中国有文字可考的历史是从商开始的,大约是在公元前1600年。如果把商朝建立前的先商时期包括在内,那么有文字可考的历史还可以上溯四五百年。

商朝后期的阶级对立情况,以商王为代表的统治阶级,包括诸侯、邦伯、师长、百执事和"百姓"等贵族,他们的生活达到锦衣玉食、穷奢极侈、豪华富丽的程度。统治阶级的奢侈生活,是建立在残酷剥削被统治阶级的基础上的。被统治阶级包括商族的平民、奴隶和战争俘虏等。他们从事社会生产,是创造财富、创造文化的基本队伍。他们的劳役很繁重,生活却很艰苦,有的甚至被惨杀或活埋,充当统治阶级的殉葬品,或作为祭神的牺牲。在宗庙遗址的近旁,有成排的被砍去头的人骨,与车马一起埋葬,总数达数百人。

商朝的阶级矛盾及氏族内部经济利益的矛盾,使原来氏族、宗族赖以维系的血缘纽带废弛了。商王,尤其是盘庚迁殷以后的商王,都具有强制性权力,而且是和大众分离的社会公共强制力。这种国家强制力与以前的氏族社会晚期的强制力有本质的不同。

在氏族社会中,强制力代表着全氏族成员的意志、为了全氏族成员的利益,而且没有凌驾于社会之上的强制机构。可是到商代后期,商王不仅拥有武装队伍,还有监狱等一系列的强制机构,这些是以前氏族社会制度中所没有过的,因此可以认为商王自盘庚起,已是古代国家的专制君主,而不再是氏族社会中的军事酋长了。

三、西周的时代背景

周是一个古老的部落,大约在夏朝末年活动于现今陕西、甘肃一带。传说中周的始祖弃做过夏朝的农官,可见它是一个精通农耕的部落。周是一个姬姓部落,和姜姓部落世代通婚,周的始祖弃就是有邰氏的女子姜嫄所生。姬姓的周人和以羊为图腾的姜姓,也许是同族的两个不同部落,他们居住在渭水流域,离"夏墟"不远。弃善于经营农业,教民稼穑,被后人祀为农神后稷。他们在适合生产黍、稷的黄土高原上经营农业,达到了前所未有的高度。

周的社会发展一直到太王、王季、文王的时代还没有超出氏族社会的范围。《诗经·大雅·緜》叙述先周历史说："古公亶父，陶复陶穴，未有家室。"这就是说古公亶父时周人住在窑洞或土穴里，还没有什么家室，过着野蛮时期"穴居而野处"的生活。他们的文化，仍处在使用陶器的阶段。所以其社会至多也只达到社会发展史上的氏族社会的末期。在此期间，因受戎狄（西北游牧部落）的侵扰，又迁至岐山之南的周原，和周人同时迁来的还有其他相邻部落。

迁居岐山后，周人开始营建城郭，设立官司，并组织部落人民构筑住屋，按"邑"设官管理，奠定了国家的雏形。到古公亶父幼子季历即位时，周已发展到以农耕为主要经济基础，并有宫室宗庙及比较制度化政治组织的阶段了。周人不仅在关中的泾、渭流域建立了国家，而且光复旧域，把山西汾水流域的故地重新收入势力范围，诸戎的听命，使周人在现今山西、陕西一带建立了权威。

商周如同舅甥关系，商王文丁为了遏制周的势力，杀了季历。后来，季历之子昌，即周文王继位，文王的母、妻都具有商王室的血统，在他治理的 50 年中，一方面名义上保持商朝属国的地位，以求生存；另一方面在社会组织上独树一帜，始终保留自己的特色，积极扩充实力，为灭商做准备。在一系列战争之后，文王把势力深入商朝的中心地区，并继续向东发展，在沣水西岸建造了新的都城——丰京（今陕西长安西北）。

迁都丰京后，文王对商从韬光养晦的低姿态转为主动进攻的高态势。他们一面濒水高筑城墙，一面宣扬这里原本是夏禹的故土，打出禹的旗号，自称为夏王朝的继承者与复仇者，为讨伐殷商找到了最佳的借口。文王临死前嘱咐太子发，即后来的周武王，准备取商朝而代之。

周武王继位后在盟津大会诸侯，检阅军队。同时商内部矛盾冲突激烈，武王见时机成熟，率军渡过盟津，进抵牧野（今河南淇县南），距离商朝末年的都城朝歌仅 70 里。沉迷于歌舞酒筵的纣王仓促应战，在牧野惨败逃回，登鹿台自焚而死。周武王乘胜占领朝歌，宣告商朝灭亡、周朝建立，时约公元前 1027 年。① 从武王开始到幽王，共传 12 王，约至公元前 770 年，史称西周。

周在灭商之前本是一个处在原始社会末期的小氏族，而当时东方的商已是一个较先进的奴隶制国家。一个小小的周在战胜商之后，当然无力把庞大的商人吸收到自己的氏族组织中来，又不能用原有的氏族组织去统治他们。

---

① 1976 年在陕西临潼发现的武王时代的铜器《利簋》铭文也记载着武王克商的日期是甲子，铭文全文："武王征商，唯甲子朝，岁鼎，克昏夙有商，辛未，王在阑师，赐有事利金，用作檀公宝尊彝。"这是同时代的珍贵史料，铭文清楚地记载克商的日期是"甲子朝"，日期（甲子日）、时间（早晨）等都与典籍记载完全一致，证明了典籍记载武王克商的牧野之战确为信史。

于是，周族一方面接受了商族的先进生产力及其丰富的文化，另一方面把自己原来的氏族制度中为全氏族服务的机构变成"国家"的统治机关，氏族的血缘关系演化为以嫡长子世袭为中心的宗法系统，氏族社会的军事首长和氏族酋长演化成为国王和执政官。从氏族过渡到阶级社会的等级制，即按宗法组织起来的一套"王臣公、公臣大夫、大夫臣士"的社会品阶，实行嫡长子世袭的宗法分封制，形成上下之间依次的隶属关系。这样，周天子便为同姓、异姓各族共同所宗，因而周又被称为"宗周"。受封的诸侯与周天子的关系，不是同姓兄弟，便是异姓甥舅，彼此都有血缘关系，利用氏族的血缘纽带来团结诸侯，达到巩固统治的目的。

周克商时，向武王臣服的据说有 652 个部落。为了稳定被征服的地区，周朝实行大规模的分封制，当时称为"封建"，即"封邦建国"或"封建亲戚"。这种做法从武王时开始，到武王子成王时，由辅佐成王的叔叔周公旦进一步推行，共分封了 71 国，其中多数是与周王室同姓的"姬"姓诸侯，少数是异姓诸侯，目的是"封建亲戚，以藩屏周"。周公推行的分封制，既消解了殷的统治，达到了周人统治天下的目的，又在中国政治制度史上留下极其深远的影响，它意味着一种新的国家政体在历史舞台上登场了。

一般在原始社会末期，随着社会经济的发展，逐渐出现了剩余，出现了阶级和阶级矛盾，这两个对立的阶级，劳动者与剥削者之间的矛盾会愈演愈烈，达到无法调和的地步，最终酿成阶级之间的战争。但国家出现后，"国家"的武装与政治力量促使矛盾双方相互有限度地让步和妥协，打破僵局，形成某种平衡，使阶级矛盾维持在"相对和平"的阶段，生产劳动才有可能，社会才能继续向前发展。

西周时期周的地域大约处于今日的华北黄河中下游一带，西周初期偏处于西，后来才逐渐扩展至东方。由于黄土高原地区是发展原始农业的理想地区，既易于开垦，又易于耕种，而且在农作物生长的关键时期往往降雨。可利用夏季的雨水或河水、井水进行灌溉，在很大程度上保证了农民的收获。灭商后，周王朝继承了商代的文明，农业迅速发展起来。农具虽多为石器、骨器和蚌器，青铜农具不多，但耕作技术有了很大提高，能运用中耕施肥、育苗、杀虫等农作技术，并实行轮流休耕制，以增进地力；农作物种类有所增加，见于《诗经》一书中的有黍（黄米）、稷（小米）、粱、麦、稻、菽（大豆）和桑、麻等农作物。原有的畜牧和狩猎仍受重视，有相当的经济地位。黄河中下游从西到东的地区在仰韶文化、大汶口文化等原始氏族社会时期就已大批种植"谷子""小米"，并且在遗址中发现贮藏的谷子有动辄"多达数斗"或"一立方米左右"的粟粒。考古研究认为产量"达数斗之多，如果没有一定面积的种植和一定数量的收获量，是不会有这样多的储存的"①。可见在夏、商以前，谷子已是较普遍且收获量不小的农作物。这也正是西周时黍、稷的产量多达"千斯仓""万斯箱"，仓"如坻如京"（《诗经·小雅·甫田》）般的渊源。并且一直到近现代，谷子、小米仍是北方产量高、平民赖以生活的主食。

西周的手工业，是在商代手工业高度发展的基础上发展起来的，因而比之前规模更大，分工更细，种类也更多，其中青铜冶铸业占最重要地位，出土青铜器包括礼器、用具、兵器和工具，其铜器铭文可视为西周历史的证词。与农业相适应，周的纺织业发展很快，缫丝、织帛、染色、刺绣等手工技术已发展到一个新的水平。

由于农业和手工业的发展，产品的品种、数量均超出贵族自身的需要。于是，市场交换扩大，商人势力及影响力也随之增大。据文献记载，西周末年，郑国商人曾和郑桓公立过盟誓，商人不背叛郑国，而郑桓公亦不干涉商人的经营活动。

第二节　夏、商、西周时期的财政收入

中国国家财政萌芽于三皇五帝末期的氏族社会，因为当时的部落联盟中有许多公共事务，需要一部分人力和财力去完成，从而出现了对剩余产品的再分配。可见，财政分配伴随氏族共同需要而产生，公共性不仅是古代产生财政的出发点，也是当今社会财政的归宿。

从舜到禹，财政有了可喜的萌芽，夏王朝建立后，国家财政分配形态仍处于原始状态，常常与经济分配相混淆。从夏至西周，财政收入来自5个方面：一是土地税收入；二是部落和诸侯的贡献；三是徭役征发，中国与西方国家不同，中国历史上一直把徭役作为财政收入的一部分，徭役分为力役和兵役两种形式；四是杂税收入，产生于西周，主要是关市之赋、山泽之赋；五是战争缴获的人、财、物。其中土地税收入是比较规范的财政收入。

一、土地税收入

土地本为自然物，只有在被人类开发和利用以后，才具备社会意义。人类

---

① 西安半坡博物馆编.西安半坡[M].北京：文物出版社，1963：233.

利用土地进行生产的时候,人类群体或个人会与土地发生这样或那样的联系,诸如群体或个人对土地的占有、领有、私有、转让等一系列的问题,就是土地制度所涉及的主要内容。

(一)夏、商、西周的土地制度

土地制度的核心是土地所有制,而土地所有制的形式则取决于在生产中劳动者与土地所有者的相互关系,以及产品的分配等关系。据古文献记载,夏、商、周三代实行井田制。关于井田制的起源,相传始于氏族社会晚期。当时土地归氏族共有,氏族成员都能分得等量的土地,并在田间挖有沟渠,以利排灌。夏禹治水后,将此制进行调整、充实后,推行于所辖区域,商、周两代未作根本改变。我国记载井田制的文献资料记录举例如下:

> 方里而井,井九百亩,其中为公田。八家皆私百亩,同养公田;公事毕,然后敢治私事,所以别野人也。(《孟子·滕文公上》)

> 小司徒之职……乃经土地而井牧其田野。九夫为井,四井为邑,四邑为丘,四丘为甸,四甸为县,四县为都,以任地事而令贡赋。(《周礼·地官·小司徒》)

说明井田制是同沟渠、排灌系统相结合的。

此外,《韩诗外传》《诗经》《汉书》等典籍中都有类似的记载或注释。在土地国有制下,将土地按"井"划分,在分封或授民时,"井"是计数单位,同时又是考核依据,便于对劳动者进行管理。上古三代对土地的分配,按《孟子》所说:夏代每夫 50 亩,殷代每夫 70 亩,西周每夫 100 亩。家有余夫也同样分田。同时,根据土地可供使用情况,又有耕地和宅地、常耕田和休耕田之分。据测算,当时每亩土地面积约为今日的 1/5 亩。

(二)田赋收入

古代的经济基础是农业,夏商西周时期人少地多,所以《诗经》载:"溥天之下,莫非王土。"实行公有制的土地制度,其财政收入亦多属于土地税,且常用地租的形式征收。由于古代劳动生产力水平极其低下,最初的地租只能是劳役地租。随着生产工具的改进和生产技术的提高,再从劳役地租演进到实物地租。上古三代的农民负担,表现在财政上主要是两部分,一是贡赋,二是徭役。按照《孟子》的记叙:夏代实行贡法,商代实行助法,周代实行彻法。孟子(约公元前 372 年—前 289 年)是战国时代的人,与禹的时代相差 1 700～1 800 年,他是根据当时的传说讲给滕文公听的。

1. 夏代的贡法

按《广雅》的解释，"贡"是指居民向上进奉土地所出产的物品。禹在帝舜时，即为掌管水土的官，称为"司空"，相当于今天的水利部部长。后因治水有功，继舜做了部落联盟领袖。禹治水时，顺便观察土色、识别土质，把田土按肥瘠分为九等，并参酌土地广狭与人口疏密定出九等的田赋，田土等级与田赋的等级并不一致。如果土壤虽好，而人功较少，田赋的等级也会较低。依据《尚书·禹贡》的记载，中国农业的发祥地为山西溪间低地，治水也由冀州开始。冀州田土的等级虽低，但开发较早且人功较多，于是田赋的等级自然较高，为第一等。

《通典·食货四》记载："禹定九州，量远近，制五服，任土作贡，分田定税，十一而赋，万国以康。故天子之国内五百里甸服，百里赋纳总，二百里纳铚，三百里纳秸服，四百里粟，五百里米。"这就是说，以王城为中心，将距离王城500里范围内的地区分为五个纳税区，每100里为一区，离王城最近的100里内纳全禾（连谷子带禾秆一起交），离王城200里（100里外200里内，以下类推）的地方交禾穗，300里的地方交禾秆，400里的地方交带壳的谷子，500里的地方交去壳后的米，税率为十分税一。征收原则是：(1)必须是各地的土地出产的物品；(2)以实物交纳；(3)必须照顾各地的运输条件和距离远近。这种视道路的远近和运输的难易来制定品类的精粗，路远的使纳精品，路近的使纳粗品，借以调节运输的难易的做法具有相当合理性，符合税收均平原则。

2. 商代的助法

商代的税法是助法，《孟子·滕文公上》记载"殷人七十而助"。"助"在《礼记·王制》中的解释是"古者公田藉而不税"，郑玄认为："藉之言借也，借民力治公田，美恶取于此，不税民之所自治也。"这就是说，把定量土地（一井）分成九块，将周围的八块分给八家作为"私田"（份地），由八家自己耕种，收入属于私人，国家不收税；中间一块为"公田"，由八家共同耕种，收入全部上交国家。这个"助"就是既包括了田制，也包括了税制。田制方面，朱熹在《孟子集注》一书中认为，商人始为井田之制，以六百三十亩之地，画为九区，区七十亩，中为公田，其外八家各授一区；税制方面，"但借其（八家）力以助耕公田，而不复税其私田"。

助法是在井田制的基础上来推行的，即助法与井田制是分不开的，所以孟子引《诗经》的话而加以论断说："《诗》云，'雨我公田，遂及我私'，惟助为有公田。"这公田便是指井田中间的一区，属于保留下来的劳役田，由八家共耕。可见商代的田制是井田,税法是助法。助法的税率,《孟子》中说是什一,而南宋理学家朱熹的注解却推算为九一:"惟助法乃是九一"(《孟子集注·滕文公章句上》)。助法是劳役地租性质,税与租不分,也可说是以租代税。助法的优点,在于借民力以耕公田,而丰歉与民共,故《孟子》中记载龙子曰"治地莫善于助"。

3. 西周的彻法

西周实行彻法。彻法是由助法演化过来的、建立在井田制的基础上的税法。所谓井田制,据《孟子》所载:"方里而井,井九百亩,其中为公田,八家皆私百亩,同养公田。公事毕,然后敢治私事。"彻法是在井田制度基础上所施行的税法,那便是说,田制是井田,税法是彻法。

何谓"彻法"?《孟子》中只说"彻者,彻也"。这里的第二个"彻"字,是劳役地租还是实物地租,后人有很多推测:其一,"彻"是通的意思。《论语》郑注:"周法什一而税,谓之彻。彻,通也,为天下之通法。"其二,"彻"是征收之意,耕田百亩,彻取十亩为赋。其三,"彻"是通力合作之意。朱熹认为"彻"是指八家通力合作,计亩征收,大约民得其九,公取其一。其四,"彻"是贡、助两法并行。郑玄认为是畿内用夏朝贡法,税夫无公田;邦国用殷之助法。通贡助之法叫彻。之所以产生井田助法,是由于当时劳动力没有余裕,生产没有剩余,即劳动生产率水平极端低下,故为了取得财政收入,必须保留公田,采取劳役地租的方式,这就是助法。

助法是劳役地租,即《周礼·地官·司稼》所载"巡野观稼,以年之上下出敛法"。税无常额,一般是以什一为准。周朝在开始时也实行劳役地租性质的助法,大抵在公元前841年—前832年左右,由于铁制农具的广泛使用,生产力有了进一步发展,人均耕种田亩数也从70亩增为100亩,加上助法行久弊深,人们出现了对私田耕作全力以赴,对公田耕作出工不出力,应付了事的问题。为了确保国家财政收入,王畿内的助法不得不顺应潮流,改为彻法。

《孟子·滕文公上》所说的"方田而井,井九百亩,其中为公田。八家皆私百亩,同养公田;公事毕,然后敢治私事"就是指这种"彻田为粮","彻",意为抽取。彻法是一种在合作制度下的什一实物税赋制度。在耕种时,由一井农民"通力而作",收获时不论公私都"计亩而分",即将实物总产量依公私田亩数量的比例予以分配。这样,可以防止农民耕作公田不力之弊,使公田、私田都能以同等的劳动力耕种。从此,劳役田租的形式有了实物田租的内容,为日后井田制的消亡和走向履亩而税的完全实物地租制度打下了基础。

二、部落和诸侯的贡献

先王授民以田,则责之赋;授诸侯以国,则责之贡。夏代的贡,记载在《尚书·禹贡》上。相传禹"任土作贡",命各地贡其土特产品,以保证中央行使权力的需要,大致如下:

冀州系京畿地区,有赋无贡。

兖州在济水和河水之间,富漆林、蚕桑,贡物为漆和丝织品(锦、绮)等。

青州从泰山到海边,出产丰富,贡物有盐、絺(细葛布)、海产品,以及泰山山谷出产的丝、枲(麻)、铅、松和怪异之石等。

徐州在青州之南,贡五色土、羽山山谷的野鸡、峰阳(邳县)的孤桐(可做琴瑟)、泗水出产的磬石、淮夷生产的宾珠(蚌珠)和鱼等物。

扬州(在今江苏南部、浙、闽、赣等地)贡金三品、瑶琨(似玉之石)、筱(可做矢)、簜(大竹可做乐器)、齿、革、羽、毛、织锦,以及岛夷所产的草葛、木棉之属,有王命时贡橘、柚。

荆州(今湖南及湖北、四川、贵州部分地区)贡羽、毛、齿、革、金三品、杶、干、栝、柏、砺、砥、砮等物,以及青茅、玄纁玑组等物,有王命时贡九江所产大龟。

豫州(今黄河以南的河南及湖北北部地区)贡漆、枲、絺、纻等物,有王命时贡石磬。

梁州(今陕甘南部及四川地区)贡璆、铁、银、镂、砮、磬,以及熊、罴、狐、狸之皮等物。

雍州(今甘肃、青海、宁夏和内蒙古部分地区)贡璆、琳、琅玕以及昆仑、析支、渠搜等国所产的兽皮等物。

以上俗称九州之贡,实际上是除王都所在的冀州以外的八州之贡,应属各联盟、方国之贡。《左传》记载:"昔夏之方有德也,远方图物,贡金九牧,铸鼎象物,百物而为之备。"九牧即九州之牧。铸鼎铭文纪事,乃三代传统。九州所贡百物,供夏王及各官府之用。

除了正常之贡(岁贡)外,还有非常之贡。如诸侯会盟或朝会时有贡,史传"禹合诸侯于涂山,执玉帛者万国"(《左传·哀公七年》)。还有周边的方国、部落(少数民族)之贡,《竹书纪年》记有后相即位,七年,于夷来宾;少康即位,方夷来宾;后芬即位,三年,九夷来御;后发即位,元年,九夷宾于王门;等等。

由于贡在三代财政中具有特殊地位,所以商汤伐夏确定贡献的原则:以地势所有为贡。伊尹受命而为"四方令"。商代之贡,从甲骨文中可得证实,所贡之物,包括牲畜(无数量规定)、战俘(主要为羌人)、贵重财货、弓矢以及卜骨卜甲等。虽然数量不限,但不能不贡。《诗经》记载:"昔有成汤,自彼氐羌,莫敢不来享,莫敢不来王,曰商是常。"

夏、商两代对贡税如此之重视,关键不在它的财政意义,而在于强调其主从关系。《诗经》云:"邦畿千里,维民所止。肇域彼四海,四海来假。来假祁祁,景员为河。殷受命为宜。"这是对统治区域的反映。

西周的贡法分成两级,一是邦国之贡。它是由诸侯贡献给天子的。诸侯在其领土内,向民众征税,将其中一部分缴给天子。其办法如《周礼·地官·司徒上》所载:"诸公之地,封疆方五百里,其食者半。诸侯之地,封疆方四百里,其食者三之一。诸伯之地,封疆方三百里,其食者三之一。诸子之地,封疆方二百里,其食者四之一。诸男之地,封疆方百里,其食者四之一。"他们在各自的封地取得的税收是公留 1/2,侯留 1/3,子、男留 3/4,以供就地之用,其余 1/2 至 1/4 为供天子之用。诸侯贡之天子称为邦国之贡。邦国之贡有 9 种,由太宰管辖,故称太宰九贡,《周礼·天官·大宰》记载九贡具体包括:祀贡(祭祀用牺牲、包茅之类)、嫔贡(供嫔妇用丝、枲等物)、器贡(宗庙祭器)、币贡(玉、马、皮帛之类)、材贡(木材之类)、货贡(金、玉、龟贝之类)、服贡(纻或玄绣之类)、斿贡(羽毛之类)和物贡(鱼、盐、橘、柚等)。这些物品,原则上是各地所出。

二是万民之贡。由于太宰以九职任万民,万民之贡则充作国库准备金之用。根据《周礼》所载,万民之贡共有九种:三农贡九谷,园圃贡草木,虞衡贡山泽之材,薮牧贡鸟兽,百工贡器物,商贾贡货贿,嫔妇贡布帛,臣妾贡疏材,闲民贡货币。周王朝对失职(不贡)者也是不饶恕的,《国语·国语》的制度规定"刑不祭,伐不祀,征不享,让不贡,告不王"。《孟子》说是"一不朝则贬其爵,再不朝则削其地,三不朝则六师移之"。周恭王时,密国康公不纳三女,周灭密国。

三、徭役征发

古代徭役,并非单指力役,还包括兵役在内,因为不论力役和兵役,均由人民负担。

夏代徭役征派情况,史书无记载,但这不是说夏代无徭役之征,从其征战及公共事务情况看,夏代是有徭役负担的。如夏禹多年治理洪水,几乎调动了受灾区域的所有劳动力。

商代徭役征派情况,甲骨文多有记载。(1)力役。如"贞令多子族从犬侯璞周,叶王事"(《甲骨文合集》6 813),是说征派子族同犬侯、仓侯等采玉并运送到指定地点,此外,还有参加田猎、筑城、押送俘虏以及巡逻等事。(2)兵役。商代的军事行动是很多的,规模也比夏代大得多。据甲骨文记载:"丁酉卜,鼓,贞,今春王共人五千正(征)土方,受生(有)又,三月"(《甲骨文合集》6 409),这是三月征土方,一次征发人力5 000。除征派本国内居民外,还联合侯、甸、方国出兵,如"令比仓侯虎伐祭方"(《甲骨文合集》6 553),"令妇好比侯告伐夷"(《甲骨文合集》6 480),等等。殷墟西区平民墓中,有农具、手工业工具,相当一部分成年男性墓主随葬有青铜兵器,说明这些自由民聚居在城市及其周围地区,平时种地做工,战时应征当兵。商朝前、中期,军队的兵员大体实行临战征集制。甲骨卜辞有"登人"1 000、3 000、5 000人乃至超过万人出征的记录,《甲骨文合集》5 760和751中分别有"登射(射手)百""登射三百"的记载,说明战时要根据需要进行"登人""登射",即征兵。商朝后期,不再见有"登人"的卜辞,这可能是随着战争和军队组织的发展,兵员开始由临战征集向固定兵员的方式转变,或平时预定军籍,明确编制和隶属关系,战时按编征集,或军队已有常员,一般战争无须临时大量征兵。

到西周,徭役征发已成为国家财政的重要收入。从《周礼》所载"小司徒"和"遂人"的职责条件看,自夏至西周,都贯彻了"兵农合一"的原则,并将人口、劳动力和占有田土的等级等因素都放在一起考虑。据《周礼·小司徒》记载:"上地家七人,可任也者家三人;中地家六人,可任也者二家五人;下地家五人,可任也者家二人。凡起徒役,毋过家一人,以其余为羡。惟田与追胥竭作。"这里的"可任",即指可从事力役的强壮劳力,因古代女子亦在服役之列,则上地家七人中,除年老或年幼者外,可承担力役的男女为三人。但服役者一家仅一人。只有田猎、追捕盗贼等事,才全体出动。

关于服役人的年龄,据《周礼·乡大夫》所载:"国中自七尺以及六十,野自六尺以及六十有五皆征之。"古代的"七尺"是指年二十岁者。《韩诗外传》说:"二十行役""六十免役"。"六尺",指年满十五岁。《论语》称:"可以托六尺之孤",郑玄注云"年十五以下"。《周礼注疏》记载:"所征税者,谓筑作、挽引、道渠之役及口率出钱。若田猎,五十则免。"《周礼·王制》称:"六十不与服戎。"

服役的天数,《礼记·王制》载:"用民之力,岁不过三日。"《周礼·均人》称:"凡均力政,以岁上下,丰年则公旬用三日焉,中年则公旬用二日焉,无年则公旬用一日焉,凶札则无力政。"

关于免役的规定,据《周礼·乡大夫》所载:"国中贵者、贤者、能者、服公事者、老者、疾者皆舍。"《礼记·王制》记载:"凡三王养老皆引年。八十者一子不从政,九十者其家不从政;废疾非人不养者,一人不从政;父母之丧,三年不从政;齐衰大功之丧,三月不从政;将徙于诸侯,三月不从政;自诸侯来徙家,期不从政。"政,意为征役。挽引,意为力作,如筑城垣、治道诸事。

西周后期,徭役负担相当沉重,《诗经·何草不黄》称周幽王时"何草不黄,何日不行?""哀我征夫,朝夕不暇",以致于"大东小东,杼柚其空"(《诗经·大东》)。

四、杂税收入

夏商无杂税记载。周代始有随工商业发展而征收的杂税记载,当时称为"杂征敛",主要有关市之税与山泽之税两种。

(一)关市之税

西周以前,山林薮泽均为公有,未有赋税。设关是为讥察非常,不是征税。商人行走于部族之间也不是为牟取暴利。当时,物产既少,制造技术亦不精,当必需品偶尔缺乏时,不得不求于外;或者是本部族所不产,也需求之于外。由于当时奢侈之风未开,所以缺少者大多为关系民生的物品,有人能运输至此交换,自然不会征税。故《孟子》说:"文王之治岐也……关市讥而不征",也就是说,道路设关,无非苛察异言异服之人,而不征商贾之税;都邑成市,但赋其市地之廛。

到了周初,经济发展,商贾初兴,有了征收市税的可能与必要。所以《孟子》说:"古之为市也,以其所有,易其所无者,有司者治之耳。有贱丈夫焉,必求龙(垄)断而登之,以左右望而罔市利,人皆以为贱,故从而征之,征商自此贱丈夫始矣。"可知征收市税的初衷在于抑商重农,并非在于增加财政收入。后来由于财政上的需要,才开始征关税,故《孟子》又说:"古之为关也,将以御暴,今之为关也,将以为暴。"可见,随着经济的发展,增加税收是历史的必然。

《周礼》所载的关市税内容:一为商品堆放税。其征收机关为"廛人"。"廛"为市内邸舍,商人停物其中,公家税其舍,不税其所卖之物,故为公舍租金的性质。征收这个"廛"的机关是"廛人",相当于商税征收所。他们所征之税称为五布,布即钱币,亦别称为泉。五布分别为:絘布,为列肆之税,系商铺税的性质;緫布,为守斗斛铨衡者之税,系牙税即交易中介税性质;质布,为质人所罚之款,质人为职掌平价之官,相当于工商管理人员,如不能依法尽职,要接受处罚,此项罚款便是质布;罚布,为犯市令者所出,司市有教令,其人犯之,当使罚布,相当于违反市场规定者之罚款;廛布,为货贿诸物邸舍之税,行旅中官有邸舍,人有置物于中,则使之出税,相当于货物堆放租金。由于五布之中,廛布收入为大宗,故其征收机关亦被定名为廛人。

二是商品通过税。其征收机关为司关。关为道路之关,或为国境之关。开始设关主要是为了稽查,即使征税亦不过充稽查费用而已,后来逐渐转化为以征收货物出入的关税为主,成了一种商品通过税,有了增加财政收入的目的。《周礼》载,"司关,掌国货之节",即检查进出口凭证的"货节";"以联门市",即根据货财的出入而征其税。如有逃税,则没收其货,并罚其人。如果碰到凶年,即出现财货不足、政府鼓励进口的年份,则对出入关口之财货给予优惠,不征关税,相当于零关税,但仍要加以稽查,办理有关免征手续。

三代的市场管理十分严格,据《礼记》所载,凡丝麻不符合规定精粗、幅面长宽的布帛,未成熟的五谷和果实,未成材的树木,未长成的禽兽、鱼、鳖等不准在市场出售。对犯禁者要进行严厉处罚,而市税收入及罚没收入,均应按规定期限交官库(泉府)。

(二)山泽之税

山林川泽的出产物,是人类生活的重要来源,随着人口的增加、采集的加剧,国家于是加强了管理措施。起初设官分职主要是为了管理,保证需要,不是为了收税。如山虞、林衡掌山林的政令和治禁,盐人掌盐的生产和供应,角人、羽人、兽人掌鸟兽之事,渔人、鳖人掌川泽水产等。他们按时禁发,与民共采。因利益所在,至周厉王(公元前877—前841年在位)时,厉王好利,以荣夷公专利。大夫芮良夫劝阻说:"夫利,百物之所生也,天地之所载也,而有专之,其害多矣。天地百物,皆将取焉,何可专也?……匹夫专利,犹谓之盗,王而行之,其归鲜矣。"(《史记·周本纪》)但厉王不听,导致"国人暴动",厉王出逃失国。

西周后期,由于管理和财政的需要,开始对山泽产品征税。此时课征的物品范围较广,包括山林出产的木材、薪材、草、葛、野兽肉、兽皮、兽骨、野禽羽毛、野果、野蔬等,河湖池泽出产的盐、鱼、鳖、虾、龟、蚌等,场圃出产的果实等物,内容庞杂,多征实物。纳税人主要是采樵者、猎户、放牧者、捕鱼者和园户等。这里既有专业户,又有农民从事副业。所以说,山泽之赋,主要是对农民从事副业获得的产品的征收。

山泽产品的税率,没有统一规定。载于史籍者:场圃收入为二十税一,漆林之税为二十税五。漆税之重,可能与漆的用途有关。

五、战争缴获的人、财、物

战利品收入、赎罪收入以及狩猎收入等虽不属经常收入项目,但亦是国家的重要财源。

第三节　夏、商、西周时期的财政支出

夏、商、西周统治者为了巩固政权、稳定社会,实现国家职能,需要对用强力征集来的财物,按照一定的用途进行分配,古籍称为"制国用"。上古三代对国家财政支出十分重视,在"均节财用"原则的指导下,分别制定支出范围。

古代政论家、史学家对财税问题的关注较多,在财政收入方面要求轻税、"薄赋敛"。在财政支出方面,要求节用,有效控制王室费用、国家行政等所需经费,两者相辅相成。

中国古代十分重视节约,因为自舜、禹以来,当时的社会生产力水平虽然得到了快速发展,但总体而论,农、工、商业的发展,仍赶不上社会发展的需要,这也就决定了三代统治者"均平""节俭"思想的形成。孔子说:"礼,与其奢也,宁俭"(《论语·八佾》),即在不违背礼的前提下,提倡节俭。同时要求节俭应形成制度,"节以制度,不伤财,不害民"(《易·节》)。在此原则下,夏、商、西周的财政支出主要包括以下几项:

一、神灵崇拜和祭祀支出

中国人崇尚多神信仰,甚至对直接影响其生活的生存环境产生执着的崇拜。《墨子·明鬼下》说:"有天鬼,亦有山水鬼神者,亦有人死而为鬼神者",正因为古人视各物皆有神灵,而神灵又遥不可及,于是便产生了祭祀。古代因神而生的祭祀起源很早,而祭祀的目的则在于消灾避难,《礼记·郊特牲》说"祭有祈焉,有报焉,有由辟焉",说明古代祭祀有祈望、有报答谢恩、有弭灾消灾等作用。这就是说,在科学尚未昌明的古代,人们普遍认为,神灵崇拜和祭祀支出是为了国家昌盛、百姓平安的公共需要,夏、商、西周统治者把祭祀作为国家的头等大事,"国之大事,在祀与戎"(《左传·成公·成公十三年》)。据《礼记·曲礼下》所载,祭祀的内容为:"天子祭天地,祭四方,祭山川,祭五祀,岁遍。诸侯方祀,祭山川,祭五祀,岁遍。大夫祭五祀,岁遍。士祭其先。"《礼记·祭法》强调,因"日月星辰,民所瞻仰也,山林川谷丘陵,民所取材用也",故每逢战争前后,以及外出打猎、春种之前、秋收之后等重大活动、重要日期都要举行祭祀活动。凡不祭祀者,都被认为是对天地神灵的不敬,要受到严厉的惩

罚。如商汤伐夏前,首先灭夏的属国葛,而伐葛理由是葛伯不举行祭祀,是大逆不道,违反天意,应遭征讨。

祭祀支出,古记为国用的十分之一,"祭用数之仂",原则是"祭,丰年不奢,凶年不俭"(《礼记·王制》)。祭祀用品,多用牲畜。按《礼记·王制》所说:"天子社稷皆大牢,诸侯社稷皆少牢,士、大夫宗庙之祭,有田则祭,无田则荐。""诸侯无故不杀牛,大夫无故不杀羊,士无故不杀犬豕,庶人无故不食珍。"由于古人一直以为神灵和人一样,"神嗜饮食""鬼犹求食",于是便以最好的食物,配置最好的礼器供奉。因此,每逢重大祭祀,大量杀牲,常常多至数百头。也有用人作祭品的,在对殷墟王陵东区191个祭祀坑的考古中就发现埋有1 178个奴隶。出土甲骨文中,也载有用人作为牺牲,进行祭祀的事实。

西周时,民间邑、里的神灵崇拜也十分兴盛。《周礼·小司徒》说:"九夫为井,四井为邑。"邑、里所奉祀的社神,最早是与祖先崇拜联系在一起的,后来社神成为土地神,即按地缘而不是按血缘结成的农村公社的保护神。邑、里奉祀社神的地方称为"社"。社神是邑、里中最重要的神祇,每年春秋及岁终都要举行隆重的祀典,用以祈年报功。平时遇有大事、祈祷丰收、消除灾害时,也要祭祀。社于是就成了人们进行宗教活动的场所,用来祭祀土地神"社"和谷物神"稷"。在"社"的祭场皆种植大树,除了定期祭祀与求雨止雨、禳救日食等农事祭祀外,还举行其他的公社内部的公共性集会。

二、兵农合一与军事支出

三代的战争频繁,夏、商两代尤多。战争目的,或是掠夺土地、财富和奴隶,或是抵御外族的侵犯。因是关系政权、部族存亡的大事,为此,有时会动员全国的力量参与战斗。

中国的常备军始于秦代。秦始皇以前中国没有常备军,仅实行"兵农合一"的民兵体制,作战部队皆以"井"为单位征调,被征调的平民、贵族都要自备刀矛箭镞等武器和牛马战车等装备以及军粮油盐等补给。当时战争目的单一,交战国之间距离也不远,又处于冷兵器时代,所以战争规模都不大。据史书记载,周有六师,共有1.5万人;也有说周有六军,每军1.25万人,共有7.5万人。武王伐纣时,倾国而出,全部人马才4.5万人。这些人在当时并非专业军人,都是以平民组成的民兵队伍。由于战争所需的人、财、物都由出征者负担,所以在国家财政支出中没有直接军事支出项目,只有战争所需的旗幡鼓角等具有公共性质的财政开支。

三、王室支出

史家称,三代国王即代表了国家,所以王及王室支出,同国家财政支出多有混同之处。除国王及其亲属日常的膳食、衣服、居住及其他费用开支外,以国王名义招待宾客、举行宴会的开支,赠与宾客的礼物开支,赏赐诸侯、百官的钱物,添设祭祀用的器物,王宫各项物品用品,饲养公私家畜的谷草,宫殿及陵墓的建筑和维持,以及凶荒丧葬和赈济的支出等,从总的原则上来讲是国王统治的需要,是为国王服务的;但从支出性质来看,又属国家机器的职能范围。

从考古发掘出的宫室遗址、墓葬遗址来看,王及王室的生活是十分奢侈的。据记载,夏桀、商纣是历史上十分荒淫的国王。《帝王世纪》揭露商纣王,造寝宫,作琼室瑶台;《淮南子·俶真训》称纣王"铸金柱";《世本·作篇》称他"为玉床";《史记·殷本纪》指出他"以酒为池,悬肉为林","使师涓作新淫声,北里之舞,靡靡之乐";《逸周书·世俘解》记载"凡武王俘商旧玉,亿有百万"。根据考古发现,连商王的一名高级武官,其墓葬也有殉人 15 名、狗 15 条,青铜器、玉器等随葬品 570 多件。

四、设官分职与分田制禄

上古三代的官职官数,说法不一,但有一点是统一的,即越到后世官吏越多。官吏的俸禄,也即上古三代的一大特色是,财政支出制度上没有俸禄支出。但这不能说三代国家对所属诸侯邦国、各级官员没有俸禄支出。三代从中央到地方都安置有官员,并按职位高低授爵,按官职官爵分给官员一定的土地和臣民。孟子在回答北宫琦关于西周制定的官爵和俸禄制度时说,天子直接管理的土地纵横各 1 000 里,公、侯各 100 里,伯各 70 里,子、男各 50 里。百官以所授给的土地上的收入作为禄食。大体上一个下士的俸禄和在公家当差的"庶人"相同,即其收入可养活 5～9 人。按这个制度来看,分地少的诸侯的收入,相对分地多的诸侯的收入自然要少。而从财政意义上看,土地分赐即为财政俸禄支出;作为诸侯和所属官吏,分得土地即是获得俸禄。这就是"分田制禄"制度。

中国古代最早设立职官的朝代是夏代。当时由于国家机构还很简单,因此职官主要是"三正":一是"牧正",掌管农业、畜牧业的官员;二是"车正",掌管全国车辆制造的官员;三是"庖正",管理王族后勤供应的官员。从西周开始,建立了国家职官品级制度,以确定全国公职人员的职务地位。《周礼》中记载:"官者,管也;职者,值也",即官吏负有管理的责任。确立官吏的品级制度,是要明确官吏权责的大小、事务的繁简。因此,西周"以九仪之命,正邦国之位"(《周礼·大宗伯》),即以九个等级的名称来确定全国官吏的职位。九个品级分别为:公、侯、伯、子、男、公卿、大夫、上士、中士。因此,《国语·周语》称西周"外官不过九品",中国历代职官九品制由此创立。

五、水利建设与工程支出

中国以农立国,作为农业命脉的水利建设一直受到历朝历代统治者的高度重视。在禹以前,相传尧经历了九年洪水,洪水灾害使夏族十分重视水利排灌工程的修建。孔子曾说,禹对宫室要求很低,花钱很少,建筑十分简朴,而对农田水利建设却十分重视,在井田的各个方块田之间,开挖了纵横交错的沟渠水网,以利排、灌。同样,商代不仅自始祖契开始教民耕作,播种百谷,而且契的后代"冥"还为治水献出了自己宝贵的生命。

财政除水利建设投入外,还有其他工程支出,《国语》记载了这些支出内容。一是交通建设。如"禹开九州,通九道";"桀尝以十月,发民凿山穿陵以通河"。二是都城建设。如古公亶父止于岐下,"筑城郭室屋";"作丰邑",徙都于丰;"天子之城高九仞,公侯七仞,伯五仞,子男三仞"等。三是宫殿建设。如桀、纣"侈宫室,广苑囿,穷五采之变,极饰材之工,困野兽之足,竭山泽之利"。四是构筑园囿。如"文王之囿方七十里,刍荛者往焉,雉兔者往焉"。

六、居民生活保障与抚恤支出

(一)社会保障

史称,西周大司徒之职"以保息六养万民",包括"慈幼""养老""振穷""恤贫""宽疾""安富"六个方面。

1. 慈幼。三代时期都有对幼童的保护措施。史称"汤七年旱,禹五年水,民之无粮有卖子者,汤以庄山之金铸币,而赎民之无粮卖子者;禹以历山之金铸币而赎民之无粮卖子者"(《管子》)。

2. 养老。《礼记·王制》记载:"五十养于乡,六十养于国,七十养于学,达于诸侯。"但是古代是以家庭养老为主,"非贤者不可皆养"。

3. 振穷。古代对"穷"的认识,包括鳏、寡、孤、独四个方面。因其"穷而无告",应给予"常饩",即长期救助。此制到春秋战国时仍在遵守。也有一次性振贫,如"武王为殷初定未集……命南宫括散鹿台之财,发钜桥之粟,以振贫弱萌隶"(《史记·周本纪》)。

4. 恤贫。《周礼》载:"凡用粟,春颁而秋敛之。困时施之,饶时收之。"此应属于借贷性质,非无偿救济。

5. 宽疾。对丧失劳动能力的疾患病人,国家给予免赋役的照顾。

6. 安富。即平均负担,对富者不多征,不苛征,使其能有安全感。

(二)灾荒救济

灾荒之事,无代无之。夏代史料缺乏。商代情况,据粗略统计,成汤年间曾发生连续7年的大旱;商代中期曾发生5次河决之灾。西周以后,由于史籍记载渐多,邓云特先生在《中国救荒史》中统计了相关数据:在周朝延续的867年间,最显著的灾害有89次,其中旱灾为30次,占统计数的1/3。而灾情最严重的是周厉王二十一年至二十六年(公元前858—前853年),连续6年大旱。《诗经·雨天正》记述了其空前的灾象:"浩浩昊天,不骏其德。降丧饥馑,斩伐四国。"当时官府所能采取的救灾措施,一是安抚流亡,二是蠲缓赋役,三是弛禁散利,四是移民就食。

1. 当时的救灾原则,按《周礼·大司徒》所载:"以荒政十有二聚万民:一曰散利,二曰薄征,三曰缓刑,四曰弛力,五曰舍禁,六曰去几,七曰眚礼,八曰杀哀,九曰蕃乐,十曰多昏,十有一曰索鬼神,十有二曰降盗贼。"这12个方面都是通过各种救助手段,以避免居民逃荒或丧亡。

2. 灾荒标准。按《周礼》所载:"凡万民之食,食者人四鬴(每鬴6斗4升),上也;人三鬴,中也;人二鬴,下也。若食不能人二鬴,则令邦移民就谷,诏王杀邦用。"可见在灾荒之年,不但要安置受灾民众,周王及政府也要缩减支出。

3. 应对措施。一是储粮备荒,以丰补歉。《礼记·王制》记载:"三年耕,必有一年之食",有了充足的储备,才能使居民在重大灾荒袭击下"民无菜色"。对储备粮的使用也有严格规定,设仓人,"有余则藏之,以待凶而颁之"(《周礼·大司徒》)。二是上下节约。《礼记》说:"岁凶,年谷不登,君膳不祭肺,马不食谷,驰道不除,祭事不县。"《墨子》云:"一谷不收谓之馑,二谷不收谓之旱,三谷不收谓之凶,四谷不收谓之馈,五谷不收谓之饥。岁馑,则仕者大夫以下皆损禄五分之一;旱,则损五分之二;凶,则损五分之三;馈,则损五分之四;饥,则尽无禄,禀食而已矣。"三是减免赋役。《礼记》记载在年不顺成时,需"关梁不租,山泽列而不赋",如"大荒、大札,则令邦国移民、通财、舍禁、弛力、薄征、缓刑"(《周礼·大司徒》)。

七、其他支出

教育支出。《礼记·王制》记载:"度地以居民……然后兴学。"而且古代教育,重在人伦。《孟子·滕文公》称"设为庠、序、学校以教之。庠者,养也;校者,教也;序者,射也。夏曰校,殷曰序,周曰庠,学则三代共之,皆所以明人伦也。"

宾客招待。《国语·周语》称:"敌国宾至……侯人为导,卿出郊劳……司里授馆……虞人入材,甸人积薪……膳宰致飧,廪人献饩,司马陈刍,工人展车,百官以物至,宾入如归。"

第四节 夏、商、西周时期的财政管理及国家财富分配制度的建立

一、管理机构及职官分工

为适应社会发展需要,中华民族从氏族社会末期就开始选举管理人员,加强对部落及其联盟的管理。国家形成后,则在更大范围内设官分职,分工管理。《礼记》称"有虞氏官五十,夏后氏官百,殷二百,周三百"。《荀子》说:"古者天子千官,诸侯百官。"由于时代的进步,社会的发展,夏商周三代相比,西周的管理机构比夏商两代完整。根据《周礼》记载,周设有六官,即天官、地官、春官、夏官、秋官、冬官。在六官中,与财政有关的主要是天官和地官两大系统。

天官系统属宏观调控机关,管理中央(王室)财政,如大宰、小宰主掌九职(社会分工)、九赋、九贡、九式,总司国家财政收支;大府、玉府、内府、外府四府掌国家财货收、支、保、藏;甸师掌王之籍田,供王祭祀;司会、司书、职内、职岁、职币五职主掌财政的收入、支出并进行稽核,以保国家收支的准确、有效。地官系统从宏观和微观上主掌全国生产和分配。大司徒、小司徒主掌全国土地、人民、诸侯国和采邑的分布,是土地分配和贡赋的总负责;乡大夫、遂人、载师、闾师、县师、均人、旅师、土均、司稼等负责所在地区(或分管范围)赋税的征收、入库和减免;委人、廛人、司关、泉府等主掌进入流通领域的货物的税收。此外,夏官、秋官系统中,亦有分管财政、财务的职官。以上"周官",虽有后人添加改作之嫌疑,但其确实对后世国家机构的设置影响很大。

二、财政体制和预决算制度

财政体制问题,实质是国家财权在中央同地方各级政权之间如何划分的问题。夏、商、西周时期,生产力低下,总体来说实行的是原始的分税制财政体制。夏商时代是部落联盟国家,部落联盟及其下属部落在完成贡赋任务后完全有权自行支配自有财力,是一种承包性质的原始分税制。

在天子之下,实行封邦建国制度的西周也同样实行承包性质的原始分税制。西周的财权划分是通过以分封的名义分配土地来进行的。各级政权的财权,皆按血缘关系规定等级,按等确定的贡纳体系,同时也在一定程度上固定了中央同地方的财力分配比例,从而产生了"亲者必贵,贵者必富"的地方财政。由于地方各级在完成其规定的贡纳义务,即承包的上缴任务之后,中央无权插手它们的财政的再分配,从而自然而然地形成了天子和各地诸侯承包性质的原始分税制财政体制。

中国的预算、决算制度,最早可能源于中央对各级官吏的政绩的考核。相传尧、舜时,"三岁一考功,三考绌陟"(《史记·五帝本纪》)。这种考绩,包括人口增长、农业生产、财政收入等方面。到西周时,已有比较详细的规定,比如:设置主管财政、财务会计的机构,配备主管官吏,如司会辅佐大宰按九贡、九赋、九功、九式之法,掌各项财货出入之数,并按日、按月、按年进行汇总,上报冢宰及王。司书、职司对王畿内户籍、土地和国中各项财物收支情况,逐一登记入账,进行核算。在进行核算的基础上,由冢宰编制国家预算。《礼记·王制》称:"冢宰制国用,必于岁之杪,五谷皆入,然后制国用。用地大小,视年之丰耗。以三十年之通制国用,量入以为出。"其中包括预算编制时间、编制机关、编制依据以及编制原则等内容。如将《周礼·天官·冢宰》的九赋、九式进行对称排列,则是一个十分简明的国家预算图式,如表2—1所示。

表2—1　　　　　　　周代九赋、九式的专款专用表

序号	九赋收入	课税性质	课税地区	最高税率(%)	九式支出
1	邦中之赋		城郭	5	宾客之式(招待)
2	四郊之赋		去国一百里	15	刍秣之式(饲料)
3	邦甸之赋	收益税性质的田赋	去国二百里	20	工事之式(工程)
4	家削之赋		去国三百里	20	匪颁之式(分赐)
5	邦县之赋		去国四百里	20	币帛之式(货币)
6	邦都之赋		去国五百里	20	祭祀之式(祭祀)

续表

序号	九赋收入	课税性质	课税地区	最高税率(%)	九式支出
7	关市之赋	工商税性质的物产税			羞服之式(膳服)
8	山泽之赋			25	荒服之式(丧纪)
9	币余之赋				好用之式(赐予)

三、国家财富分配的原则与制度设计

首先,实行量入为出的理财原则。据《礼记》载,商周时代"冢宰……以三十年之通制国用,量入以为出。……丧祭,用不足曰暴,有余曰浩。……国无九年之蓄,曰不足;无六年之蓄,曰急;无三年之蓄,曰国非其国也!三年耕,必有一年之食(积余),九年耕,必有三年之食"。这就是说,寓财政于经济,遇丰年财政可以多用,歉收只能少用。由于贯彻量入为出的理财原则,所以必须于岁之杪,五谷皆入,然后才可编制预算。

之所以实行这一原则,是因为夏、商、西周实行的是实物财政,财政的支出必须建立在已经征收入库的基础上。在没有入库的条件下,财政是无法透支的。特别是在生产工具落后、生产力发展水平低下、农业丰歉难以预料的历史条件下,统治者不能提前支用实物,否则会前吃后空,造成在青黄不接或灾年时人们饥饿而死的惨剧。所以,量入为出的理财原则,既是实物财政条件下的客观要求,也是统治者为了求生存的理性思考结果。

其次,均财节用原则。均平、合理的税收征收原则是收入分配上的均财节用。《周礼》称,田赋的征收首先根据土地肥瘠、地势高下、劳动力多少等因素来确定,根据土地的使用情况和出产物用途制定不同的税率,按年成的丰歉决定是否减免;徭役亦按年成丰歉组织;而诸侯方国的贡赋,也按亲疏、远近、封地大小等因素规定贡赋比例。这些制度规定,符合税收的均平、合理原则。

至于定额管理和专款专用,则是节约支出的体现。以九赋之入抵充九式之出的专款专用原则是均财节用的典型。《周礼》记载,为了均财节用,由太宰规定九式、九赋,然后主管收支的太府遵照执行。当时之所以要实行这一原则,除了统治者有均财节用的认识外,实物财政也是一大因素。因为,古代财政收入的财货品种、单位不同,不像现代市场经济条件下的货币财政可以随时换算、换购,所以只能分别筹划,实行专款专用制度。一般在一个朝代的初期,专款专用制度执行得较好,到了末年,这个制度则常常被破坏,如《礼记》载,

"厉王即位三十年,好利,近荣夷公,大夫芮良正谏厉王曰:'王室其将卑乎?夫荣公好专利,而不知大难;夫利百物之所生也,天地之所载也,而有专之其害多矣'"。

适当储备,以充府库是另一个均财节用的典型。农耕时代,难免有灾荒凶年,所以实物储备是十分必要的。其储备的方法,按明代丘睿《大学衍义补》所述是将"每岁所入析为四分,用途其三而储积其一;每岁余一,三年余三,积三十年,则余十年矣。以三十年融通之法,常有九年储蓄之贤"。

我国的政府会计制度,相传起于夏禹。《越绝书》说:"禹救水到大越,上茅山,大会计,更名茅山曰会稽。"《吴越春秋》说:"周行天下,还归大越,更名茅山曰会稽。"当时的会计官吏,有司会与司书。司会为总会计,核算财用,做出总预算;司书凭会计后的簿籍,做出统计,司会对于君主私人的细小用途,并不核算,即所谓"惟王不会",但对包括君主的私用在内的支出总数,"虽王亦会"。所以《周礼》说:"凡上之用财用,必考于司会。"此外,职岁职币等官,亦有协助司会的工作职责。

第三章

春秋战国时期的财税变革与国家财富分配思想

开篇导言

公元前 770 —前 221 年，是我国历史上的春秋（公元前 770—前 476 年）、战国（公元前 475—前 221 年）时期，也是我国从奴隶社会到封建社会的大变革时期。其间战争频繁、诸侯争霸，各民族不断融合。社会经济、政治、文化都在激烈的、复杂的动荡中发生了深刻的变化。各国地主阶级政权的陆续建立，标志着封建社会终于代替了奴隶社会。

春秋战国时期进入了铁器时代，农业、手工业、商业都有明显发展，因铁、铜金属工具的使用，促进了垦荒和水利事业的进步，大大提高了农业生产效率和农作物产量。金属货币广为流通，城市和私商普遍出现，生产关系也跟着变化，井田制的宗族公社到春秋时代开始瓦解，出现了国家剥削小自耕农、地主剥削佃农的封建生产关系的萌芽，中国开始由宗族公社制社会向封建社会过渡。

西周灭亡后，周天子的地位日益衰落，原来多数在边疆的"戎""狄""蛮""夷"等族纷纷进入中原，与中原的华夏族长期杂处、相互交流，使各族之间在生产和生活上逐渐接近，本来以牧业为主的"戎""狄"也开始从事农业生产、定居建家、建国，再加上相互通婚，民族之间的差别渐渐缩小，最后走上融合的道路。

第一节　春秋战国时期的社会经济时代背景

一、春秋、战国时期中国社会概况

（一）周王室衰微

周朝在成王、康王、昭王、穆王及共王时代出现了太平盛世，以后逐渐衰微。公元前841年，国人暴动，厉王逃亡，朝政由诸侯共管，史称"共和行政"。这一年就成为共和元年（即公元前841年），这是中国历史上有准确纪年的开始。

公元前770年，周平王在一些贵族和诸侯的护卫下，从镐京（今陕西长安）东迁到洛邑（今河南洛阳）。周初建立东都（即所谓成周），原是为了控御东土，周朝的真正基地仍在镐京（即所谓宗周）。西周末年以宗周为中心的西土旧地天灾人祸不断，人心惶惶，而以洛邑为中心的东土仍有发展余地。东迁之初，宗周故地并未完全丧失，直到后来周室衰微，号令不行，周王的实力已不足以维持封建制度中天下共主的地位。历史学家把公元前770年之后的周朝叫作东周，以区别于此前的西周。从此周朝失去了控制四方诸侯的力量，进入了一个动乱时期，即春秋（公元前770年—前476年）。春秋时代共有140多国，其中大的也有10多国。

西周时代，列国封君久居封地，国人与土著民的结合构成了各地的新族群，继承并融合了各地传统文化，发展成为相对独立的地方势力。平王东迁之后，原有王权失去了约束力，于是各国受当地文化及自身利益的驱使，纷纷产生离心倾向，企图代替周王成为中央，从而形成了列国争霸的局面。

（二）列国争霸

各国开始争霸的手腕都不外乎"挟天子以令诸侯"——打着周天子的旗号，积极发展自己的势力。

在争霸中最先胜出的是齐桓公。他任用管仲为相，改革内政，国力日趋强盛，在吞并了一些小国后，又以"尊王攘夷"口号相号召，打击夷狄。公元前651年，齐桓公大会诸侯于葵丘（今河南兰考），参加盟会的有鲁、宋、郑、卫等国的代表，周天子也派代表赴会，会议决定，凡同盟之国，互不侵伐，必须共同对付外敌，会后齐桓公一跃成为中原地区合法的霸主。

正当齐国争霸中原时，晋国亦开始兴起。公元前 636 年，流亡在外 19 年的晋公子重耳回国继位，是为晋文公。他整顿内政，发展经济，增强军备，争取霸业。这时周王室发生了王子带之乱，周襄王流亡外地。晋文公联合其他诸侯，出兵击败王子带，护送襄王回国。公元前 632 年，晋与楚在城濮（今山东鄄城临濮集）发生大战，这是春秋时期影响较大的一次战争。战后，晋文公在践土（今河南原阳西南）会盟诸侯，参加会盟的有齐、鲁、宋、卫等七国，周天子也被迫亲自参加会议，并册命晋文公为侯伯，伯乃长，侯伯意为诸侯之首。晋国因而成为周天子认可的中原霸主。

在晋国称霸中原时，楚国向东扩展，灭了一些小国，而后转向北方，争霸中原，控制了黄河流域一些小国。公元前 606 年，楚庄王征伐陆浑之戎，观兵于周郊，并派人向周王问九鼎之轻重，意欲吞并周室。此后楚庄王先后发兵击败陈国、郑国、宋国，晋国因派兵救郑时遭到惨败，当宋国求救时，畏缩不敢出兵，楚庄王因而成为中原霸主。

秦国在灭掉一些西方小国后发展起来，到秦穆公时向东争取霸业，遭到晋国的遏制，转而向西发展，成为西方一霸，于是形成了西面是秦，东面是齐，长期争霸中原的主要是晋、楚的格局。各方势均力敌，终于出现了结束大国争霸的"弭兵"局面。所谓"弭兵"，就是各方妥协并划分势力范围，平分霸权。在"弭兵"之后，争霸战争已近尾声，长江下游即今江浙沪地区崛起了对立的吴、越两国。吴王夫差击败越王勾践，然而越王勾践在卑身事吴时，卧薪尝胆东山再起，在范蠡和文种的辅佐下一举击败吴国，一时号称霸主。不过越国那时已是强弩之末，很快就被楚国所灭。

争霸导致各种力量不断分化瓦解和改组，最后只剩下了燕、赵、韩、魏、齐、楚、秦七个大国和十几个小国，历史进入了战国时代（公元前 476 年—前 421 年）。这是一个社会大变革时期，原本显赫而不可一世的贵族沦落为庶民，名不见经传且一文不名的布衣却可能一跃成为高官显宦、富商大贾。强有力的变革几乎摧毁了春秋时代绝大多数的世家大族，他们被新的阶层取而代之。战国时代各国新兴的统治者，无不关注如何维护自己的权威，中华大地上兼并战争不断，各国都集中一切力量，发展经济，增强实力，为生存和扩张而斗争。

二、技术进步与社会经济的发展

春秋战国时代是中国历史上一个光辉灿烂的时代，各方势力为了自身的生存都使出浑身解数，从而推动了全社会的巨大进步。

第一,科技进步带领各国步入了铁器时代,促进了生产力的发展。考古表明早在春秋末年,我国就已经掌握了较高的生铁冶铸技术,从春秋、战国之际到战国早期,又发明了生铁柔化处理技术,这一发明比欧洲早了1 900多年。这一时期已能根据不同用途,采用各种冶炼技术和工艺,如用"块炼法"炼出熟铁锻造铁器,用生铁铸造铁器等,使铁器制作达到了较高水平。当时的铁已被广泛应用于制作农具、工具、兵器等各个方面。据文献记载,春秋初期,齐国已有铁农具用于生产;进入春秋中期,冶铁业有了进一步的发展。"叔夷钟"铭文记载,齐灵公一次就赏给叔夷四千冶铁工奴。在广西壮族自治区平乐县银山岭和田东县锅盖岭出土的战国时期的铁制农具,更进一步说明了铁农具的使用已不限于中原地区,更传播至边远地区。

铁器的推广促进了农业生产技术的改革。《管子》说:"农之事,必有一耜、一铫、一镰、一耨、一椎、一铚,然后成为农",可见,当时一户农民必备有多种农具。考古发现也表明,铁制农具铲、锹等深耕工具的推广使用,为牛耕的推广创造了条件。战国时,用牛耕地比较普遍,也有人用马耕地。由于精耕细作,育种施肥,大幅度地提高了粮食单产,当时北方亩产粟可达一石半(当时一石相当于今1/5石),最高能达到六石。

铁制农具加上牛耕以及随之而来的精耕细作,标志着战国时代农业生产技术有了新的飞跃,使农业生产由集体共同经营发展为个别零星经营,使一家一户为单位的小农经济逐步形成,这是中国农业史上划时代的大变革。它的直接后果是土地的私有化以及井田制的瓦解。

第二,由于农业生产的迅速发展,工商业也进入了一个新的发展时期。从代表商周文化的青铜器来看,各诸侯国已摆脱了周王室的束缚,礼器讲究富丽美观,器具制作更多属于轻便、适用的日常用具,春秋后期更趋向世俗化和商品化;而煮盐、冶铁、制漆等技术的发展,使其产品深入影响了人们生活的各个领域。山东临淄郎家庄1号墓出土了绢、锦、刺绣的残片和玉、玛瑙制作的蚕形器,说明齐国贵族不仅生前重视丝、蚕,还将它们作为重要的殉葬品。墓中的一块丝织品,经密56×2根/厘米,纬密32根/厘米,经丝投影宽0.2~0.5毫米,纬丝投影宽0.13~0.2毫米,这比西周墓中的丝织品精细得多。[①] 进入战国后,出现了冶铁、煮盐、青铜、漆器、丝织、纺织、制陶、竹木、皮革、制玉、酿酒等手工业,不仅门类增多,技术提高,规模也扩大了。春秋时期,商周出现的

---

① 临淄郎家庄一号东周殉人墓[J].考古学报,1977(01):73-104、179-196.

"工商食官"制度并未完全被打破，但战国后，随着商品交换活动的频繁，商品交换活动范围的扩大，为了适应农业手工业和商业发展的需要，各国都发行了样式不同的货币，先前"工商食官"的格局终于被冲破，在官手工业之外，出现了私手工业。

伴随手工业的私有化，商业也开始私有化，官商已不能垄断贸易，私商便出现了。如孔子的学生子贡，周游列国做生意，并参与各国政治活动，能和诸侯们"分庭抗礼"。

第三，商品交换促进交通运输，便利的交通又推动了交换经济的发展和商业城市的兴起、繁荣。齐都临淄经过春秋以来200多年的经营，至战国时工商活跃，人口众多，其繁荣景象人称"车毂击，人肩摩，连衽成帷，举袂成幕，挥汗成雨，家殷人足，志高气扬"(《史记·苏秦列传》)。

春秋战国时期逐渐有了"市"。"市"是农副产品和手工业品的交易场所。在每个较大的城市里，都设有市。市区四周有"市门"出入，设有"市吏"管理，并征收"市税"，市中经商者都有"市籍"。市的兴起和发展，使得城邑的性质，除政治功能之外开始有了经济意义。

总之，春秋战国时期，在技术进步带动下的整个社会经济处于向前发展之中，特别是战国时期，随着众多小国被兼并，阻碍商货流通的关隘被打通，使商品经济发展进一步加速。而全国农业、手工业和商业的发展，使物质财富不断增加，又为大一统帝国的建立奠定了良好的物质基础。

第二节　春秋战国时期各国的变法与财政变革

在农业社会，土地和人口就是实力，随着直接控制的土地面积的缩小，周王朝不仅权势日益丧失，而且财政收入也难以维持原来的支出规模，到了春秋战国，奴隶制度已开始没落，井田制也就逐渐遭到破坏。

一、土地关系变化的背景

为了争霸和生存，春秋战国时期的大小国家都在居安思危，都不得不重新审视原有的国家经济政治制度，寻找变革自强之路。

首先是人口增加带来的压力。《后汉书·郡国志》称周初人口有1 370万，春秋战国期间因战争频仍，人口伤亡甚多，但由于当时各国采用适当的人口政策,使该时期的人口不仅没有减少,还略有增加。如战国军队人数估计为700万,则当时人口数最少在2 000万以上。而各国人口的增加,引发了一场新的土地分配和赋税的改革。

其次是土地开垦面积的增加使土地私有成为可能。春秋战国时期,由于经济的发展、人口的增加、土地兼并战争扩大、人们对私人占有土地的欲望日益滋长,使土地分配制度向土地私有制度的方向加速发展。同时,经济发展,人民财富增加,土地私有是财产制度建立的必然结果;而货币的发达,使人们可以用货币买卖土地,并把土地据为己有,这又使土地对人们产生了极大的诱惑。因而各国纷纷变法,从法律上规定土地私有,在法律上完成了土地私有制度的确立。

二、春秋时期各国变法

春秋时期,各国的政治经济发展很不平衡,迫于自身的生存和发展需要,各国相继任用一批有远见的政治家、思想家进行政治、军事和经济等各方面的改革,其中大多是和财政有密切关系的。

(一)齐国改革

春秋时期,齐国是最早进行改革的国家。齐国地处东方,富有鱼盐,其工商经济亦十分活跃。公元前685年,齐桓公即位,任用管仲为相,对齐国进行政治、军事、财政等方面的改革,管仲的财政改革主要有以下几个方面:

1. 相地而衰征

即把不同的土地按照不同的标准分给农民,再根据土地的肥瘠确定赋税的轻重,以此来调动农民对农业生产的积极性。

2. 官山海

事关国民经济命脉的领域由国家专卖,主要包括粮食、食盐、铁等。

(1)由国家经营各种人民生活必需的经济资源,如谷物等。国家通过谷物控制市场,从中获得利益。

(2)垄断食盐的主要产地和销售。齐国利用优越的地理位置,控制食盐的生产、流通和销售,获利于天下。

(3)铁专卖。铁是生产、生活的必需品,对铁实行专卖,获利很大。

3. 实行轻税改革

管仲认为"取于民有度,用之有止,国虽小必安。取于民无度,用之不止,国虽大必危"(《管子·权修》),过度的征税会妨碍生产,造成人们财物的巨大损失,且易引起人民的不满,因此国家应该实行轻税。

管仲治齐的改革,极大地冲击了奴隶制度,按土地肥瘠征收田赋,突破了"籍田以力"的力役地租和"公田征赋、私田不税"的旧的赋税原则;其有关国家经济管理的一系列思想被编撰入《管子》一书,为后世继承和发展。

(二)晋国改革

齐国实行改革之后,晋国也根据本国情况,对田制、田赋进行了改革。

1. 作爰(辕)田,作州兵

《左传》记载晋惠公六年(公元前645年),秦、晋战于韩原,晋惠公战败后下令作爰田,将大量公田分赏给众人,改变旧有田土界限;国中大夫又吸取此次失败的教训,作州兵,扩充甲兵,改革兵制。

2. 通商宽农

《国语》载:"元年春,公及夫人嬴氏至自王城……公属百官,赋职任功。弃责薄敛,施舍分寡。救乏振滞,匡困资无。轻关易道,通商宽农。懋穑劝分,省用足财。"周襄王十六年(公元前636年)春,晋文公即位,在王城会合百官,授职任功,确定各项政策措施,如减轻税负、救济贫乏、修整道路、便利商施、宽待农民、省用足财等内容。

(三)鲁国改革

进入春秋时期,由于劳动工具的改革、劳动效率的提高、私田的大量垦辟,增强了农民对私田的浓厚兴趣。公元前594年,鲁国率先进行土地赋税制改革,实行"初税亩",承认了私田的合法性,而对公、私田一律按亩收税,应税面积增加了。此外,还于四年后相继实行了"作丘甲""用田赋"等赋税制度的改革措施,对其他诸侯国的改革产生了深远的影响。

鲁宣公实行"初税亩",按亩征税,是适应当时社会发展要求的改革,这标志着土地私有制第一次被正式承认,是我国社会制度发展进程中划时代的质的变化,是高效的土地私有制和平等的赋税制度的体现,是生产力的发展引起的生产关系的自觉调整。

(四)楚国改革

《左传》记载楚康王十二年(公元前548年):"楚蒍掩为司马,子木使庀赋,数甲兵。甲午,蒍掩书土田,度山林,鸠薮泽……井衍沃,量入修赋。赋车籍马,赋车兵、徒卒、甲楯之数。既成,以授子木。"即是楚蒍掩为司马,令尹子木整治赋税,实行"量入修赋"的制度。

(五)赵国改革

山东临沂银雀山出土的竹简表明,早在春秋末年,赵国就把百步为亩改为二百四十步为亩,这种新亩制有利于生产力的发展和小农经济的形成。

三、战国时期各国变法

从公元前481年齐国田常夺取政权到公元前356年秦国的商鞅变法,在这大约150年的时间里,各国地主阶级通过不同形式,先后把政权夺到自己手中,建立了地方性的封建政权。顺应这种变化的需要,各大国从政治、经济等各方面进行了不同程度的改革。改革的要求主要集中在下列几方面:(1)要求在更大范围内,承认私田的合法性,允许土地自由转让和买卖。(2)农业上要求突破原有的耕作方式和管理方法;各国间商业交换的发展,也要求消除各国道路关卡的限制,要求度量衡的统一、货币的统一。(3)各国为了保存自己,必须壮大经济实力和军事实力。为达到这些目的,其中重要的一个方面是要改革和整顿财政制度,增加财政收入。

(一)魏国改革

公元前445年,魏文侯即位,任用李悝为国相,主持变法。李悝是法家的创始人,主张以法治国。他收集各国现行的法律,编成《法经》,成为中国历史上最早、最系统的一部法典。《法经》的宗旨是以法治来保障社会变革的有序进行,后来的《秦律》《汉律》都是在《法经》的基础上逐步扩充而成的。魏国李悝的改革主要有以下三个方面:

第一,废除"世卿世禄"制度。按照"食有劳而禄有功"的原则,把禄位授给有功的人。

第二,"尽地力之教"。考虑到魏国地少人多,要发展农业生产,就要充分利用现有土地,如杂种五谷,抢收抢种,在住宅周围种桑,田边地角种瓜果等,并充分利用空闲土地。他认为,通过勤劳种田,能使一亩地增产三斗粮食,那么,百里见方的地区就可增产粮食一百八十万石。农作物产量的提高,增加了封建政权的田租收入。

第三,行"平籴法"。战国时期小农经济已初步形成。粮价涨跌已对国计民生有了重大影响。《汉书》记载,李悝认为粮食"籴甚贵伤民,甚贱伤农;民伤则离散,农伤则国贫。故甚贵与甚贱,其伤一也。善为国者,使民毋伤而农益劝"。因此,他主张"取有余以补不足""使民适足,价平而止"。在全国范围内实行"平籴法",由国家控制市场,防止粮价受价格波动的影响。在丰收年景,由国家平价收购余粮储存起来,保证农民不会因粮价暴跌而受害过多;在灾荒年景,由国家平价出售粮食,使市民不会因粮价暴涨而死亡或生事。魏国变法的结果,使其成为战国初年头等富强的国家。

(二)赵国改革

公元前403年,赵烈侯用公仲连为相,"选练举贤,任官使能""节财俭用,察度功德"的同时,"以仁义,约以王道"。也就是说,按照法家的理论选拔人才、处理财政、考核官员。此后,赵武灵王为了加强军力,改革军制,推行"胡服骑射",建立骑兵。学习胡人的骑射与服式,并驳斥反对派说:"夫服者,所以使用也;礼者,所以便事也","法度制令各顺其宜,衣服器械各便其用"(《战国策·赵策二》)。这种因时制宜的改革,使赵国由此日趋强盛。

(三)秦国改革

秦在商鞅变法前,地广人稀,同东方各国相比,在政治、经济、文化等各方面都比较落后,因而遭到东方六国诸侯的排斥。不能参加各国会盟,还经常遭到魏国的侵袭,迫使秦国不得不进行改革。秦国的改革,最早为秦简公七年(公元前408年)实行的"初租禾",即不分公田私田,一律征收实物土地税,承认私田存在的事实。

公元前361年,秦孝公即位,商鞅建议孝公顺应社会情势,进行改革,富国强兵,成就新王之业。孝公任命商鞅为左庶长,推行变法。商鞅变法,前后共2次。第一次在孝公三年(公元前359年),第二次在孝公十二年(公元前350年)。变法的内容中有关财政经济改革的主要有以下六点:

(1)废井田,开阡陌封疆。废除井田制,承认土地私有,允许土地买卖,这是一次划时代的改革,它既为地主制经济的发展铺平了道路,又因承认土地私有而一律征税,使国家财政收入增加。

(2)废除"世卿世禄"制,奖励军功。不分贵贱,按军功赏给房屋和土地。

(3)实行"重农抑商"政策,奖励农业生产。凡因从事末业或因懒惰不努力生产而贫困的人,罚做奴隶。

(4)鼓励分居立户,禁止父子兄弟同家共业。一户有两个成年男子以上不分家的,加倍课赋;耕织收入多的,免其徭役。

(5)把山林川泽收归国家所有,按土地多少征收赋税,按人口征人头税,按丁口征兵,建立国家武装。

(6)平斗桶、权衡、丈尺,统一度量衡。

商鞅变法是各国变法中最全面、最彻底、最有成效的,它有力地促进了秦国农业生产的发展,充实了国家财政,增强了军队战斗力,为秦国日后兼并六国、统一全国奠定了政治和经济基础。

与商鞅变法差不多同一时期,韩国任用申不害,齐国任用邹忌,先后变法,都取得了成效。齐国邹忌变法中,设置决策咨询论坛——稷下学馆,吸引各方有识之士,起到了极其重要的舆论先行作用。齐威王还任用军事家孙膑,讲求练兵,重振装备,收到明显的效果,逐渐强大起来的齐国和秦国曾一度互称东帝和西帝。

第三节　春秋战国时期各国的财政收入与财政支出

一、财政收入

(一)贡纳

贡纳,既有政治上明尊卑的统属意义,也有经济上尊上输财的财政意义。贡纳分为经常性的定期贡纳和非经常性的不定期贡纳两种。在奴隶社会里,这是诸侯对国土(周天子)以及弱国对强国的物品输纳。它受爵位高低的限定,也有输纳时间的限定,还有数量多少的限定,其目的是求得天子或大国的谅解和保护。《国语·周语上》中说:"夫先王之制,邦内甸服,邦外侯服,侯卫宾服,夷蛮要服,戎狄荒服。甸服者祭,侯服者祀,宾服者享,要服者贡,荒服者王。"即把各国划成各种等级,按照所处区域、与宗主的关系,规定贡物的品种、数量和时间。

在春秋时期,由于周王还是名义上的天下共主,其正统地位仍然存在。强大的诸侯霸主还需借用"尊王"旗号以行其私,所以也需要向周王贡纳财货,以达到其"挟天子以令诸侯"的目的。而不遵命朝贡者,常常会招致大国惩处。公元前714年,"宋公不王,郑伯为王左卿士,以王命讨之。伐宋"(《左传·隐公八年》)。不仅如此,春秋时期小国除向周天子进贡外,还需向大国进贡,向周边强国进贡。莒国因为不向齐国进贡而亡,"东方有莒之国者,其为国甚小,间于大国之间,不敬事于大,大国亦弗之从而爱利,是以东者越人夹削其壤地,西者齐人兼而有之"(《墨子·非攻中》)。

春秋战国可供贡纳的物品,最初仅指本地所产物品,但一般来说,充当贡品者多为贵重稀缺之物,如隐公七年(公元前716年)所记,戎朝周王时,又访问公卿,按周制,先见于祖庙,再私见,均有礼物,如玉马、皮、圭、璧、帛之类。

(二)田赋

夏、商、西周时期,土地税率皆行"田野什一"政策,税负较轻。但是到了春秋战国时期,各国互不统属,不可能有统一的财政政策,更没有统一的赋税制度。为了争霸需要,各国均重征赋税以增强自身实力。如鲁昭公三年(公元前539年),齐国"民三其力,二入于公,而衣食其一。公聚朽蠹,而三老冻馁"(《左传·昭公三年》)。即齐国农民2/3的收获被征为税收,自己所能留用的,只有收获量的1/3而已,百姓负担极重。同样《七国考·秦食货》记载战国时商鞅变法,"收泰半之赋,三分而税一,咸阳民力殚矣"。

(三)工商税收

进入春秋以后,随着山林川泽的逐渐开发,手工业和商业的日渐繁盛,从而形成了新的税源。

1.山泽之税

早期山林川泽资源供官民放任共用,随着自然资源不断被人开发利用以及人口逐渐增加,自然资源的有限性和人类开发利用欲望的无限性的矛盾日益突出。政府于是设官管理资源开采以保护自然资源的有效使用。在春秋前期,对设官管理后的山林川泽资源是实行专利政策还是实行互利政策尚有不同意见,因此各诸侯国内的政策,前后也有变化。据《管子·戒》记载,管仲与桓公盟誓"山林梁泽,以时禁发,而不正也。草封泽盐者之归之也,譬若市人";《荀子·王制》称,"山林泽梁,以时禁发而不税"。随着设官收税,专利同互利的矛盾便突出起来,为了保护国君自身的既得利益,春秋时的各国国君,因"山林川泽之实"为"器用之资",为了多取财于山泽之利,加强了控制和税收征管。《晏子春秋》称齐桓公时"官山海",齐景公亦专山泽之利,"山林之木,衡鹿守之;泽之萑蒲,舟鲛守之;薮之薪蒸,虞候守之;海之盐蜃,祈望守之"。至战国时,商鞅改革财政,山泽税成了一大收入,《盐铁论·第七》记载:"昔商君相秦也……外设百倍之利,收山泽之税,国富民强,器械完饰,蓄积有余。"

2.关市之税

古之关卡多设于国与国之间的水陆交通要道和边陲要隘,最先是为了稽查往来人员,为国家安全而设,纯粹出于军事和政治需要,并无经济上征收关税、增加国家收入之目的。到春秋战国时,手工业发达,交通便利,商品交换频繁,国与国之间的贸易也随之扩大,进出关卡的货物渐增,人们发现对商品征税可作为国家财政收入的一大财源。于是,各国开始在关口对过往商贾征收商品通过税。

《左传·昭公二十年》记载齐景公于靠近国都的关卡收税,"逼介之关,暴征其私;承嗣大夫,强易其贿。布常无艺,征敛无度……内宠之妾,肆夺于市;外宠之臣,僭令于鄙,私欲养求,不给则应"。楚国对贩运牛、马、羊等牲畜的税单独征收,其收入归大府,不在关卡征税;只有一般货物出入关卡时,才在关卡征收。1957年安徽省寿县城东丘家花园出土的鄂君启铜节即是通过关卡的凭证。① 春秋战国时期,由于国家小,即使是国境关税也纯粹是一种内地关税,并非后世大国的国境关税可比。所以这种极小范围内的关税征收,客观上不利于商品流通,阻碍了商品经济的发展。

市税,是对进入市场的手工业产品所征之税,属于商税范畴。战国时以城市工商税作为封君的"私奉养"。至于市税的税率,据文献所记,有轻有重。《管子·幼官》记载,桓公在三会诸侯时,订定税率"田租百取五,市赋百取二,关赋百取一,毋乏耕织之器",符合轻税招远客的原则。《管子·大匡》记载:"桓公践位十九年,弛关市之征,五十而取一"。

(四)专卖

春秋战国时期的财政政策有两大改变:第一是土地私有制度的建立,第二是专卖政策的产生,这对后世的经济、财政产生了极大的影响。专卖始于齐相管仲,他的理财思路:一是主张实施无税政策;二是实行专卖政策。专卖政策是寓税于价的国营商业政策,它以专卖利益的收入代替向人民直接课征赋税,在我国财政史上不失为一大创举。

齐国盐专卖的具体实施情况,史籍记载较简约。据《管子·轻重甲》记载:"十月始正,至于正月,成盐三万六千钟。"由此可知,制盐的时间在当年十月至次年正月,获得的纯盐数量是36 000钟。趁盐价"坐长而十倍"之机,将盐"乃以令使橐之"梁、赵、宋、卫、濮阳,"得成金万一千余斤"。这是关于齐国对外进行食盐贸易的一项记载。另据《国语·齐语》也有"通齐国之鱼盐于东莱"的记载,可知齐国生产的海盐也输往东莱(莱子国)销售。足见当时已形成了以齐国为中心,向周边邻国辐射的海盐贸易网络。这证明齐国专卖政策是成功的,利益也是可观的,达到了预期目的。

---

① 鄂君启铜节,战国时期青铜器物,铭文记载了公元前323年(楚怀王六年),楚怀王发给一个叫鄂君启的人使用的运输货物的免税证件("鄂君启"中的"鄂"为地名,"启"是鄂君之名。鄂君启,字子晳,是战国时期楚怀王之子)。铭文中详细规定了鄂君启水路和陆路交通运输的路线、车船大小与数量、运载额、运输货物的种类、禁运货物和纳税及免税情况等。

二、财政支出

春秋战国时期各国的财政支出主要有以下几项。

(一)祭祀支出

祭祀支出,《周礼》列在九式均节财用的第一式。"国之大事,在祀与戎。"祭祀是国之大事,祭祀用品无论从品类到数量规定都十分严格,直到战国初期,日祭、月祀、时享、岁贡的制度仍未变。

春秋战国与西周不同的是,各诸侯国对祭祀不仅比原来重视,而且还暗暗加上了争霸天下的祈求内容,其规模之大、层次之高都超越以往。从出土文物来看,无论大国还是小国,富国还是穷国,凡遇祭祀皆不敢失礼。如1955年在安徽寿县蔡侯墓出土的几百件文物中,大型贵重的簋、鼎、编钟等青铜礼器达百余件之多。春秋时,蔡国是居于吴、楚之间的弱国,须同时向吴、楚两国进贡,才能求得生存,所以国家财政十分拮据,但其用于祭祀、墓葬方面的财政支出竟能如此之大,足见当时诸侯国重视祭祀的程度。

(二)军事支出

春秋战国时期,军事支出一般包括国防支出和战争支出两部分,而国防支出的多少又取决于军队的人数和武器装备的程度。

春秋时期,每军人数大多维持周代编列,但各国军队编制均有扩大。晋初立国,定为一军,到晋献公十六年就改扩为二军,到晋文公时更扩大为六军,等于天子的兵制。齐国管仲定的兵制为三军共3万人;鲁国兵制为二军共25 000人,到季武子扩为三军共37 500人。

到了战国时期,各国兵额以最少的韩国来说也有20万人;秦国有带甲百余万;燕国数十万;楚国带甲百万;齐国仅都城临淄就可征21万,全国不下百万;赵国武力等合计70万;魏国带甲36万。可以看出,战国时兵额超过春秋时的十倍以上了。

由于各国军种的变化,军队装备也发生了变化。春秋时期主要是车战,车兵配以步卒。标准为一辆战车,一将三甲士,徒卒七十二。战国时期,军队构成已经不是单一的车战徒卒,而拥有许多兵种,如车兵、骑兵、徒卒等。由于军队兵种增多,军队的装备也就多样而复杂,因而军费支出必然增大许多。

(三)王室

春秋战国时,诸侯国君开支迅速膨胀。其支出内容主要是宫室建筑营造、日常生活消费和死后的墓葬建造。关于诸侯国宫殿建筑之奢华,史不绝书。

例如,鲁庄公二十三年(公元前671年)秋"丹桓宫之楹""刻其桷,皆非礼也"(《左传·庄公》)。晋襄公七年(公元前621年),晋有"铜鞮之宫数里,而诸侯舍于隶人"(《左传·襄公》)。楚灵王为章华之台,《国语》中伍举说"今君为此台也,国民罢焉,财用尽焉,年谷败焉,百官烦焉,举国留之,数年乃成"。除了宫殿建筑外,各国诸侯和他们的子弟们大多奢侈荒淫。如卫国君懿公好鹤,齐宣王爱马、爱狗,郑国君嗜酒,吴王夫差更是"玩好必从,珍异是聚,欢乐是务"(《左传·哀公元年》)。此外,中国古代民间自古事死如事生,行厚葬之风,春秋战国的王室贵族更是有过之而无不及。以1978年发现的湖北随县擂鼓墩曾侯乙墓为例,其墓规模大,陪葬器物多,出土文物达7 000多件。其中,青铜乐器及其他器物250多件、编钟64件,足见其奢侈。

(四)城建及水利工程支出

春秋战国时期的财政支出中各种工程支出巨大。

首先,修城筑路支出。城市建筑是经济发展、阶级矛盾日趋激烈的产物。考察古代城池的功能,不外乎三个方面:一是为了防御外来侵略;二是为了镇压本族所有的奴隶,防止逃逸;三是为了便于进行商货交换流通。更主要的,它同时是一个民族、一个国家的政治中心。

据文献记载,"秦使张仪作小咸阳于蜀""秦惠王二十七年使张仪筑城以象咸阳,沃野千里,号曰陆海,所谓小咸阳也""昔秦人筑城于武周塞内,以备胡"(《七国考》)。当时各国大量筑城,并且各地在修筑城池时,都有一套周密的施工计划。战国时期,各国为防胡而修筑长城,后经秦始皇加筑连接及以后历代的连接补修,成为当今世界雄伟壮观的工程之一,东起山海关,西至嘉峪关,长达万里,在巩固边防、稳定社会发展方面曾发挥过积极的作用。

其次,水利灌溉工程支出。春秋战国时期由于列国争雄,用"以农养战"之术增强国力已成为各诸侯国的普遍做法,故需完善水利灌溉工程用以发展农业。因此,在这一时期形成了一个大规模役使民工兴修水利灌溉工程的高潮。吴王夫差十年(公元前486年),吴国在邗(今江苏扬州西北)筑城,在长江与淮河之间开凿运河,称邗沟。十四年(公元前482年),又从淮河开一运河,北通沂水,西通济水,从而沟通了长江和黄河两大水系,便利了航运和灌溉。中原地区其他诸侯国也相继兴修水利,不仅促进了农业生产的发展,也便利了水上交通运输,史称"自是之后,荥阳下引河东南为鸿沟,以通宋、郑、陈、蔡、曹、卫,与济、汝、淮、泗会。于楚,西方则通渠汉水、云梦之野,东方则通(鸿)沟江淮之间。于吴,则通渠三江、五湖。于齐,则通菑济之间"(《史记·河渠书》)。

秦昭王时李冰为蜀守,建都江堰水利灌溉工程;秦始皇时郑国从仲山(今陕西泾阳西北)引泾水向西到瓠口,引水向东经富平注入洛水,全长300里,溉田千万余顷。秦灭楚后,为了配合对岭南的军事行动,秦始皇又命史禄开凿灵渠,沟通湘江同漓江交通,这一工程不仅使长江与珠江两大水系连为一体,对中国广袤国土的形成起到了举足轻重的作用,还有利于中原与岭南的文化交流,使南疆与北国通过灵渠这一水道纽带紧紧地连结在一起。

这一时期,黄河、济水等大河流沿线各国还以自身的财力,组织民工加固各自的堤防。齐、赵、魏各国,沿黄河建筑了一条离河25里的长堤防,以防河水泛滥。从而使黄河两岸堤防间形成了一条50里宽的滞洪区,由于河水带来的大量泥土沉积在滞洪区,形成了一片极为肥美的带状土地。总而言之,不管出自何种目的而展开的工程,或"各以自利",或军事,或商业,都同样起到了"壅防百川"、保护两岸农民和农业的作用。到战国时,水利工程较春秋时期规模更大、堤防更长,对农业生产的促进作用更为显著。

(四)百官俸禄支出

春秋时期仍沿袭西周分田制禄的制度,封地上的租税收入都归封君,卿、大夫、士,都是由农民供养的,如无特殊情况,不会改变。进入战国,官职、俸禄都发生了很大的变化。先就官职来说,到了战国时期,重要的官职仍多由贵戚勋臣担任,但废止了凡是贵族都可世袭当官享受俸禄的制度,而一般士族、名学武士,如在社会上有地位,有文韬武略治国安邦之策的亦能取得信任,获得重职高官。战国时代俸禄制度也发生了重大变化。世袭的分土食禄制为按军功等爵制所代替。按商君之法:"斩一首者爵一级,欲为官者,为五十石之官;斩二首者爵二级,为百石之官。"(《韩非子·定法》)

春秋时期,封君食租税,百官食俸禄。在以农业为主要生产部门的社会,以谷粟为俸是历史发展的必然。由于各国以谷粟计俸禄,因此在俸禄制度上发生了这样一种变化:臣下无土地,在任上是官,去任则为民,官爵的世袭制开始向雇佣制发展。

(五)赏赐支出

春秋战国时期,对臣下及有功之臣的赏赐很多,赏赐原则是"举不失德,赏不失劳"。赏赐内容除封官晋爵外,一般为土地或财物。赏赐的对象,一是有功者,如秦按军功赏赐的二十等爵制度;二是国君使臣,如诸侯朝天子,各诸侯国信使过往等,均需按照尊卑等级名位,给予相应的赠品。

(六)文教

春秋晚期,民间开始兴起讲学之风,邓析在郑国聚徒讲法律之学;孔子在各国聚徒讲六艺之学,相传有弟子三千,《史记·孔子世家》称其中"身通六艺者七十二人"。

春秋战国时期,由于生产力的发展,收入的不断增长,使脱产从事文学艺术创作成为可能。这一时期,小篆文字日渐规整,文化日益昌盛,《春秋》《国语》《诗经》等古文献的编辑整理,以及诗歌、散文、楚辞、小说的创作日见辉煌,在绘画、雕刻、音乐(钟、磬)等方面也出现了惊人成就。到战国时,从事聚徒讲学,著书立说等文教事业成了一种社会时尚。

同时,由于财政的支持,春秋战国时期在科学技术上也取得了重大进步。诸如冶铁、铸铁技术的提高,渗碳钢的出现;用于战争的连弩之车、云梯的发明;农业栽培上的土壤改造;数学上运用勾股定理进行土地测量,计算租税的比例运算日趋成熟;力学上已能运用杠杆原理制车、桔槔、滑车;天文上创立二十四节令,促进了农业生产;春秋战国医药学的成就,在当今长沙马王堆出土的5种经书中,亦有了证实。

第四节　春秋战国时期的财政管理及国家财富分配思想

春秋战国是强化财政管理的转折时期,各诸侯国各自为政,在财政管理上先后建立了一整套相对合理的制度。诸如财务管理制度、年终考核制度的完善和实施,为战国后期逐渐走向统一的国家财政管理体制打下了基础。

一、管理机构

春秋时期,周王权势地位日趋衰落,其原有制度虽然名义上仍在维持,但随着各诸侯大国的出现,也在发生变化。在政府管理机构上,由于西周确立的宗法制度被破坏,行政官员的作用日益强化,主持政务的宰相和司徒、司马、司空、司寇等官府机构的地位日显,实权扩大。按《荀子·王制》所记,司徒掌城郭、器械之事;宰爵掌宾客、祭祀、飨食诸事;司马掌军队、甲兵、车马之事;司空掌堤防、沟渠水利诸事;治田掌土地分配,农具改革诸事;虞师掌山林薮泽;工师掌百工、城建;乡师掌本乡民事、农事和礼教等。在战国史籍中,还记载有田部吏、内史、大府等财税机构,说明了此时对财税征收和关市征管机构的重视。

二、管理制度

夏、商、西周财政，皆奉行"量入以为出"的理财原则，也就是实行以收定支的原则，通过适时调整支出以适应收入。春秋战国时期，由于列国争霸，战争频仍，为了支付庞大的军费支出，各国不得不相继采取"量出收赋"的理财原则，千方百计增加赋税收入。

《左传·襄公二十五年》载有"量出收赋"的文字，即"量出以为入"，实施重税政策，这种理财原则的转变，违背了中国"政在节财"的"薄赋敛"传统，给人民带来了沉重的负担。

春秋战国时期，各国的财政财务管理制度具有相对独立性，且各具特点，但也有其共同性和发展的趋同性。关于土地分配和赋税征收管理制度、山林川泽和关市的征收管理制度已如前述，只有在生产分配和财务管理方面，史籍记载不多，仅《秦律》中有相关内容展示了秦国严格管理的记录，如《田律》中规定了农田林苑的管理、田税定额、牛马饲料供给定额；《仓律》中包括有实物进出和保管，种粮发放和刑徒口粮定量的内容；《金布律》包括钱币使用、官民债务、官府间财务来往等内容；《徭律》中有关于徭役的管理；《傅律》中有关于户籍的管理；《效律》中有关于官员考核和监督；等等。

古代的"上计"，是对官员业绩的年终考绩制度。西周规定，上计在年末进行，各地诸侯和中央国家机关各部门，必须把次年土地开垦、赋税收支等预计数呈送天子或国君。次年终各地长官或上计吏，径赴都城参加考绩性质的上计。考核后，根据业绩优劣，进行奖罚。《荀子》记载："岁终奉其成功，以效于君，当则可，不当则废。"这即是说完成任务好的受奖或升官，否则受罚，太差的则收玺免官。到战国时，由于财政收入多寡决定国力，从而大大提高了财政收入在考绩中的地位。

三、均输常平

均输制度，创始于管子。史载："谷贱则以币予食，布帛贱则以币予衣，视物之轻重，而御之以准。故贵贱可调，而君得其利。"(《管子》)管子的这些话，就是要以多余补不足，调节市场的供需矛盾，求得物价的稳定，在贱处买贵处卖，既能取得盈利，又可使供求平衡，这就是均输。

《汉书》载李悝为魏文侯作平籴法，认为"籴甚贵伤民，甚贱伤农。民伤则离散，农伤则国贫，故甚贵与甚贱，其伤一也，善为国者，使民毋伤而农益劝"。

李悝根据农业丰歉,"上熟其收自四,余四百石;中熟自三,余三百石;下熟自倍,余百石。小饥则收百石,中饥七十石,大饥三十石。故大熟则上籴三而舍一,中熟则籴二,下熟则籴一,使民适足,价平则止。小饥则发小熟之所敛,中饥则发中熟之所敛,大饥则发大熟之所敛,而粜之。故虽遇饥馑水旱,籴不贵而民不散,取有余以补不足也"。《七国考·秦食货》载,秦王政四年(公元前243 年)七月,立长太平仓,"丰则籴,歉则粜,以利民也"。以上说明自魏和秦,皆行平籴制度。《越绝书》也有均输的记载:"吴两仓,春申君所造。西仓名曰均输,东仓周一里八步",这说明当时的仓储规模很大。

四、国家财富分配思想

春秋战国至秦,法家的影响很大。因为当时群雄角逐,诸侯称霸,皆欲取周室而代之,他们都想要迅速强大起来,因此能够帮助他们富国强兵的法家成了当时维护统治的有力的思想工具。代秦而起的汉朝为了恢复生产、巩固政权,不得不适时地以黄老思想取代法家思想来治国理政,实行与民休息的治国方略。直到放任自流的理财治国思想在汉朝开国 70 年后引发了社会两极分化、贫富差距拉大的严重问题,危及汉王朝的稳定时,汉武帝才开始启用儒家理财治国的指导方针。从此儒家思想作为中国传统文化的主流,影响中国的政治、经济、社会伦理道德达 2 000 多年。

(一)法家管仲、商鞅的财富分配思想

法家理财思想是以"术"为手段,主张免税,以寓税于价的专卖和国有营利代替税收。这一办法虽然通过提高销售价格将负担间接转嫁给老百姓,但由于这种价格负担表面上看不出来,人民不会有直接感受,因此不会引发民怨。

1. 管仲

法家鼻祖管仲,名夷吾。他出任齐相,以富国强兵为手段,以完成霸业为目的,为齐国的发展和日益强大做出了卓越贡献,被齐桓公尊称为仲父。

管仲既是思想家,也是具体政策的制定者和实行者。他的理财思想以功利主义为基础,强调经济与道德的密切关系。战国时,有人将管仲的理财治国思想整理成书,书名为《管子》。

管仲认为,欲富国必须先重生产。他提出生产有劳力和土地两大要素,人民使用土地,以自己的劳力发展生产,才有可供食用的粮食和财货。认为君主与人民应该有适当的消费,以刺激生产、繁荣经济,但君主如果奢华无度,就会增加人民负担,导致人民贫困。认为在生产富庶的均衡状态之下,不应造成太多贫民。认为社会之所以产生贫富不均现象,是由于兼并。管仲主张稳定和平抑物价,认为物价波动会加速社会贫富差距,助长兼并,因此政府必须设法随时调节供需关系。管仲在以农业为基础的前提下,把国民经济的发展视为整体,强调农工商各业都发达了,政府收入才能增加,财政也就自然充裕。

管仲主张国家增加财政收入不可以课税为手段。因为课税只会抑制生产力发展,剥夺国民所得和招致人民对政府的怨恨。为了取得财政收入,管仲提出寓税于价的专卖政策,即食盐专卖,煮盐公营,计口授盐,由政府控制食盐,专买专卖,所得专卖利益,以充国家经费,减轻人民负担。计口授盐的具体做法:一是提高盐价,其差价相当于税收即可增加国家收入;二是计口授盐,人人都得负担,纵使拥有千万人口的大国,亦将无一人可以逃避。在盐专卖的基础上,实行铁矿、森林、粮食国营以增加财政收入,加强政府对社会的控制,即"官山海"。

管仲主张政府以雄厚的资本,操纵一国米谷市场,把握一国的粮食数量。当丰年旺收的时候,政府照市价购进米谷积存,凶岁时政府依照市价出售。这样人民在丰年谷多的时候,由政府收购,免受谷贱价格下跌的损失;在中岁、凶年谷贵的时候,政府则以市价出售,一方面人民不致饥饿,另一方面政府可有盈利收入。这种调节粮食供需及国有盈利收入的粮食政策,直至今日都有其现实意义。

管仲主张处理好货币与物价的关系,以货币稳定物价,当物价高涨的时候,政府收缩货币数量,促使物价下跌;反之,当物价下跌的时候,政府则散货币于市场,增加货币数量,促使物价上升;当物价升高到一定程度,政府再次收缩货币,使物价稳定于一定水平。为掌握货币总量,需统计全国的田谷、物量若干,各种财币若干,依物量铸币,物量多则增加币量,物量少则减少币量,使之相协调,从而达到以调节货币发行量稳定市场物价目的。

2. 商鞅

商鞅本姓公孙,卫国人,因此称为卫鞅。卫鞅因有功于秦王,被封于商地,故又称为商鞅或商君,生年不详。《汉书·艺文志》收商鞅著作二十九篇,即为《商君书》。其理财思想多散见于此书中。

商鞅重农轻商,重视农战和对百姓的控制。强调国家如求富国强兵,政府必须利用权力,控制人民。强调以农战为主,实施农战分工,认为这是组织强大国家的主要手段。因为农业是国民经济基础,也是取得争霸战争胜利之本。因此,要以农业生产为中心,令民先依于农,其次依于法,再次依于战,对内重农,对外用兵,二者兼而用之。通过控制人民发展农业生产,平均人民负担,促进国家富强。

商鞅主张移民政策,利用邻国劳力,吸收他国人口以增强本国财力。他主持的两次变法,对秦国的财政经济产生了重大影响。秦孝公十二年(公元前350年)开始推行郡县制,同时开阡陌、废井田。秦废止井田制后,公有土地归人民私有,耕者"得世有其田",又得自由买卖,有力地推动了生产力的发展。随着秦始皇统一中国,中国历史上最初的土地私有制度从此确立。

(二)儒家的财富分配思想

儒家思想从汉武帝以降,一直作为统治者治理国家的正统思想,影响中国政治、经济、社会与伦理道德达2 000多年,其对我国财政理论及其具体政策的影响更为深刻。

1. 孔子

孔子财政理论的核心是藏富于民,培养财源与节用爱民。

孔子所处的时代,正是"横征暴敛、战祸连绵"的春秋时期,所以在经济政策上,孔子认为治国理财离不开轻徭薄赋,安民富民。在租税问题上,孔子强调培养税源,反对竭泽而渔,认为只有发展生产使百姓富足,国君才能富足。"百姓足,君孰与不足?百姓不足,君孰与足?"(《颜渊》)这是中国有文字记载的历史上首次明确提出的重视培养税源的思想。

孔子关于国家理财的主张为"量入为出"。《孔子世家》说,孔子述三王之法,明周召之业,主张薄赋敛、轻田赋,量入为出。他还主张"什一税",为后代反对重税开了先河。对于国家财政支出,孔子主张"政在节财",强调节用爱民。

藏富于民,是孔子财政思想的出发点,而培养财源则是他理财思想的核心。《吕氏春秋》在解释孔子的思想时指出:"国无游民,则生之者众,朝无幸位,则食之者寡,不夺民时,则为之者疾,量入为出,则用之者舒。"保障农业生产,振兴工商业,才有可能充足财富,培养用之不竭的财源。

在《论语》中,孔子说:"丘也闻有国有家者,不患寡而患不均,不患贫而患不安。盖均无贫,和无寡,安无倾。"他主张平均税负,缩小贫富差距,走共同富裕之路。后代思想家、政治家之所以主张轻薄赋敛,均平赋税,大多受到孔子均贫富,实现和谐的社会这一思想的影响。

2. 孟子

孟子名轲,后人尊称为亚圣。孟子的理财思想与孔子一脉相承,都主张实行先富后教、轻徭薄赋等富有儒家色彩的财政政策。

孟子"去私利""节俭""寡欲"与"惠民"的理财思想以救民为出发点,所以富民政策是他的核心思想。孟子的富民政策,可分为"恒产""重农""井田""薄敛""荒政"与"劳民"六项。孟子强调若实行富民政策,藏富于民,不但可使本国富强,而且还可以王天下而得民心。

3. 荀子

荀子名况,士人尊称为卿,故曰荀卿。为战国后期赵国人,生卒年不详,他的著作只存于《荀子》一书中。

荀子作为儒家学派的代表人物之一,其理财思想强调裕民、爱民、利民、养民;经济改革首重"民生"。荀子认为富民才能富国,减少冗员才能节用,轻税才能巩固国家政权,强调努力发展生产,节约费用,财富才会不断积累。他揭示了只有生财有方,用财有度,才能聚财有效的辩证关系。荀子还提出富国之策在于开源节流,他用"水"比作经济,用"源"形容生产、收入,用"流"形容费用、开支,并提出"开其源"和"节其流"相结合,方能充盈国库,增强国力。

《荀子·王制篇》强调政府的责任,除了轻徭薄赋外,荀子还提出君主要按照法度征收赋税,规定赋税等级。不能随意滥征多派,还要对老弱废疾者减免赋役负担,这种减免优恤思想,早在汉代就纳入国家财税法规之中,并对此后的税制设置继续产生深远影响。

中国传统理财思想以儒家为主,杂以法家,大致可归纳为节用爱民、轻徭薄赋、简税便民、重商税轻农税、力主国营专卖五点。这些思想从春秋战国开始,贯穿了中国历史两千余年,甚至直到现在,中国的财税制度与政策中仍然有其影响存在。

第四章 秦汉时期的财政与中央集权分配制度

开篇导言

公元前221年，秦王嬴政结束了中国长期诸侯割据的局面，以咸阳为首都，东至大海，西至今甘肃、四川，南至岭南，北至河套、阴山、辽东，建立了历史上第一个中央集权的统一王朝——秦朝。

秦的大一统是春秋战国时代的历史、地理、气象大趋势的反映。首先是黄河流域的土壤地理。高达46%的泥沙沉积率的黄河，河床不断提高，决堤的危险不断威胁两岸，水量在雨季、旱季有大幅度变化，令人难以防范，需要强有力的中央集权国家来统筹处理水利工程。《孟子》指出当时各国割据称雄，"壅防百川，各以为利"，例如齐和赵、魏"以邻国为壑"。从公元前332年到前272年，黄河三度为灾，便是以人祸为主所带来的灾难。其次是气象地理。年380毫米等降水量线，从中国的东北地区中部到中原地区，几乎与长城平行，弯向西南时，又恰好在中原与青藏高原的分界线上。大体反映了游牧地区与农耕地区的边界。北方诸国为了抗击游牧民族入侵而修筑的土垒长城，以及秦统一后修筑的长城，都体现了国防的需要。战国时期各国忙于兼并战争，削弱了边防，匈奴乘机向南移动，占领了河套一带的草原。因此迫切需要统一的中央集权制度的国家集中力量，强化北方边防。再次，统一是商业和交通发展的要求。战国时代中原地区与周边地区的联系和交往比以往更为密切，正如《荀子》所说，当时已出现"四海之内若一家"的状况。分裂割据不利于经济、文化的交流，各国为图存而变法，为建立一个中央集权国家奠定了基础。

公元前238年，22岁的秦王嬴政亲政，任用尉缭、李斯等继续推行商鞅变法以来的诸多富国强兵政策，从公元前230年开始，加紧了灭亡六国的战争步伐。到公元前221年，陆续灭了韩、赵、燕、魏、楚、齐六国。从此"海内为郡县，法令由一统"(《史记·秦始皇本纪》)，秦始皇终于在中国历史上第一次建立了大一统的国家。

第一节　秦汉时期的社会经济背景与中央集权分配制度的建立

秦、汉是中国进入封建社会之后的第一个重要历史阶段,从秦统一全国到东汉政权终结(公元前 221—公元 220 年),中国社会历经 440 多年的发展,在政治、军事、经济等方面,都发生了巨大的变化,特别是在土地制度、财税制度、财政管理等方面有许多重要创举,为后世财税制度发展奠定了基础。

一、秦的统一与中央集权的建立

秦王政二十六年(公元前 221 年),秦灭齐国,结束了春秋、战国以来诸侯长期割据称雄的时代,建立了中国历史上第一个中央集权的、统一的王朝——秦朝,中国历史从此进入了一个新的历史时期。《史记·秦始皇本纪》说:"天下之事无小大皆决于上,上至以衡石量书,日夜有呈,不中呈,不得休息。"吞并六国的秦始皇事必躬亲,他把传说中的三皇、五帝尊号中的"皇"与"帝"结合起来,自称"始皇帝",制定了一整套尊君抑臣的朝仪和文书制度,以显示自己至高无上的地位。尽管秦王朝二世而亡,但此后历代王朝统治者并没有废弃秦始皇创建的制度,仍然把"皇帝"作为自己的崇高称谓。

皇帝之下是由三公九卿组成的中央政府。三公即丞相、御史大夫、太尉。丞相协助皇帝处理全国政务;御史大夫是副丞相,协助皇帝掌管图籍章奏、监察百官;太尉协助皇帝掌管全国军事。三公之下有九卿:廷尉掌管司法;治粟内史掌管租税收入和财政开支;奉常掌管宗庙祭祀礼仪;典客掌管民族事务与对外关系;郎中令掌管皇帝侍从;少府掌管皇室财政与官手工业;卫尉掌管宫廷警卫;太仆掌管宫廷车马;宗正掌管皇室宗族事务。三公九卿分工负责,一切事由皇帝裁决。

为了巩固大一统国家的统治,秦朝多次移民以达到其政治、经济目的。秦代移民分为两种不同性质:一种是迁徙当地豪强,如秦始皇二十六年(公元前 221 年),将全国各地的豪富之家 12 万户迁到咸阳,分散其财产,缓和贫富矛盾,便于就近控制,进而活跃京师经济。公元前 212 年,"徙三万家丽邑,五万家云阳"(《史记·秦史皇本纪》)。在统一前,秦王每破灭一国,即徙其王室和豪富至异地,以削弱其力量。这些都属于迁徙富贵阶层。另一种是移民实边。为了解除北方匈奴对秦王朝的侵扰,秦始皇三十二年(公元前 215 年),派蒙恬率三十万大军北攻匈奴,取得了河南之地(今河套地区);在榆中以东、黄河以北,直到阴山的广大地区内,设置了四十四县,从内地移民3万户及有罪官吏到北河、榆中(今内蒙古伊金霍洛旗北)一带屯垦,开发边疆,巩固边防。以开拓百越为目标的南征取胜之后,设置了闽中、南海、桂林、象四郡,迁徙50万罪徒戍边屯垦。

秦始皇死后,次子胡亥即位,胡亥昏庸残暴,《史记·李斯列传》记载他"法令诛罚,日益刻深""赋敛愈重,戍徭无已",导致民怨鼎沸,"欲为乱者,十室而八"。公元前209年,当时担任屯长的陈胜、吴广等一行900人被征发到渔阳(今北京密云西南)屯戍,当行至蕲县大泽乡(今安徽宿州郊区)时,"会天大雨,道不通,度已失期。失期,法皆斩"(《史记·陈涉世家》),于是陈胜、吴广以"大楚兴、陈胜王"为口号率众起义,被秦征服的六国旧贵族也乘机而起,企图"报父兄之怨,而成割地有土之业"(《史记·张耳陈馀列传》),在天下滚滚的反秦洪流中,秦二世而亡。

二、汉的庶民王朝与中央集权的发展

汉朝是中国历史上第一个由庶民建立的王朝,汉高祖刘邦只是秦朝农村的基层干部——亭长,两名相国萧何、曹参不过是县衙里的小吏,大将军陈平、韩信、英布、彭越都曾是社会底层人员,他们组成的政府不同于战国贵族遗老,这是汉承秦制的政治基础。

刘邦成为皇帝后,依秦制设三公九卿,地方政府系统也仍然是郡、县、乡、亭、里。郡有郡守(后更名为太守)、郡尉等,分掌政治、军事、监察之权。县分大小,大县(万户以上)设县令、小县(万户以下)设县长,下设丞、尉,分掌文书、治安之权。

汉认为秦的二世而亡与没有分封相关,因此采取了郡县制与分封制并行的郡国制。在消灭了异姓诸侯王之后,分封了九个同姓诸侯王:燕、代、齐、赵、楚、梁、吴、淮南、淮阳,欲依仗刘氏宗室的血缘关系,构筑皇权屏障。郡国制是历史前进中的一种妥协和倒退,当时王国的封地很大,可以经营盐铁、征收赋税、铸造钱币、任免官吏。然而,诸侯王的权力越大独立倾向越强,于是景帝在御史大夫晁错的提议下开始"削藩",早有野心的诸侯王以吴王为首,纠集吴、楚、赵、胶东、胶西、济南、淄川七国,打出"请诛晁错、以清君侧"的旗号于公元前154年发动叛乱。吴、楚七国之乱被平定后,景帝把王国的行政权、官吏任免权收归中央,王国的独立地位被取消,诸侯王成为只有爵位而没有实权的贵族,王国基本上相当于中央直辖的郡县了。汉武帝继续实行景帝的削藩政策,颁布"推恩令",让王国分割为许多侯国,只能衣食租税,不能过问政事。从此王国的封地越来越小,中央集权得到突破性发展,汉初郡国制带来的严重后果,终于彻底消除。

西汉建国之初府库空虚,财政极端困难,"自天子不能具钧驷,而将相或乘牛车,齐民无盖藏"(《史记·平准书》)。为了巩固自己的统治,汉初政府放弃秦的法家思想,崇尚黄老之学,制定了一系列恢复经济的恤民兴农政策,实行无为而治。

立国之初,刘邦政府开始着手解决土地和劳动力分离的问题。首先是裁兵归农。战争结束后,下令除部分军卒继续服役外,上百万"兵皆罢归家",给解甲归田的士兵安置大量的土地,不仅减轻了国家军费的财政负担,而且还为农业生产增加了大量劳动力,对恢复和发展农业生产,增加国家财政收入起到了巨大的作用。其次是召回流亡人民和解放奴婢。秦末汉初为了躲避战火,人民或隐匿山林,或自卖为奴。《汉书·高帝纪下》称,高祖诏书:"今天下已定,令各归其县,复故爵田宅。……民以饥饿自卖为人奴婢者,皆免为庶人。"在规定的期限内返还原籍的,承认其秦时的原有爵位、田宅;在战争中耕种他人土地者,如果原主未回,或无人认领者,国家也承认其所有权;对因饥饿自卖为奴婢者,一律免除奴隶身份,无条件恢复自由,成为平民。再次是减轻赋役,实行与民休息的政策。为了减轻百姓的徭役负担,汉高祖至惠帝、吕后,很少安排大型工程建设。汉惠帝几次征发民工修筑长安城,每次为期不超过一个月,而且都安排在冬季农闲时节进行。文帝、景帝时期,劝课农桑,继续实行"与民休息"政策。

经过几代君主长期轻徭薄赋的努力,汉初人口快速增加,农业亦迅速恢复和发展。《太平御览》引《桓子新论》记载,文帝初年,每石"谷至石数十钱"甚至"粟至十余钱",粮价较汉初大为降低。农业之外,"弛山泽之禁""除关无用传",不仅促进了手工业的发展,也活跃了商业流通。《史记·平准书》称,到了景帝晚年,"京师之钱累百巨万,贯朽而不可校。太仓之粟陈陈相因,充溢露积于外,腐败不可食",国家出现了空前富庶的景象。

为增强国力,抗击匈奴,汉武帝任命桑弘羊为治粟都尉,实行盐铁官营,打击少数地方豪强操纵盐铁经营的行为,把生产与销售盐铁的权利收归国家垄断,以加强中央集权的基础。同时武帝还采纳桑弘羊的建议,实行平准均输政策,"流有余而调不足"。平准法是由中央政府在首都长安设平准官,接受均输货物，按长安市场上货物价格的波动情况，贵卖贱买，调剂供需、控制市场。均输法是由中央政府在各地设均输官，把应由各地运往首都的物资，由产地运往别处出售，再在别处收购物资易地出售，除了补给军需供应、支持都市消费、维持仓库积储，还包括赈济灾区、贫民等内容，由国家统一调剂运输，平抑物价，"民不益赋而天下用饶"(《史记·平准书》)。《汉书·食货志》记载，汉武帝晚年悔征伐之事，封丞相为富民侯，大力发展农业。据史料记载，西汉末年，全国有1 220多万户，达5 900多万人口；全国垦田数达827万余顷，这一数字表明当时已经形成了中国史无前例的农业规模。

在手工业方面，由于西汉政府垄断盐、铁的生产和经营，所以无论是从资金还是技术上，都是私营手工业所难以比拟的。西汉的铁冶、制陶、造船、造车和酿造、纺织等手工业，在生产规模和制作技术上都超过前代，由此也带来了商业的发展。"汉兴，海内为一，开关梁，弛山泽之禁，是以富商大贾周流天下，交易之物莫不通……东有海盐之饶，章山之铜，三江、五湖之利……合肥受南北朝潮，皮革、鲍、木输会也……江南……多竹木，豫章出黄金，长沙出连、锡……番禺亦其一都会也。"(《史记·货殖列传》)当时，以京师为中心，各地经济均有长足发展；关中一直是重要的农业产区，《史记·货殖列传》中记载"关中之地，于天下三分之一，而人众不过什三，然量其富，什居其六"，京师长安城的城周长65里，内有9市，是全国各地手工业产品和农副产品的集散地。三河地区虽在天下之中，然地狭人众；燕"有鱼盐枣栗之饶"；"齐带山海，膏壤千里，宜桑麻，人民多文采布帛鱼盐"；"邹鲁滨洙、泗……颇有桑麻之业，无林泽之饶"。

汉武帝时，为合击匈奴，派张骞两次出使西域，分别联络大月氏(今阿姆河流域、阿富汗北)和乌孙(今新疆伊犁河和伊塞克湖一带)，且借助武力大规模向外拓展，终于打通了一条通向欧洲和非洲的陆路通道。这条横跨亚欧非三大洲的"丝绸之路"由汉王朝的首都长安出发，向西经过甘肃、新疆，直达巴基斯坦、阿富汗、伊朗、伊拉克、叙利亚以及地中海东岸，沟通了中西方商品、文化的交流。

公元前87年，汉武帝巡行到周至，一病不起，8岁的昭帝刘弗陵即位，大司马大将军霍光等大臣按武帝遗诏辅政，从此开启了汉代外戚干预朝政的先河。公元8年，外戚王莽自立为帝，改国号为"新"，宣布托古改制。王莽"更名天下田曰王田"(《史记·王莽传》)，即取消土地私有制，一律收归国有。第二年，推行一系列政府控制工商业的改革——"五均六筦"。"五均"指在长安、洛阳、邯郸、临淄、宛、成都等大城市设五均官,代表国家对工商业经营和物价进行控制,包括平抑物价,用成本价收购滞销农副产品,经营赊贷等;"六筦"指把盐、铁、酒、五均赊贷、名山大泽、铁布(币)铜冶六种经济事业改由政府经营,即国家专卖。

王莽完全不顾社会经济的实际情况,以"复周礼"为名,希望把经济制度恢复到"圣人时代",不但无助于社会问题的解决,而且激化、加深了社会危机,引来了绿林、赤眉起义。公元 25 年,皇族刘秀即位(汉光武帝),宣告光复汉朝,以这一年为建武元年。不久,刘秀攻下洛阳,并在洛阳建都。后世把以长安为都的前汉称为西汉,把以洛阳为都的后汉称为东汉。

刘秀重建汉朝后,遵循"以柔道治之"的方略,"简政以安民,进贤以励治,集权以统一",创造了"光武中兴"。所谓简政,就是"解王莽之繁密,还汉世之轻法"(《后汉书·循吏传序》),即废除王莽的烦苛法令,恢复汉初的法简刑轻,以达到"务用安静"的局面。光武帝屡次发布大赦令,释放犯人,裁减机构与官员,节省了财政开支,减轻了社会负担。按照"理国以得贤才为本"的原则恢复汉初的贤良方正制度选拔官吏。为了防止舞弊,下诏以"四科"取士,一为品德高尚,二为博通经史,三为熟悉法令,四为能力才干。为解决土地兼并问题,建武十五年(公元 39 年),光武帝下诏"度田",即命州郡地方官检查核实垦田面积(顷亩)和户口年龄,如地方官夸大报告户口、垦田实绩,坐度田不实之罪。东汉王朝,前后延续了 196 年(公元 25 年—220 年),与延续 199 年(公元前 206 年—前 8 年)的西汉王朝并称两汉,成为中国历史上的一个巅峰时期。

第二节　秦汉时期的财政收入

一、田赋

春秋战国时期,各国变法改革田制,普遍承认了土地私有,并对私有土地征收田赋。秦孝公十四年(公元前 348 年)"初为赋",按土地出产征收实物税,指的就是这一类税率为 1/10 的田赋,但是什一税明显已经不适用于频繁战争的财政支出,《汉书·食货志》说:"至于始皇,遂并天下,内兴功作,外攘夷狄,收泰半之赋,发闾左之戍。男子力耕,不足粮饷,女子纺绩,不足衣服,竭天下之资财以奉其政,犹未足以澹其欲也。海内愁怨,遂用溃畔。""泰半"的原意,即为三分取二。《汉书·食货志》中记载董仲舒的话:"秦用商鞅之法,改帝王之制,除井田,民得卖买,富者田连阡陌,贫者无立锥之地……田租、口赋,盐铁之利,二十倍于古。或耕豪民之田,见税什五。"《文献通考·田赋考》亦称"秦田租口赋盐铁之利二十倍于古",虽然这些历史文献的数字有模糊的成分,但可以肯定的是,秦代的田赋征收税率是很高的。

刘邦建汉后,吸取秦的亡国教训,极大地减少农业税税率,《汉书·食货志上》称"天下既定……上于是约法省禁,轻田租,什五而税一,量吏禄,度官用,以赋于民",即将土地税税率定为1/15(税率6.7%)。所以汉初田赋征收的原则是预算政府财政支出的多少,以此向民众征税,税率为"十五税一"。文帝推行重农政策,亲耕籍田,劝课农桑,国家逐渐富足起来后,进一步把田赋减为"三十税一",并一度免除田租。景帝二年,令民半出田租,实行"三十税一"。东汉初,因战争军费开支巨大,改行什一之税,到建武六年(公元30年),诏行西汉旧制,田赋恢复"三十税一"。此后直到公元204年曹操改田租制为户调制为止,田赋税率一直未变。

田赋的征课方法,先是由民户申报自己土地的亩产量,经乡啬夫评定后,确定当地平均产量,再根据实有田亩数,乘以税率得出应纳税额。此法须每年评定,颇为烦琐,后来改为根据数年粮食产量情况,结合农业丰歉,确定一个每亩若干斤的固定税额,令民交纳。东汉章帝初又改为分等定税法,"诏度田为三品",即令全国按土地肥瘠分为上、中、下三等,分别确定其常年应产量,按规定税率课税。关于两汉田租的收入,大致可做如下推算:西汉垦田827万多顷,东汉垦田700余万顷,中熟之岁,每顷获百石,三十税一,则每顷征5石。国家岁入之额,西汉约4 000万石,东汉约3 500万石。

汉的田赋,形式上以产量为标准,实际上是以面积为课税标准来征收的,存在严重的税负不公平。汉献帝建安九年(公元204年),曹操改革田租,《三国志·武帝纪》注引《魏书》载曹操之令曰:"有国有家者,不患寡而患不均,不患贫而患不安。袁氏之治也,使豪强擅恣,亲戚兼并;下民贫弱,代出租赋,炫鬻家财,不足应命……其收田租亩四升,户出绢二匹、绵二斤而已,他不得擅兴发。郡国守相明检察之,无令强民有所隐藏,而弱民兼赋也。"不问土地的肥瘠,改为每亩田课税粟四升,此外尚课户税,每户出绢二匹及绵二斤。

汉代的减税和免税有很多史料记载,大致包括因灾歉而减免,如东汉兴平元年(公元194年),"三辅大旱,自四月至于是月(指秋七月)……是时谷一斛五十万,豆麦一斛二十万,人相食啖,白骨委积"(《后汉书卷九·孝献纪第九》)。面对这种情况,东汉政府减免灾区租赋,减免的数额,视受灾情况而定。重灾全免,轻灾按受灾程度减免。以及因救济贫困而减免,如汉成帝鸿嘉四年(公元前 17 年),诏令"民赀不满三万,勿出租赋"(《汉书卷十·成帝纪第十》)。还有就是出于政治目的的恩幸减免,如武帝元封五年(公元前 106 年)冬,行南巡狩,登泰山封禅,诏令"所幸县毋出今年租赋,赐鳏寡孤独帛,贫穷者粟"(《汉书卷六·武帝纪第六》)。

汉代的轻税政策和适时的减免措施,有力地保护了农村生产力,促进了经济的迅速恢复和发展;而经济的日益繁荣,又使国家财政收入有了可靠来源,但是其封建王朝保护地主利益的宗旨仍然使得农民负担沉重。"汉氏减轻田租,三十而税一,常有更赋,罢癃咸出;而豪民侵陵,分田劫假。厥名三十税一,实什税五也……故富者犬马余菽粟,骄而为邪;贫者不厌糟糠,穷而为奸。俱陷于辜,刑用不错。"(《资治通鉴·汉纪二十九》)田赋的减轻只是有利于作为直接纳税人的地主,而向地主支付地租的农民是得不到好处的。

二、人头税

秦汉的人头税有口赋与算赋,始见于战国。《史记·货殖列传》称:"齐、秦皆有口赋。齐以丁计,岁三百六十文;秦以户计,岁二百文,是齐之税重于秦。"秦统一全国后,仍有口赋之征,西汉董仲舒有"秦口赋二十倍于古"的记载。汉代的算赋和口赋是由秦代的口赋发展而来的,分别对成年人和儿童征收。

(一)算赋

算赋是对成年人征的人头税。汉高祖四年(公元前 203 年),"初为算赋"(《汉书·高帝纪》)。秦对人头税的征收不计年龄,至汉高祖,始有规定仅课 15 岁以上,至 56 岁为止,每人每年向国家交纳 120 钱,称为一算,并指定算赋收入作为战备基金,购置车马兵器之用。到文帝时,由于经济的恢复,人口的增加,算赋总收入也有了很大增加,于是一算减为 40 钱,即减 2/3。武帝时国家财用不足,算赋每算恢复到 120 钱。宣帝甘露二年(公元前 52 年),以 90 钱为一算。汉成帝建始二年(公元前 31 年)以 80 钱为一算。边远地区如武陵蛮夷地区,令人交布(即麻布),成年人一匹,未成年人二丈。对少数民族的贵族也有减免优待,如"罗、朴、督、鄂、度、夕、龚七姓,不输租赋,余户乃岁入賨钱,口四十"(《后汉书·南蛮西南夷列传》)。

汉代重农抑商,商为末业。算赋的课征,也被用作抑商的政策调控。一是为了限制商贾对农民的兼并,对商贾课以每人每年二算的重税,即要交纳 240

钱；二是为了保障农业生产有足够的劳力，限制富户过多蓄养奴婢，对奴婢也同样课以重税，每人每年二算；三是为鼓励人口增殖，对女子过15岁还不结婚者课以重税。算赋亦有减免，如宣帝地节三年（公元前67年）冬十月，对返乡农民减免算赋，诏"流民还归者，假公田，贷种食，且勿算事"（《汉书·宣帝纪》）。

（二）口赋

汉的口赋与秦不同，又名口钱，是专对儿童征收的人头税。汉初规定，凡是7~14岁的儿童，不论男女，每人每年交纳20钱"以食天子"，属于皇室收入。武帝时期把口赋从7岁起征提早为从3岁起征。《汉书·昭帝纪》称"二十钱以食天子，其三钱者武帝加口钱以补车骑马也"。即武帝增加的3钱，是用于弥补车马兵器军费开支的。由于口赋加重，使民重困，《汉书·贡禹传》记载"至于生子辄杀"，元帝时，将其赋恢复为7岁起征，但每人每年仍需交纳23钱。算赋和口赋须以钱币缴纳，加重了百姓的负担，但以钱币缴纳算赋和口赋对推动社会商品交换大有裨益。

口赋及算赋的征收，皆以户籍为基础，故每年八月要"算人"（调查户口），制作簿籍。《后汉书·皇后纪序》载："汉法，常因八月算人，遣中大夫与掖庭丞及相工，于洛阳乡中，阅视良家童女。"李贤注："汉仪注曰，八月初为算赋，故曰算人。"即汉代算赋和口赋的征收，在每年八月举行，先由地方官吏按户登记人口，核实年龄，编成户口簿，作为征收算赋和口赋的依据。

（三）户赋

汉代的列侯封君由朝廷指定封邑，以辖区内的租税为俸禄，户赋是以户为单位的人头税。户赋平均每户约征200钱，千户侯便可征钱20万，相当于当时一个拥有百万财富商贾的年赢利。《史记·货殖列传》中说："封者食租税，岁率户二百。千户之君则二十万，朝觐聘享出其中。庶民农工商贾，率亦岁万息二千，百万之家则二十万，而更徭租赋出其中。衣食之欲，恣所好美矣。"封君在封邑内征收各种租税，主要的是田租，其次才是户赋。

三、徭役与更赋

徭役是国家进行各项军事行动和工程建设的重要筹措手段，是强制百姓提供劳力的一种税。徭役分为兵役和力役两块，兵役用于军事，力役用于工事。

(一)徭役

《文献通考·户口考》称秦代徭役"月为更卒,已复为正,一岁屯戍,一岁力役,三十倍于古"。一个成年男子,每年要为官府服徭役一个月,轮流更换;此外一生要到京师或边境戍守一年,为官府服力役一年。据估算,秦代人口约计2 000万,男女劳动力约800万人,其中男劳力为400万人,每年征发徭役,当在300万左右,则服役人数占全部男劳力的3/4,为全国总人口的15%以上。

汉代徭役,既包括在地方、京城和边境所服的各种兵役,又包括为皇室和郡县所服的各种劳役。尤其是后者名目繁多,如建筑宫室、陵墓、城池、边境和要塞,修建驰道,治理江河,建设大规模的农田水利灌溉工程,往边境转运粮草物资,军队出征时从事后勤运输,以及在皇帝出巡时修路、供应运输工具、招待随行人员等。这些劳役项目,规模大小不等,服役者从数百人到几十万人,且服役时间有长有短,少则几天,多则几年。《盐铁论·卷三》载:"今陛下哀怜百姓,宽力役之政,二十三始傅,五十六而免。"即指汉代的徭役制度示民年23岁,就要进行登记,称"傅","傅"即"著",指登记名册,开始为国家服徭役,至56始免。

汉代的兵役,包括正卒、更卒和戍卒三种。

(1)正卒。正卒是指正式的兵役。马端临的《文献通考·兵考二》说:"汉民凡在官三十二年,自二十三以上为正卒。每一岁当给郡县官一月之役,其不役者,为钱二千入于官,以雇庸者,已上,戍中都官者一年为卫士;京师者一年为材官、骑士、楼船;郡国者一年。三者随其所长,于郡县中发之,然后退为正卒,就田里,以待番上调发。"

(2)更卒。25岁以上的男子,不管是否服正役,每年有一个月时间,轮番服役于郡县,此役谓之卒更或践更。若不去服役,缴纳代役钱,官府以所收款项,雇人代役,受雇人可获雇直钱。《后汉书·显宗孝明帝纪第二》载:"正卒无常,人皆当迭为之。一月一更,是为卒更也。贫者欲得雇更钱,次直者出钱雇之,月二千,是为践更也。"

(3)戍卒。到边境去屯戍者,称为戍卒;到京城去服役者,叫做卫士。凡男子年满23岁,每年均须服役三天,此项服役,称为更。《文献通考》载:"天下人皆直戍边三日,亦名为更,律所谓繇戍也。虽丞相子亦在戍边之调,不可人人自行三日戍,又行者当自戍三日,不可往便还,因便住,一岁一更。诸不行者,出钱三百入官,官以给戍者,是为过更也。"即可出钱,请人服役;而代役之人,为了收入,亦可终年服役,称为过更。汉代除经常性的徭役之外,还有临时性的劳役,如治城郭、筑堤防及运输工作,均由政府给付工钱,称为雇役。

(二)更赋

更赋是对应服役而未去服役的人所课征的代役钱。汉代规定,成年人都有服役义务。但因为适龄者众,实际用役者少,故在正常情况下,适龄者用不着人人都去做正卒,余下来的人便可出钱代役,向政府缴纳更赋。如上述,卒更出钱代役一月二千,戍卒每年三日,代役出钱三百。汉代的更赋也有税收减免政策,汉高祖十一年(公元前196年),为鼓励移民,规定从丰地徙关中者不服徭役,也不纳更赋。惠帝四年(公元前191年)规定,家庭和睦、致力农桑的免役、免更赋。当发生自然灾害时,根据灾情减征或免征农民当年的更赋等。

四、工商税收

战国时期,秦国的手工业、商业都有了较大发展,出现了不少大商人,因此秦置市官以加强市场管理。秦律中不仅有物品价格的记载,违禁犯令的罚款记载,还有进入市场收费的条令。两汉时期,随着农业、手工业的发展和商品流通的活跃及规模的扩大,工商税收制度较秦和先秦有较大发展。汉武帝时期,为增加财政收入,实行盐、铁、酒官营、算缗、告缗、算商车等政策,收效很大。

(一)专卖

周代已有专卖制度,但比较完备的专卖制度则始于西汉。

1. 盐铁专卖

汉初,为休养生息,对冶铁煮盐采取放任政策。到武帝时,战争经费大增,"大司农陈藏钱经用,赋税既竭,不足以奉战士"(《汉书·食货志下》),故采纳桑弘羊的建议,改变长期以来的轻赋节流政策,实行广开财路,与商人分利的政策,"兴盐铁,设酒榷,置均输,蓄货长财,以佐助边费"(《盐铁论·卷一》)。桑弘羊认为盐铁专卖可以"不赋百姓而师以赡。故利用不竭而民不知,地尽西河而民不苦。盐、铁之利,所以佐百姓之急,足军旅之费,务蓄积以备乏绝,所给甚众,有益于国,无害于人"(《盐铁论·卷二》)。汉武帝于元狩三年(公元前120年),任用大盐商东郭咸阳、大铁商孔仅主持盐铁专卖事业,在产盐和产铁的地方,分设盐官和铁官进行管理。据史料记载,盐的专卖是实行民制、官收、官运、官卖制度。用"官与牢盆"的办法,规定生产者必须"因官器作煮盐",而不准自置煮盐锅,以限制盐的生产量。盐民产盐自负盈亏,国家按官定价格收买。铁的专卖制度,在矿山所在的郡县设铁官,统管铁的采掘和冶铸;在无矿山的地方,只设小铁官,掌握铁器的铸作和销售。武帝推行的专卖制度产生了不少产品品种、质量和价格上的流弊,官府组织的生产往往与民间的现实需要脱钩,如《盐铁论》载:"县官鼓铸铁器,大抵多为大器……不给民用。民用钝弊,割草不痛,是以农夫作剧,得获者少,百姓苦之矣。"但是盐铁专卖在组织财政收入上有显著的效果,不仅保证了边防的经费需要,也保证了国家的经费开支。武帝时,"四方征暴乱,车甲之费,克获之赏,以亿万计,皆赡大司农。此者扁鹊之力,而盐铁之福也"(《盐铁论·轻重第十四》)。

2. 酒专卖与酒税

酒专卖始于武帝天汉三年(公元前98年),目的是增加政府的财政收入,以保证对外战争经费的需要。后因贤良文学士的反对而改征酒税,《汉书·昭帝纪》记载"昭帝始元六年秋七月,罢榷酤官,令民得以律占租;卖酒升四钱"。东汉时实行征税制,只是在发生较大的自然灾害时,才禁止卖酒。

(二)算缗、告缗、算商车

算缗钱,是向商人和高利贷者征收的财产税。缗,指穿钱用的绳子,也叫钱贯或钱串子。算商车,是对车船主征收的财产税。缗钱税及车船税,是汉代的新税,始于武帝。除达到增加财政收入目的外,还体现了抑商政策。《史记·平准书》所载颁行于汉武帝元狩四年(公元前119年)的缗钱令曰:"诸贾人末作贳贷卖买,居邑稽诸物,及商以取利者,虽无市籍,各以其物自占,率缗钱二千而一算。诸作有租及铸,率缗钱四千一算。非吏比者三老、北边骑士,轺车以一算;商贾人轺车二算;船五丈以上一算。匿不自占,占不悉,戍边一岁,没入缗钱。有能告者,以其半畀之。"其内容:一是规定商人及高利贷者买卖物品、出贷金钱,按其交易额或贷款额征税,每二千钱一算(征取一百二十钱,下同);二是规定积储手工业制品或加以贩卖者,依产品价值四千钱一算;三是规定非官吏三老或北边骑士,而有轺车(小车)者一算,但其车主为商人时二算;四是规定有船长逾五丈时为一算;五是规定隐匿不报或报而不实者,处戍边一年,没收所有的缗钱,若有告发者,将没收的缗钱,分半予之。缗钱税,开始时仅限于工商业,后来扩大到其他百姓的财产。马端临在《文献通考》中说:"其初亦只为商贾居货者设,至其后告缗遍天下,则凡不为商贾而有蓄积者皆被害矣。"因富商大贾、高利贷者多隐瞒财产不报,于是武帝颁布告缗令,并派杨可主持此事,直至元封元年(公元前110年)才停止。告缗的结果,大商人及豪富差不多全部破产,没收的"财物以亿计,奴婢以千万数,田大县数百顷,小县百余顷,宅亦如之"(《汉书·食货志》)。

(三)赊贷税

赊贷税是对出贷金钱或粮食收取的利息所课的收益税,课征的对象是高利贷者。汉代的高利贷者,多是富商巨贾、豪强地主,他们拥有雄厚的资本,交通王侯,勾结官吏,以资取利。据《史记·货殖列传》记载:"子贷金钱千贯,节驵侩,贪贾三之,廉贾五之,亦比千乘之家,此其大率也……佗杂业不中什二,则非吾财也。"

五、关税、市租收入

秦汉时期,工商业日渐发达,货币经济日益发展,关市税遂成为皇室和封君收入的重要来源之一。

关税是流通领域的通过税,分为内地关税和国境关税两种。内地关税也叫过口税,是对于商人贩运货物经过关口时所课征的税。秦代曾征收关税,汉代武帝时开始征收内地关税。太初四年冬,"徙弘农都尉治武关,税出入者以给关吏卒食"(《汉书·武帝纪》),可见,当时收关税的目的是用作守关将士的衣食费用开支,所征税收供守关吏卒使用,不入国库。

市租是在流通领域里征收的交易税,即按照买卖成交额所课征的税。依《史记》所载,则似以商品出卖总额为标准来课税的,即"市租谓所卖之物出租"。市租的征收,分为两种情况:一种是居住在都市商业区有商店,取得在市上经营商业的权力,即具有市籍的商贾,官府对他们按照商品交易总额定期或不定期课税。另一种是凡到都市商业区域或其他集市做买卖的行商,包括各方来的商人、乡村的农民和城镇农民,对于其出卖的手工艺品、农副产品或是贩运来的货物,官府按照买卖的成交额课税。

六、山泽园池

山泽园池收入是指对山海、江河、湖泊、草原、园池等的出产物课征的税,秦代已课此项税,汉亦沿袭征收。其收入在西汉归之帝室;诸侯列王,就封邑征收此税,皆供私用。征自山泽出产的,称为山泽税。主要有金、银、铜、铁、锡等矿产税,珍禽异鸟等特产税和盐税,特别是盐税和铁税,是一笔巨大的收入。江河湖海出产的水产品,主要是鱼类和贝类,以及捕获的水禽,河湖中种植的菱藕,养殖的芦苇等。江、河、湖、海的产品极其丰富,汉代对江河湖海都设官管理,并对水产品征税。在特定的时间里(如灾荒年),皇室或封君常将苑囿出借供民采集,并收取适量的租金,叫"假税"。

七、牲畜税

牲畜税在汉代称为马口钱,是对马的饲养者所课之税。汉武帝于元鼎五年(公元前112年),诏令边境人民养马,由官府借给母马,满三年后,十母马还官府一驹,于是天下马匹大增,因此下令征课马匹。同时《汉书》中也记载了当时"征及六畜""资及六畜"。汉代的"算马牛羊"的"算",就是千输二十为一算。可见牲畜税的税率为2%,折算成钱的马口钱,依饲养马匹的价值,每一千钱课税二十钱。

八、公营、公产收入

(一)均输、平准

汉代的均输和平准,实际上是官府对地方进献的土特产品和京师物价的一种调控措施,属于官营商业性质。

1. 均输

《汉书·百官志》载:"往者郡国诸侯,各以其方物贡输,往来烦杂,物多苦恶,或不偿其费。故郡置输官,以相给运,而便远方之贡,故曰均输。"武帝元封元年(公元前110年),桑弘羊奏请由大司农统一在郡国设置均输官,把当地进献的土特产品进行分类整理,凡属朝廷不需要的贡品,地方可以不再运送京城,而由工官制造运输工具,由均输官负责运到行市高的地方去销售,把销售所得到的钱交给中央。而京师所需要之物,则由均输官就近、就原产地处购买,既增加了政府的财政收入,使官得其利,又可以调节物价,防止商人牟取暴利。

2. 平准

平准是指平抑物价。桓宽在《盐铁论》中曾述及平准:"开委府于京,以笼货物。贱即买,贵则卖。是以县官不失实,商贾无所贸利,故曰平准。"武帝元封元年(公元前110年),在长安设置平准官专管收集各地的货物,在京城统一组织调配,就像一个总商店,各地的均输官负责本地商品物流,全国组成一个四通八达的商业网,贱时买进,贵时卖出,以调剂有无、平抑物价。一方面官府掌握大批物资,抑制商贾,另一方面国家也因此增加了财政收入。均输平准不但解决了财政赤字,而且对社会的保障作用显著:"往者财用不足,战士或不得禄,而山东被灾,齐、赵大饥,赖均输之畜,仓廪之积,战士以奉,饥民以赈。故均输之物,府库之财,非所以贾万民而专奉兵师之用,亦所以赈困乏而备水旱

之灾也。"(《盐铁论·力耕第二》)

均输、平准法一直推行到西汉末年。东汉时期，均输、平准法没有继续推行，但均输、平准思想及措施，对后世财政政策具有很大的影响。

(二)官田与屯田

秦汉时期，公田与私田并行，官府对私田课税，另外，还保持若干官田与屯田，作为公产成为皇朝的直接财政收入。

1. 公田收入

公田收入，即国有土地的收入。公田在汉初即已存在，至武帝时大为增加。因为武帝禁止商人占有土地，行缗钱税时没收了大量的土地，公田自然增加。这些公田被分配给少府、水衡、大司农、太仆等管理，所以《盐铁论》中说，"太仆、水衡、少府、大农，岁课诸入，田收之利"。除没收而来的公田之外，还有因开垦而得的公田。公田的租金，是皇室私奉养的一部分。两汉公田收入，凡属大司农管理的，其收入属于国家财政收入；凡属少府、水衡管理的，其收入属于皇室，不列入国家财政。

2. 屯田

汉代政府的屯田，有民屯与军屯两种，初行民屯，后行军屯，且多推行于边境地区。西汉屯田，民屯始于文帝。为巩固北部边防，需派兵戍边，卒死于边；运粮供边，民死于道，劳民伤财，故而晁错提出"寓兵于农，以防匈奴"。即选民常居，授予田宅农具与武器，因农为兵，充实边防，既可以解决边军粮饷运输成本高昂的问题，也相应增加了国家财政收入。军屯始于汉武帝元鼎六年（公元前111年），《史记·平准书》载："初置张掖、酒泉郡，而上郡、朔方、西河、河西开田官，斥塞卒六十万人戍田之。中国缮道馈粮，远者三千，近者千余里，皆仰给大农。边兵不足，乃发武库、工官兵器以赡之。"后昭帝、宣帝，均在西北多处实行屯田，以固边防。东汉初期，由于长年战乱，土地荒芜，人口大量减少，故屯田主要是在内地郡县进行。如建武四年"讨李宪。宪平，遣（刘）隆屯田武当"(《后汉书·刘隆传》)。两汉时期的屯田，有利于边防的巩固，节省了国家的军费开支，而且也省去了调发徭役转输粮草之费，于国于民皆有利。

八、贡献

"贡献"为古代中国国家的主要财政收入。到秦汉时，因其他税收的增加，使"贡献"在财政收入上所占的比重有所降低，但作为地方解缴中央的款项来说，仍有其超越经济的政治意义。

(一)土贡

秦代废封建,改郡县,是否仍有"贡"的存在,无从查考。至于汉代的贡,为诸侯王对中央财政的一种负担。其名曰"贡献",但本质仍是租税。不过一般租税直接取之于民,而贡献则直接取之于诸侯王,再间接取之于民。

高祖十一年(公元前 196 年),规定诸侯王向人民征收货币,每人 63 钱,然后于每年十月收购郡中特产,进贡于中央。《汉书·高帝纪》载:十一年(公元前 196 年)二月诏曰,"欲省赋甚。今献未有程,吏或多赋以为献,而诸侯王尤多,民疾之。令诸侯王、通侯常以十月朝献,即郡各以其口数率,人岁六十三钱,以给献费"。这是常贡,此外还有临时性的贡献和外国的贡献:临时性的贡献,用于满足皇帝的某种特殊需要;外国的贡献,一般属于外交礼节性的往来,互送礼品。

(二)酎金

诸侯的贡献中,还有称为"酎金"的特殊项目。汉朝制度规定,每年八月祀宗庙,大会诸侯,诸侯献金助祭。这种大祭叫作饮酎,故此项供宗庙祭祀的助祭金,亦称为酎金。酎金献纳的金额,以诸侯王、列侯所管辖人口的多少为标准,每千口纳四两,不满千口而在五百口以上的,亦为四两。封在边远地区的诸侯王,可以用符合规定标准的犀牛角、象牙、翡翠等代替。诸侯王如果不按规定缴纳酎金,要受到惩罚。酎金,虽名为贡献,实际是强制征收的租税,形式上由诸侯王列侯献纳,实际上皆转嫁于辖区百姓。

九、借债收入

汉代的借债收入,发生在东汉顺帝、桓帝时期,有三种方式:国家向诸侯王借国租;国家向有资产的人民借债;国家借公卿百官俸禄,即以借为名停发百官俸禄。借债的原因,或是因为天灾,或是由于军需,总之是为了解决财政困难问题。

十、其他收入

(一)卖官鬻爵

卖官鬻爵是获得非常收入的重要办法。秦始皇四年(公元前 243 年)遇天灾,曾以爵换粟。《史记·秦始皇本纪》记载:"(四年)十月庚寅,蝗虫从东方来,蔽天,天下疫,百姓纳粟千石,拜爵一级。"汉代的卖官鬻爵,始于惠帝六年(公元前 189 年),"令民得卖爵"(《汉书·惠帝本纪》)。汉文帝时,卖虚爵以解决军饷,武帝元朔六年(公元前123年),出卖武功爵,共17级,其价值总和是30万金。只能用黄金购买,买到一定武功爵位者,可以做官,可以除罪。东汉后期,桓、灵二帝更是变本加厉,卖官以营私。公开在西园卖官,聚钱以为私藏。

(二)买(卖)复

卖复是出卖免役权。武帝时规定,如能交一定数目的钱给官府者,可以不服徭役。

(三)赎罪

与卖官鬻爵相并行,入钱还可以赎罪。如《汉书·武帝纪》记载,"天汉四年(公元前97年)秋九月,令死罪人赎钱五十万,减死一等"。

第三节　秦汉时期的财政支出

秦汉建立郡县制中央集权帝国后,财政支出分成皇室支出与国家财政支出两部分,但二者又常有混通。大体来说,皇室支出是指用于皇帝及宗室的生活费用和其他有关开支;国家支出是指用于实现国家职能所需要的各项费用,随不同的目的、功能而分为军费支出、百官俸禄、工程建筑、社会抚恤等项目。

一、军费支出

(一)秦的军费支出

秦始皇统一中国后始有常备军。当时的边防军队和野战用兵,大致约200万,《文献通考》称:"是时北筑长城四十余万,南戍五岭五十余万,骊山、阿房之役各七十余万,兵不足用,而后发谪矣,其后闾门之左,一切发之。"统一六国后,秦始皇派军50万进攻东南及南方的"百越",当年攻取东瓯和闽越;三十二年(公元前215年),派大将蒙恬率兵30万抗击匈奴。数十万军队长年在外作战,北击匈奴十余年,南戍五岭八九年,耗用财力无数,转运粮草供应潼关以东、黄河以北戍守之需,"使天下飞刍挽粟","率三十钟而致一石"。

就防御工程来说,首推长城。秦统一全国后,为便利交通和商旅往来,将阻碍内地交通的原六国关塞全数拆毁,并将北方各诸侯国所修长城整修增补成一条新的全长5 000余里的"万里长城"。

(二)汉的军费支出

汉代同秦代一样,在全国设有众多的常备军,京师有南北军之屯,有卫将军、车骑将军、左右前后将军等军队,还有典京师兵卫、四夷屯警(即边疆戍军)以及各郡的地方部队。而且兵种亦有步兵、水军和骑兵等诸多种类,军队装备除了士卒的军服、手中的轻便武器外,还有战车和楼船之类的大型武器装备。

1. 养兵费

汉代实行义务兵役制。男丁在服役期间,国家财政除了供给日常生活费和简单的服务之外,别无更多开支。

2. 装备费和国防费

汉代的装备包括军队将卒的武器、军械、马匹乃至服装(包括盔甲等),是由专门的官营手工工场制作、维修的,生产、保管和发放都由专门机构负责,费用无具体记录数字可考。汉代的国防费,主要是指北边和西北边境防御工事的修建费和维修费。汉代承秦法,为了防御匈奴的侵扰,在西起敦煌、东至辽东、全长7 000余里的长城线上构筑了许多亭障。亭是驿站,障是要塞,即所谓"塞外列城"。《史记·平准书》记载:"(武帝)兴十万余人筑卫朔方,转漕甚远,自山东咸被其劳,费数十百巨万,府库益虚。"《汉书》记载,汉武帝元光五年(公元前130年),亦曾发卒万人,治雁门阻险。汉武帝巡幸新秦中,发现那里"千里无亭徼""于是诛北地太守以下",可见汉武帝对城防建设的质量十分重视,对玩忽职守的官员往往处以极刑。北方边境,经过汉武帝的苦心经营,获得了十几年的安宁。至东汉,建武十二年(公元36年),又筑亭侯、修烽燧;建武二十一年(公元45年),为加强边境防御,遣中郎将马援、谒者分筑烽燧。可见,两汉时期对国防建设很重视,特别是国力雄厚时所费更多。

汉代的战争经费,主要是用于对匈奴、羌等族战争的费用。

汉初,休养生息70余年,直至汉武帝从元光二年(公元前133年)到征和三年(公元前90年)40余年间,用兵不已。《盐铁论·未通第十五》记载当时情况:"(文学曰)……师旅数发,戎马不足,牸牝入阵,故驹犊生于战地。六畜不育于家,吾谷不殖于野,民不足于糟糠,何橘柚之所厌?《传》曰:大军之后,累世不复。方今郡国,田野有陇而不垦,城郭有宇而不实,边郡何饶之有乎?"因为战费支出巨大,财政捉襟见肘。武帝以后,对外战争渐少,昭帝、宣帝时期偶有战争。《后汉书·赵充国传》载,仅赵充国一军,月用粮199 630斛,盐1 693斛,刍藁250 286石。东汉光武帝时,对内用兵,对外避免作战。到章帝(公元78—88年)时,乃复收盐铁之利,以备战费。东汉后期,战争频起,自安帝初年至灵帝初年 60 年间,战费所耗,异常庞大。"兵连师老,不暂宁息。军旅之贲,转运委输,用二百四十余亿,府帑空竭。延及内郡,边民死者不可胜数,并、凉二州遂至虚耗"(《后汉书·西羌传》)。

两汉时期对外战争的经费除上述军费外,还有与此相关的其他费用,如军粮、军械的转运费,将帅士卒的赏赐,死亡将士的抚恤,俘虏的安置费,流民的遣返安顿费,以及实行怀柔和亲政策时的馈赠等。如汉武帝财政拨款遣张骞通西域,《汉书·张骞传》记载:"拜骞为中郎将,将三百人,马各二匹,牛羊以万数,资金市帛直数千巨万,多持节副使,道可便遣之旁国。"花费了不少国家财力。《后汉书》记载光武帝时,为了避免对外作战,常采怀柔政策,每年供给南单于费直(值)亿 90 余万,西域 7 480 万。

二、皇室支出

皇室支出,是指宫廷内部包括皇室和仆役等人的各种生活费用和宫室、陵墓等各项建筑的费用开支。

(一)营造宫殿

秦始皇在兼并六国的战争中,每攻掠一国,即在咸阳"北阪"辟地新建一座宫殿。《史记·秦始皇本纪》称,秦始皇气吞六合,灭亡六国后,"自雍门以东至泾、渭,殿屋复道周阁相属",并于渭水南岸作咸阳宫;始皇三十五年(公元前 212 年),"营朝宫于渭南上林苑中","可受十万人"。"关中计宫三百,关外四百余",而"咸阳之旁二百里内,宫观二百七十",宫殿间用复道甬道相连。

汉初百废待兴,武帝自实行盐铁专卖、算缗、告缗之后,得到大量财物充实国库,开始大兴宫殿,"广开上林(苑)……周袤数百里"(《汉书·扬雄传上》),"乃大修昆明池,列观环之。治楼船,高十余丈,旗帜加其上,甚壮。于是天子感之,乃作柏梁台,高数十丈。宫室之修,由此日丽"(《史记·平准书》)。西汉时期,累计兴建宫殿 73 所、台榭楼阁 31 所,其他类似的建筑还有很多。东汉建都洛阳,又另造新的宫殿、苑囿。明帝、章帝时期,三十年间大修宫室不停,宫室、苑囿的建筑,延到汉末,共建宫殿 60 多所。耗民财物以巨亿计。

(二)修建陵墓

《史记·秦始皇本纪》称,秦始皇即位不久,即下令在咸阳郊区骊山建设陵寝。统一后征调民工增至 70 万人,前后持续施工长达 39 年,直到秦亡,陵园还未全部竣工。

汉初文帝修建霸陵,为了节省开支,所用都是瓦器,不用金银铜锡装饰。

至武帝以后,厚葬之风日兴。史书记载"汉天子即位一年而为陵,天下贡赋三分之,一供宗庙,一供宾客,一充山陵"(《晋书·索靖子䋲传》),国家税收的1/3用来修建陵墓,其支出之大可想而知。

(三)皇室生活费用

汉代的皇室支出与国家财政分列,实行专款专用制度。《史记·平准书》记载:"山川园池市井租税之入,自天子以至于封君汤沐邑,皆各为私奉养焉,不领于天下之经费",特别强调皇室收入与国家财政来源之不同。

汉初,高祖、吕后及文帝、景帝诸帝后,自奉甚俭。到了武帝时代,财力充裕,骄奢之气日盛。《汉书》记载当时由于宫女增多,仅所需的缝衣工即有数千人之多,岁费数巨万;制金银器,岁各用五百万;三工官(考工室、右工室、东园匠)费五千万;东西织室亦然;厩马由百余匹,扩充到万匹;人民"民大饥而死,死又不葬,为犬猪食。人至相食,而厩马食粟,苦其大肥"(《汉书·贡禹传》)。汉皇室日常生活费用由膳食费、服装费、器物费、车马费、医药费、娱乐费、后宫费用七方面支出组成。

1. 膳食费。皇室膳食由少府所属的太官、汤官和导官管理。据记载,直接为皇室生活服务的太官、汤官奴婢各3 000人。膳食费用,一年约用20 000万钱。

2. 服装费。皇室衣物服装,由御府令主管,所需费用"齐三服官作工各数千人,一岁费数巨万""三工官官费五千万,东西织室亦然"(《汉书·贡禹传》)。

3. 器物费。汉代少府、水衡和一些地方郡县都设有考工、东园匠、尚方、技巧、六厩一类专门机构,制作宫廷需用的武器、用具、葬具等各种器物。《汉书·王贡两龚鲍传》记载:"蜀、广汉主金银器,岁各用五百万。"

4. 车马费。皇帝用马,高祖、文帝、景帝时有马百余匹;武帝时,天子包括军马在内的六厩马皆万匹,御马饲养费、车辆制造、维修诸费属于此类开支。

5. 医药费。少府所属太医令,下有"员医二百九十三人,员吏十九人"为皇室服务。

6. 娱乐费。宫中聚集人数众多的乐人、歌女、舞女以及唱戏、杂技等人员,专为宫廷服务。

7. 后宫费用。西汉前期,生活较俭朴,宫女较少(只十数人),且姬妾无俸给之制。至武帝时,"多取好女,至数千人,以填后宫"《汉书·贡禹传》,妃嫔按等级给俸禄。至元帝时又有所增加,宫女分为十四等,各依等级而定爵禄。东汉光武以后,为节省财政支出,取消宫女爵秩并减少了等级,但到后来又不断增加,《后汉书》称桓帝时,"采女数千,食肉衣绮,脂油粉黛,不可胜计"。皇帝的婚丧费用更是花费巨大,《汉书·平帝纪》载:平帝取王莽女为妻,其聘金一项,即为黄金二万斤,为钱二万万。汉人有"厚葬"风气,皇室贵族死后往往陪葬大量的珍贵器物,近代开始考古出土的汉墓文物证实了汉代王侯们的奢侈。2011年考古发掘的南昌市西汉海昏侯墓,光玉璧、玉环、玉人就有500余件(套),金器478件,包括金饼、金板、马蹄金、麒麟金等,重量高达115公斤。[①]

三、工程建设

(一)修路

秦代财政交通支出主要包括陆路与水路两部分,以咸阳为中心,向南、北、东都次第修筑陆路。对西南地区(云南、贵州)的百濮、百越,派常頞修筑了一条直通云贵的"五尺道"(路宽五尺),从而把云、贵、川连接起来。从公元前220年开始,建造以首都咸阳为中心的帝国公路——驰道,据《汉书·贾山传》记载:"为驰道于天下,东穷燕齐,南极吴楚,江湖之上,濒海之观毕至。道广五十步,三丈而树,厚筑其外,隐以金椎,树以青松,为驰道之丽至于此。"公元前212年,秦始皇又命将军蒙恬建造强化北方边防的公路——直道,其宽度为30～60米,起于咸阳之北不远的秦皇夏宫云阳,朝北进入鄂尔多斯地区,然后跨越黄河的北部大弯道,以达九原(今内蒙古包头西北),全长1400多公里,征发了数万民工,经过长达两年半的时间修筑而成。此外,在今江西、湖南和广东、广西之间修筑有"新道",从而构成以咸阳为中心的四通八达的道路交通网。为便捷交通,秦始皇还疏通了水路。秦始皇多次巡视边防和封禅的活动便是多从水道顺江而下。

道路交通,既利国防又便商旅,西汉继秦之后,亦加强对道路交通的修筑。《史记·平准书》载:武帝元光时发巴、蜀卒筑路,"唐蒙、司马相如开路西南夷,凿山通道千余里,以广巴蜀";为通西南夷道,"作者数万人,千里负担馈粮,率十余钟致一石"。东汉时为便于岭南物资的调运,还修筑了零陵桂阳峤道。

(二)凿渠

在农业社会,水利是农业的命脉。秦始皇元年(公元前246年),用韩国籍的水工郑国负责兴修水利,开挖渠道,全长300余里,名郑国渠。郑国渠的建成,据《史记·河渠书》记载,"用注填阏之水,溉泽卤之地四万余顷,收皆亩一

[①] 杨军,徐长青.南昌市西汉海昏侯墓[J].考古,2016(07):45—62.

钟(约合今280万亩)",即亩产一钟约合今390斤。

秦兼并六国后,为从水路将中原与岭南连在一起,秦始皇令监御史史禄在湘水和漓水之间开凿一渠,名灵渠,分湘江水入漓水。灵渠的开凿将长江与珠江两大水系连接在一起,对拓展中国的南方疆域,密切岭南和中原的关系,促进南北文化交流起到了重要作用。

汉代对水利灌溉亦十分重视。武帝元光六年(公元前129年)在关中开渠,渠长三百里,用了三年的时间;后又开凿龙首渠,调动了上万民工,用了十多年的时间才挖成。《汉书·沟洫志》记载:"自是之后,用事者争言水利,朔方、西河、河西、酒泉皆引河及川谷以溉田,而关中辅渠、灵轵引堵水;汝南、九江引淮;东海引钜定;泰山下引汶水;皆穿渠为溉田,各万余顷。他小渠披山通道者,不可胜言。"武帝元鼎六年,沿秦时郑国渠开六辅渠以灌溉渠旁高地之田。太始二年开白渠,全长300里,可灌溉田地4 500顷。此外关中以外的齐郡、汝南、九江等地也相继开凿了不少灌溉渠道,对农业发展起到了重要作用。东汉时期,水利灌溉工程逐渐向东南发展,我国东南地区逐渐得到开发。

(三)治河

黄河水害,严重威胁沿岸人民的生命和财产安全,故治理黄河一直是西汉的重要工程。元封二年(公元前109年),瓠子决口,武帝亲临现场令将军以下人员全部参加堤防劳动,之后80年间,黄河未发生过大的水灾。东汉明帝永平十二年(公元69年),水利专家王景、王吴主持治理黄河,动用民工数十万。修筑、加筑千余里长堤,耗钱上百亿,终使黄河在此后800年中,没有再改道为害。除上述大的治黄工程外,平时对河堤的维修加固,费用也不少。《汉书·沟洫志》就谈到曹让奏言:"今濒河十郡治堤,岁费且万万,及其大决,所残无数……今濒河堤吏卒,郡数千人,伐买薪石之费岁数千万",可见财政支出之大。

(四)移民屯垦

汉代移民,一是为了巩固和加强中央集权,把原六国豪贵迁徙到关中和诸陵地区;二是大量移民到北方边塞或是调大量的军队到边疆地区去屯垦;三是安置因遭受灾荒而造成的大量流民。汉代移民不同于秦代,政府对移民给予优厚的待遇,事先为他们建造好房屋住宅,还要提供生产工具和生产资料。如武帝建元三年,对迁徙茂陵的人,每户赐钱二十万,田二顷。平帝元始二年(公元2年),郡国大旱,"罢安定呼池苑,以为安民县,起官寺市里,募徙贫民,县次给食。至徙所,赐田宅什器,假与犁、牛、种、食"(《汉书·平帝纪》),可见,移民屯垦虽然可以带来财政收入,但前期的费用支出也是很大的。

四、百官俸禄与赏赐

秦统一中国以前,各诸侯国皆行分封食邑制,国家分配土地给封君,封君以地租为生,国家财政无直接俸禄支出。秦统一后废分封行郡县制,官员皆以财政俸禄为生。从百官制度来看,中央政府有三公九卿,地方有郡县,县下为乡、亭,官吏皆给俸禄,自爵秩万石至斗食不等。秦代改分封食邑的俸田制为俸禄制,强化了中央政府对地方行政的直接控制,对此后中国历代中央集权政治体制的形成,产生了巨大而深远的影响。

汉承秦制设立百官,从中央到地方有一套完整的官僚机构,官俸从此开始成为国家的一项重要财政支出。汉初,国家机构并不庞大,官吏也未多设,在财政开支上,遵循"量吏禄,度官用,以赋于民"的原则,俸禄有固定数额,官俸发给实物,"漕转山东粟,以给中都官,岁不过数十万石"(《史记·平准书》)。武帝以后,官员人数大增,至哀帝时,从佐史以上至丞相共12万余人。及至东汉初期,由于战乱后人口锐减,刘秀为节约经费精简机构,并官省职,调整后的官员,仍有7 500余人,包括内外诸色职掌人在内,达152 900余人。桓帝、灵帝之际,由于大量卖官鬻爵,官职冗滥,加重了财政的困难。两汉俸禄支出数量没有详细记录可考,按照桓谭《新论》中的记载:"汉宣以来,百姓赋敛,一岁为四十余万万,吏俸用其半,余二十万万藏于都内为禁钱",估算百官俸禄支出总额每年为"二十余万"万钱。

汉代的官吏,特别是职位较高的官吏,除俸粮之外,还有俸钱和赏赐。而且官职越高,俸给和赏赐越多。

五、宗教祭祀

(一)郊祀

郊祀与杂祀是祭祀天地、山川、鬼神以祈求风调雨顺的丰收年景。秦汉时期祭祀很多且范围很广。汉代祭祀活动相当频繁。西汉时期,在京城长安的城郊或是在皇陵附近为各代皇帝立庙,仅太上皇、高祖、文帝和武帝四个人的宗庙,就分布在68个郡国,共计167所。祭祀费用很大:"一岁祠,上食二万四千四百五十五,用卫士四万五千一百二十九人,祝宰乐人万二千一百四十七人,养牺牲卒不在数中"(《汉书·韦贤传》)。由于开支过大,元帝以后,对祭祀费进行缩减,至东汉初,在洛阳城南七里建立郊祭的场所,把包括天、地、五帝等在内的共计 1 514 神各设神位,合并在一起祭祀。

(二)巡狩封禅

秦统一全国后,社会并不稳定,为加强对全国的控制,秦始皇在统一全国后的十几年中,五次出巡,第一次从咸阳以西,至甘肃平凉;第二次先到泰山祭天封禅,然后到南郡,取道汉水而回;第三次至琅琊、上党;第四次沿黄河原韩、魏、赵等国境至碣,北经右北平、渔阳、上谷、雁门、云中而归,回咸阳后,派蒙恬北击匈奴;第五次是沿汉水至云梦,再到浙江祭大禹。在返途中死于沙丘平台(今河北巨鹿县东南)。一路车驾、军马护卫,大臣随行,虽然了解民情有利于国家统一,但国家财政支出巨大。汉武帝也曾先后五次东封泰山,沿途民众不胜困扰,财政支出甚巨。

(三)求仙问道

始皇服膺法家,也深受道家、阴阳家的影响,希望利用至高无上的皇权实现长生不老的个人愿望。《史记·秦始皇本纪》载:"齐人徐市(即徐福)等上书,言海中有三神山,名曰蓬莱、方丈、瀛洲,仙人居之。请得斋戒,与童男女求之。于是遣徐市发童男女数千人,入海求仙人。"汉武帝亦笃信方士巫人,修五帝坛、起柏梁台、作露盘,曾派千人入海求仙采药,耗财无数。

六、优恤

优恤鳏寡孤独、赈济灾民是稳定社会,巩固政权的重要措施。两汉时期灾害很多,以旱灾为主,其次是水灾(包括黄河泛滥),还有风、雹、蝗、螟、地震、海啸等,受灾的地区,多在黄河中下游,受灾人数从数千到数十万;灾情严重时,受灾面积达方圆二三千里,受灾人数达数十万户。对受灾严重或疾疫流行地区,或开仓赈济,或安排灾民异地就食,并贷给耕牛、种子、口粮,开放山林川泽,允许灾民进入皇家苑囿采摘等,同时减免田赋、算赋和口赋,以便灾民渡过灾荒。

七、文教

在汉代财政支出中,用于文化教育方面的支出不多。武帝令郡国举贤良、方正、文学,在京师设立大学,在地方设有郡国学。此外汉代对图书的收藏、管理以及纂修国史方面也很重视。据统计,汉代所集图书约有 677 家、11 951 卷,对保护文化起到了积极的作用。

第四节 秦汉时期的财政管理机构与制度

一、管理体制和管理机构

秦汉时期,国家财政和皇室财政分开管理。

国家财政,是为实现国家职能的需要,国家参与对一部分社会财富的分配。皇室财政,是为了巩固皇权,满足皇室的需要所形成的对社会财富的分配。秦汉之前,国家财政收支同皇室的财政收支并没有严格地区分开。自秦以后,公田与私田并存,租税收入从本质上产生了分裂,一个是依托国家的政治权力而产生的,一个是依托财产的所有权而产生的,因此要求国家财政和皇室财政分别收支、分开管理。至汉代,这种管理办法进一步明确化、制度化,所谓公财政,乃指皇帝用以统治管理国家的财政;所谓私财政,则是皇帝为满足其个人与宗室生活及维护地位所需要的财政。

《汉书·食货志》记载汉高祖、惠帝时代公私财政的划分:"上于是约法省禁,轻田租,十五而税一,量吏禄,度官用,以赋于民。而山川、园池、市肆租税之入,自天子以至封君汤沐邑,皆各为私奉养,不领于天子之经费。"也就是说,国家财政与皇室财政来源不同,国家收入有税(即田租)、有赋(算赋),这些收入均赋之于民,用以支付吏禄、官用。君主私人财政,叫做"私奉养",则是来自山川、园池、市井的租税,即"工商虞衡"的收入。这些收入,用以供皇帝个人生活与宫廷所需之费用,诸如帝室的膳食、被服、器物、舆马、医药、宫女、赏赐以及乐府戏乐之费。

关于支出,国家财政与皇室财政也是分开的:"武库兵器,天下公用。国家武备,缮治造作,皆度大司农钱。大司农钱,自乘舆不以给共养;共养劳赐,一出少府。盖不以本臧给末用,不以民力共浮费,别公私,示正路也"(《汉书·毋将隆传》)。可见汉代开始国家与皇室财政收支在已经明确区别开来了。

按照上述原则,国家财政的收入包括田租(赋)、算赋、更赋、盐铁专卖收入、公田、屯田收入、均输、平准、卖官爵、赎罪收入(西汉时用于军费开支,东汉桓帝、灵帝时归皇室财政)、算缗、告缗、算商车收入、牲畜税、赀贷税和铸币收入等。这些收入主要用于政府机构的经常性支出,包括军费、百官俸禄、水陆交通和农田水利、祭祀、抚恤救济、赏赐以及教育、移民等项费用开支。

属于皇室财政的收入,包括口赋、山泽园池的税收、酒税、关市税、贡献和酎金等。主要用于皇室的膳食、被服、器物、舆马、医药、赏赐、后宫及娱乐等项费用开支。汉室皇室私奉养十分丰厚,如《汉书王嘉传》记载:"孝元皇帝(汉元帝)奉承大业,温恭少欲,都内钱四十万万,水衡钱二十五万万,少府钱十八万万……故少府水衡见钱多也。"当时国家财政年收入为四十万万,皇室财政的收入四十三万万,其收入规模尚高于国家财政。

在财政管理机构上,此时期也逐渐形成两大收支管理体系。管理国家财政的机构,秦汉称为"治粟内史",主掌国家田租和各种钱物的收支。景帝元年(公元前143年),改称为"大农令",武帝太初元年(公元前104年),又称为"大司农"。大司农下辖机构包括太仓,管粮食、仓库;均输,管上解物资;平准,管理物价;都内,管理国家仓库;籍田,管理公田。此外,还有长丞、斡官,管盐税;铁市,管铁税。东汉时置大司农卿一人,下辖机构有太官、平准、导官司,盐铁官司等。地方财政机构则直接由郡县守令,总管该辖区民政财政,具体则由若干负责征收事务的吏官办理。乡设啬夫,是基层的具体征收人员。

二、预决算制度和审计制度

自周到汉,中国的预、决算会计制度和审计制度逐渐形成和发展。秦汉在地方与各郡县,设有专门管理郡国财政的官吏和负责预算、决算、审计的上计吏。上计制度,始于萧何。汉初,萧何收天下图籍,知张苍善算,"故令苍以列侯居相府,领主郡国上计者"(《史记·张丞相列传》)。即专任一人,以列侯的身份、"计相"的名义来掌天下所上之计,不久计相改为主计(官号)。《汉书·百官公卿表上》记载:成帝指示丞相翟方进,"百僚用度,各有数",则可知汉代已有预算。到了武帝建元三年(公元前138年),遴选专业人才做会计工作,《汉书·武帝纪》记载"八月……征吏民有明当世之务、习先圣之术者,县次续食,令与计偕"。颜师古注:"计者,上计簿使也,郡国每岁遣诣京师上之。"武帝在位50余年间,曾一次受计于帝都,三次受计于方岳。孝武元封五年(公元前106年)"三月,还至泰山,增封……因朝诸侯王列侯,受郡国计"(《汉书·武帝纪》)。光武中兴,对上计进行了整顿。《古今图书集成·食货典》记载:"岁终遣吏上计,遂为定制。正月旦,天子幸德阳殿,临轩受贺,而属郡计吏皆在列,置大司农掌之。"同时秦、汉时期,在中央设御史大夫,负责纠察百官;对国家财政,也负有监察之责,每有违制之事,都由御史督责,如武帝时,令御史监督郡国执行算缗令;宣帝黄龙元年(公元前49年),"御史察其计簿,疑非实者,按之，使真伪毋相乱"(《汉书·宣帝纪》)。

三、漕运制度

秦汉的京师为了保障首都的食粮供给，每年都要从各地调运大量的粮食。因为这些粮食大部分是通过水道用船运载的，所以称漕运，通过漕路转运的粮食称漕粮。其后凡通过水陆转漕的，或供京师，或充边用，都名漕运。每年漕运耗费大量的人力、物力、财力，故漕运的调运工作是国家财政管理的一个重要内容。

汉代初期漕运的粮食"岁不过数十万石"，后来随着经济的发展，城市人口的增多，转运粮食也越来越多。武帝元光六年，漕转关东粮100多万石；元狩四年，增加到400多万石；元封元年，最高时达600万石。宣帝时耿寿昌主持筑仓治船"费直二万万余"(《汉书·宣帝纪》)。粮饷转运数量则与战争规模的大小、征战远近有关，有时还动用军卒服役，同民运又有所区别。

四、常平仓制度

常平仓是汉代创设的一种调剂粮价、备荒赈恤的措施。汉宣帝时，大司农中丞耿寿昌建议，下令边郡都要修筑粮仓，粮食贱时，提高粮价购进，以有利于农民；粮食贵时，降低粮价卖给人民，以防止商人抬高物价。

五、铸币

秦、汉时期通行金属货币，政府亦以货币的铸造发行赢利作为财政的补充手段。秦汉的货币以黄金和铜钱为主，在钱贱物贵的情况下，有时也以布帛为币来调剂钱物之间的比值。西汉初期对铸币采取放任政策，听任地方和百姓自由铸造，导致豪强地主、王公宠臣、富商大贾乘机开矿铸钱，牟取巨利，不仅影响了国家的财政收入也严重阻碍了中央集权制度的执行。

在铸币问题上朝廷和豪强之间的斗争十分激烈，从公元前193年到公元前113年，货币9次变化。到武帝元鼎四年(公元前113年)，中央重新整顿币制，下令禁止郡国铸币，把铸币权收归中央；责令掌管上林苑的水衡都尉所属的钟官、辨铜、均输三官，负责铸造新的五铢钱通用全国，故亦称"上林三官钱"。此后朝廷每年用十万人采铜铸钱，从汉武帝到西汉末年一百多年中，西汉政府共铸五铢钱280亿枚。由于五铢钱轻重适宜，自汉至隋700多年，除个别朝代或某个时期有所变化外，基本上通用不变。

第五章
三国、魏晋、南北朝时期的财政与分配制度的沿袭与融合

开篇导言

　　三国、两晋、南北朝时期是中国历史上南北方分裂割据、朝代更迭频繁、战争连年不断的动荡年代。本时期开始于三国，结束于陈亡，历370多年，除西晋时短暂的统一外，基本都是处于分裂、争战中，直至隋唐重新实现统一。在这一历史时期内，从政治、军事到经济诸方面，均呈现出繁纷复杂的局面。相对于大一统的时代，这个时代是中国少有的提倡个人精神和个性自由的时代，哲学解放，文学独立，思想文化"经历着先秦以来的第二次大转折"（陈书良）。这个时期大一统格局解体，儒家正统散失，但此时亦有诸多创新，有的制度创立后，影响后世近数百年，如著名的北魏田令。这个时代形成了一个"漩涡模式"（赵汀阳），一个具有难以拒绝的诱惑、一旦加入就难以脱身的博弈场，各族群在漩涡中变法图存，交流融合，涅槃而生。

　　此时期秦汉帝国时代的皇权体制衰落，被政治上皇权与世族地主共治、经济上国家财政与世家大族共处于同一经济体系的治理形态取而代之，制度和政策上都发生了巨大变化。近400年的大分裂与战争，人口锐减超过2/3，或死于战乱、饥荒和疫病，或投靠世家大族成为"荫户"，隐藏在豪族大庄园里，不再向朝廷纳税服役；甚至有相当多的人口隐藏在寺院中，规避朝廷赋税徭役。地广人稀，农业生产不足，财政收支严重失衡，使整个社会经济陷入低谷。但也正因如此，为生存而进行的各种努力孕育着一个伟大时代的来临："变秦汉而启隋唐"（韩国磐），这个时期是"第二帝国"（隋唐）形成的起点。

第一节　三国、魏晋、南北朝时期的社会经济背景

一、魏、蜀、吴三国

东汉末年,天灾人祸不断,汉灵帝光和七年张角等领导的黄巾起义前后延续了 20 多年,使腐朽的东汉王朝陷于名存实亡的危机之中。在镇压黄巾起义的过程中,各地的豪强纷纷组织武装力量,修筑坞堡,占据地盘。黄巾军在政府军与地方豪强的联合夹击下陆续失败,但东汉王朝也因此形成了大大小小的割据势力,中央政府完全丧失了统治能力。曹操因镇压黄巾起义有功不断迁升,又挟持汉献帝"奉天子以令不臣"(《三国志·魏书》),成为北方地区最大的政治势力。公元 208 年,东吴孙权、刘备联军与曹操爆发了著名的以少胜多、以弱胜强的"赤壁之战",曹操战败,刘备占据荆益。在东南,孙氏父子"招延俊秀,聘求名士",把江南大地主作为自己主要依靠的力量而发展壮大。建安二十五年曹操病死,其子曹丕即以禅让为名废汉献帝,自立为帝,国号魏,建都洛阳。第二年,刘备在成都称帝,国号汉。8 年后,孙权称帝,从吴(苏州)迁都建业(南京),国号吴,三国鼎立局面正式形成。三国的政治制度与东汉基本相同,魏历五世,共 34 年(220—254 年),后被司马氏篡夺;蜀汉从刘备自立到刘禅,经 42 年(221—263 年)而亡;东吴自孙权至孙皓,亦四世,共 58 年(222—280 年),最后灭于西晋。总计三国兴亡不过 60 年。

二、两晋的统一与五胡十六国

266 年,魏国权臣司马昭之子司马炎废魏元帝曹奂,自立为帝(晋武帝)。279 年,分兵六路大举攻吴,次年,晋军攻下建业,孙皓投降,吴国灭亡。从汉献帝初平元年董卓之乱后出现分裂割据算起,历经整整 90 年(190—280 年),至此又重新归于统一。经过休养生息和一系列新政,西晋在较短的时间内成为一个富裕王朝(短暂盛世),故有"太康之中,天下书同文,车同轨,牛马被野,余粮栖亩,行旅草舍,外间不闭……故于时有'天下无穷人'之谚"(《晋纪总论》)。西晋经济的一个重要特点是世家大族经济势力的发展。东汉末年,由于地方军阀的长期争斗,世家大族为了维护他们的既得利益,一方面加强同依附于他们的农民之间的关系,另一方面又通过宗族血缘关系加以武装,聚族

自保。由于大多数农民和贫穷的族人为了避免被地方军阀捕为民丁，或沦为其他地主的奴仆，宁肯放弃自家小块土地，以求得大族的庇护；这就形成了两晋的特殊情况，即政府承认世家豪族拥有众多部曲和佃客。

晋武帝为巩固统治，恢复了分封制，封司马氏宗室 27 人为王。291 年，汝南王、楚王、赵王、齐王、长沙王、成都王、河间王、东海王为了争夺中央政权引发了长达 16 年之久的"八王之乱"（291—306 年），统一局面再次崩溃，中原地区又陷入了分裂割据之中。诸王在混战中为了扩充力量，利用北方民族参加内战，使匈奴、鲜卑等族武装力量长驱直入中原，北方地区出现了历史上空前绝后的大动乱。

这次内乱，使黄河地区的农业生产受到严重破坏，同时引发了一场深刻的社会危机。阶级矛盾和匈奴、氐、羌等族的反晋斗争相呼应。晋愍帝建兴四年，匈奴贵族刘曜夺得政权，西晋灭亡。司马睿于 317 年在建邺称帝（晋元帝），建立偏安于江南一隅的政权，延续晋的正统，史称东晋。之后，中原人民大量南移，约有 90 万人之多。百姓在流离混乱之后，又不得不依附世家大族以维持生活，史称"时百姓遭难，流移此境，流民多庇大姓以为客"（《南齐书·州郡志》）。

西晋"八王之乱"以后，北方游牧民族南下，纷纷建立割据政权，中原陷入分裂状态，直到北魏统一，长达 134 年之久，史称五胡十六国。"五胡"即指北方的五个游牧民族：匈奴、鲜卑、羯、氐、羌。"十六国"即这些游牧民族与汉族在北方地区建立的政权：汉（其后是前赵）、后赵、前燕、成汉、前凉、前秦、后秦、后燕、西秦、后凉、南凉、西凉、北凉、南燕、北燕、夏。

五胡十六国的大分裂大动乱一直在追求走向统一，胡人文化与汉人文化的融合"混一胡汉"也在不断尝试。这个时期北方的第一次统一是后赵石勒，短期统一了除辽西的前燕和凉州的前凉之外的北方地区。石勒在河北地区劝课农桑，恢复经济，建立学校，发展文化。第二次是前秦苻坚统一了整个北方，《晋书·苻坚载记》说："关、陇清晏，百姓丰乐，自长安至于诸州，皆夹路树槐柳，二十里一亭，四十里一驿，旅行者取给于途，工商贩贸于道。"而后前秦瓦解，北方出现了更大的分裂局面。但是由于长期的民族融合，胡人汉化与汉人胡化的同步进行，终于使得北魏第三次统一北方。

三、北魏与南朝

公元 386 年，拓跋珪趁前秦四分五裂之际自称代王，于 398 年六月定国号

"魏",史称"北魏",七月,迁都平城(今山西省大同市)称帝。439年,太武帝拓跋焘统一北方。534年,北魏分裂为东魏、西魏。东魏延续16年,西魏延续21年,演化为北齐、北周。其后北周吞并了北齐,隋又代周,继而灭了南朝的最后一个王朝——陈,终于完成了中国的统一大业。公允地说,虽然统一局面形成于隋,但是基础奠定于魏。

刘裕在东晋元熙二年废恭帝,自立为帝,国号宋。刘裕父子统治时期,"兵车勿用,民不外劳,役宽务简,氓庶繁息,至余粮栖亩,户不夜扃"(《宋书·孔季恭传》),被称为"元嘉之治"。后萧道成代宋立国号齐,萧衍代齐改国号为梁。萧衍吸取宋、齐两朝的失败教训,多设官职,提倡儒学,广建佛寺,但因暴虐百姓,致"民尽流离,邑皆荒毁。由是,劫抄蜂起,盗窃群行……抵文者比室,陷辟者接门。眚(省)灾亟降,囹圄随满"(《文苑英华卷七五四·梁典高祖事论》)。侯景之乱,梁武帝困饿而死,国势日弱。公元557年,陈霸先废梁自立,国号为陈,但因得不到各地拥护,局势一度不稳。宣帝曾采取安置流民、鼓励垦荒、减轻租税的政策,使经济有所恢复,后被隋朝灭亡。

四、三国、魏晋、南北朝的经济发展

三国、魏晋、南北朝时期,尽管战争不断,政治局面动荡,经济上却没有停滞,更没有倒退,反而有较大的发展。其特点表现在人口的减少,农业生产率的提高,工商业的发展,江南经济的开发,屯田制的推行,占田制与均田制的实行,户调制度的推行等方面。

东汉末年自然灾害频发,战乱四起,全国人口急剧减少。《文献通考》载,东汉桓帝永寿三年共有10 677 960户、56 486 856口。但到了魏晋南北朝时则明显减少,"死丧略尽,国中终日行,不见所识"(《三国志·魏书·武帝纪》)。三国时期,有1 473 433户、7 672 881口,人数仅为永寿三年的13.6%。至西晋统一中国以后,政府鼓励生育与和平带来的人口增加,使人口达到永寿三年的28.6%。人口数至北魏增加到永寿三年的30.9%,由此可见大分裂时期中国人口减少的严重。

由于人口减少,为获得维持生存的粮食,不得不积极改进生产工具与技术,使得这一时期农业生产率得到提高;水利建设与农业先进技术推广受到重视;由于缺乏劳动力,铁犁得到大力推广和使用,同时使用畜力耕种以代替人力,提高了农业生产率。农产品在产量与种类上都有很大改善,南北朝时期得到大规模推广的农产品包括茶、甘蔗、木棉等,还出现了由北魏的贾思勰撰写的农业专著《齐民要术》。建安元年"募民屯田许下,得谷百万斛。于是州郡例置田官,所在积谷,仓廪皆满"(《资治通鉴·汉纪五十四》),其后又在洛阳、弘农、颍川、睢阳等20余处推广。在这一时期,既有从货币经济倒退到以谷帛为主的实物经济的趋势,也有货币(商品货币)发挥的作用越来越大,日益受到人们重视的趋势。

公元311年,永嘉之乱开始,"洛京倾颠,中州士女避乱江左者十之六七"(《晋书·王导传》),北方人口大量南迁,直至南朝,约200年间没有停止过。这些移民,不但充实了南方地区的劳动力,而且带来比较进步的生产技术,这使长江以南形成了《宋书》所描绘的"地广野丰,民勤本业,一岁或稔,则数郡忘饥"的兴旺景象。江南的农业因而迅速发展起来,成为东晋、南朝的粮食基地。在手工业方面,江南的家庭纺织业、煮盐业、冶铸业、造船业等,无论官营还是私制,均有发展。在商货流通方面,长江沿岸及三吴地区,形成了很多交易重镇,番禺更是成为联系海外的贸易中心,通商国家远至大秦、伊朗、印度、锡兰以及南洋各国。输出货物以绫、绢、丝为主,输入货物多为象牙、犀角、玳瑁、吉贝、香料等。

秦汉以后国家实行土地私有制,因此兼并日甚。晋武帝时代,设占田制,后北魏改行均田制。两种田制都是为了增加财政收入和稳定社会秩序,以政府力量限制兼并,希望能在抑制兼并与保护地主之中寻觅平衡。所谓占田,又称名田。《汉书·食货志上》说:"限民名田,以赡不足。"所谓占田有两方面的意义:一方面是人民要向政府办理土地和户口登记手续,另一方面又限制豪贵占田数量。这种由政府命令农民向政府登记并限制农民占有土地数量的办法,便称为"占田法"。北魏时,因民不着地,土地荒芜,遂实行均田制。与占田制、均田制相对应的田赋则是以民户为课税对象的户调。此时户调成为田赋的主要部分,而田租反倒成了辅助税种。

在南朝,宋、齐、梁、陈四朝为稳固统治,一方面整顿户籍,清理和控制民户,平均赋役负担;另一方面注意对农业的保护,因而江南的农业在战争的空隙中发展起来。经过自晋以来200多年的经营,江浙的太湖流域、江西的鄱阳湖流域和湖南洞庭湖流域,都成了南朝的粮食基地。在手工业方面,江南的家庭纺织业有了很大发展,养蚕缫丝,用亚麻织布。由于产量激增,导致绢布价格低廉。宋初,官布一匹,值钱一千;元嘉时,"官受则匹准五百"(《文献通考·田赋考》);齐永明初,"入官好布,匹堪百余"(《南齐书·王敬则传》),可见纺织品价格的不断下降。此外,煮盐业、冶铸业、造纸业、漆器制造业、制瓷业、造船业等,无论官营、私制,均有发展。在商业流通方面,长江沿岸及三吴地区,商业非常活跃,建康、京口、山阴、襄阳、江陵、成都等都是当时国内交易重镇。

1983年开始考古发掘的邺城遗址位于河北省临漳县境内,城分南北,两城连接,其间有漳河主河道通过。邺北城先后成为曹魏、后赵、冉魏、前燕的都城(204—370年)。公元534年,东魏自洛阳迁都邺城,其后始建新城,是为邺南城。邺南城为东魏、北齐(534—577年)两朝的都城。同期,邺北城亦在使用。大象二年(公元580年),杨坚平尉迟迥之乱后焚毁邺城。邺南城具有明确的中轴线,以朱明门、朱明门大道、宫城正南门、宫城主要宫殿等为中轴线,全城的城门、道路、主要建筑等呈较严格的中轴对称布局。纵横的街道垂直交错,道路网络呈棋盘格状分布。邺南城东、南、西三面城墙走向为舒缓的曲线,东南、西南两城角为圆角,城墙外侧整齐地筑有马面,再外侧有护城河环卫。据文献记载,建筑邺南城时"掘得神龟,大逾方丈,其堵堞之状,咸以龟象焉"(《河朔访古记》)。经过考古发掘后的邺南城确似"龟象"。尽管文献记载有附会之嫌,但曲线走向、圆角的城墙应是有意规划,具有军事防御功能。邺南城独具特色的城墙,加之马面、护城河组成了完备的防御系统。[①]

第二节 三国、魏晋、南北朝时期的财政收入

三国魏晋南北朝时期财政收入由田租与户调、徭役、关市税、专卖、各种工商税收等组成,其中田租与户调为主要收入。

一、田租与户调

租调收入即田租、户调收入,二者从形式上看一是对土地课税,一是对人课税,但其本质都是以土地为基础对小农经济进行的一种征课。此税形成于汉末、曹魏,发展于南北朝,至唐演变成租调制。

(一)三国的屯田与田赋

东汉末年,中原地区出现了大量荒芜田地,这些荒田便成为新的公田。魏蜀吴三国的田赋收入,一般包括两部分,即公田田租和私田田赋。三国的公田收入多指屯田收入。如曹操募民耕种为民屯,军队耕种为军屯,且以军屯为

[①] 徐光冀,朱岩石,江达煌.河北临漳县邺南城遗址勘探与发掘[J].考古,1997(03):27-32.

主。魏国至曹芳治时，邓艾屯田淮河南北，且田且守，"水丰，常收三倍于西，计除众费，岁完五百万斛以为军资。六七年间，可积三千万斛于淮上，此则十万之众五年食也"（《三国·魏志·邓艾传》）。吴、蜀为积粮备战亦有屯田，其田赋制度承袭东汉，惟曹操在中原地区推行租调制改革。

（二）魏晋的田制与租调

按亩收粟，谓之田租；按户收绢绵，谓之户调，合称为租调制。征调民物以充公用始于东汉质帝，质帝本初元年九月，朱穆奏云："河内一郡，尝调缣素绮縠才八万余匹。今乃十五万匹，官无见钱，皆出于民"（《后汉纪·卷二十》），说明在本初元年以前，河内郡已调发过丝织品八万余匹。桓帝、灵帝时，均有"调"的记载。至魏晋，建安九年魏武（即曹操）"初平袁氏，以定邺都，令收田租，亩粟四升；户绢二匹而绵二斤。余皆不得擅兴，藏强赋弱"（《晋书·食货志》）。西晋武帝司马炎灭吴之后，始行占田制，实施户调。

西晋占田、课田制下的租调，有如下各点：

第一，"凡民丁课田，夫五十亩，收租四斛，绢三匹，绵三斤"（《晋书·食货志》）。

第二，占田、课田规定：占田百亩，只在课田七十亩内征收（男丁五十亩，女丁二十亩）。

第三，对男女年龄减免的规定：一夫一妻，"丁男课田五十亩，丁女二十亩，次丁男半之，女则不课"（《晋书·食货志》）。对年龄的规定："则为男女年十六以上至六十为'正丁'；十五以下至十三、六十一以上至六十五为'次丁'；十二以下、六十六以上为'老小'，不事。"（《晋书·食货志》）

第四，对于边郡的减免："其诸边郡，或三分之二，远者三分之一。"（《晋书·食货志》）

第五，对于少数民族的减免："夷人输賨布，户一匹，远者或一丈。"（《晋书·食货志》）

第六，对于远夷地区的减免规定："远夷不课田者输义米，户三斛，远者五斗，极远者输算钱，人二十八文。"（《晋书·食货志》）

第七，对于诸侯减增的规定："凡属诸侯皆减租谷亩一斗，计所减以增诸侯；绢户一匹，以其绢为诸侯秩；又分民租房二斛以为诸侯奉。"（《晋故事》）

第八，对于余租及理旧绢的处理："其余租及旧调绢，二（疑为"绢"之误）户三匹，绵三两，书为公赋，九品相通，皆输入于官，自如旧制。"（《晋故事》）

西晋的占田制对于扩大税源、增加国家财政收入起到了重要作用。

晋室南渡之初，国家经费临时取给。东晋成帝咸和五年，始行度田收租制。《晋书·食货志》载"咸和五年，成帝始度百姓田取十分之一，率亩税米三升"。度田需重新测量土地，受到了豪强世族强烈反对，故孝武帝太元二年，"除度田收租之制，王公以下口税三斛，惟蠲在役之身。……八年，又增税米，口五石"（《晋书·食货志》）。东晋的租调惟征课范围不同于西晋，据《隋书·食货志》载："男女十六以上至六十为丁，男年十六亦半课，年十八正课，六十六免课；女以嫁者为丁，若在室者，年二十乃为丁。"东晋的征课范围较西晋宽，但征税年龄较西晋轻。

（三）南朝的租调

南朝土地占有情况与东晋相似。世家大族占有大量土地资源且享有极高的政治、经济特权。如史载宋会稽孔灵符，孔子的第 27 世孙，"家本丰，产业甚广，又于永兴（今浙江萧山）立墅，周回三十二里，水陆地二百六十五顷，含带二山，又有果园九处"（《宋书列传·卷五十四》），其土地兼并可见一斑。齐的田租因袭东晋太元八年之制，即每人收租米五石。户调方面，据《宋书·孝武帝纪》载，宋孝武帝大明五年规定："天下民户岁输布四匹。"宋、齐时征收户调的方法，仍是依贫富将民户定为九等，以后再依据户等高低而分派数量不等的户调，即所谓"九品相通"制，至梁陈始有变更。《隋书·食货志》称："其课：丁男调布、绢各二丈，丝三两，绵八两；禄绢八尺，禄绵三两二分。租米五石，禄米二石。丁女并半之。"此时的户调按人丁区别男女征收，但征收的数量加重了。

（四）北朝的田制与租调

1. 北魏均田制

北魏太祖拓跋珪太和九年下诏均给天下民田，据《魏书·食货志》及《通典》记载，主要有以下内容：

> 诸男夫十五以上，受露田四十亩，不栽树者谓之露田。妇人二十亩，奴婢依良。丁牛一头受田三十亩，限四牛。所授之田率倍之，三易之田再倍之，以供耕休及还受之盈缩。人年及课则受田，老免及身没则还田，奴婢、牛随有无以还受。诸桑田不在还受之限，但通入倍田分。于分虽盈，没则还田，不得以充露田之数，不足者以露田充倍。诸初受者，男夫一人给田二十亩，课莳余，种桑五十树，枣五株，榆三根。非桑之土，夫给一亩，依法课莳榆、枣。奴各依良。限三年种毕，不毕，夺其不毕之地。于桑榆地分杂莳余果及多种桑榆者不禁。诸应还之田，不得种桑榆枣果，种者以违令论，地入还分。

诸桑田皆为世业,身终不还,恒从见口。有盈者无受无还,不足者受种如法。盈者得卖其盈,不足者得买所不足。不得卖其分,亦不得买过所足。诸麻布之土,男夫及课,别给麻田十亩,妇人五亩,奴婢依良,皆从还受之法。诸有举户老小癃残无受田者,年十一以上及癃者,各授以半夫田。年踰七十者不还所受。寡妇守志者,虽免课亦授妇田。诸还受人田,恒以正月。若始受田而身亡及卖买奴婢、牛者,皆至明年正月乃得还受。

诸土广人稀之处,随力所及,官借民种莳。后有来居者,依法封授。诸地狭之处,有进丁受田而不乐迁者,则以其家桑田为正田分,又不足不给倍田,又不足家内人别减分。无桑之乡,准此为法。乐迁者听逐空荒,不限异州他郡,唯不听避劳就逸。其地足之处,不得无故而移。诸民有新居者,三口给地一亩,以为居室,奴婢五口给一亩。

男女十五以上,因其地分,口课种菜五分亩之一。诸一人之分,正从正,倍从倍,不得隔越他畔。进丁受田者,恒从所近。若同时俱受,先贫后富。再倍之田,放此为法。诸远流配谪无子孙及户绝者,墟宅、桑榆尽为公田,以供授受。授受之次,给其所亲,未给之间,亦借其所亲。诸宰人之官,各随近给公田:刺史十五顷,太守十顷,治中、别驾各八顷,县令、郡丞六顷。更代相付。卖者坐如律。

均田令对均田的数量、土地的重新分配,不同纳税人的减免等各方面进行了规范,对发展农业经济、稳定社会秩序及增加财政收入均有积极意义。至北魏孝明帝正光时,国家拥有编户500余万户,大量齐民编户的增加为国家带来了劳动力和纳税人。

2. 均田制前后的租调

北朝的田赋制度是同其均田制度紧密结合在一起的。据史籍所载,北朝各代实行的租调制度如下。

(1)户调。未行均田制及百官俸禄制之前,北魏官吏无俸禄,其户调的征收因袭魏晋以来的九品混通制。百官俸禄改制后,官吏有了固定的收入。由于俸禄以谷帛支给,因此增加了户调。《魏书》记载:"太和八年始准古班百官之禄,以品第各有差。先是,天下户以九品混通,户调帛二匹,絮二斤,丝一斤,粟二十石;又入帛一匹二丈,委之州库,以供调外之费。至是户增帛三匹,粟二石九斗,以为官司之禄。后增调外帛满二匹。"

(2)田赋(租)。北魏自孝文帝实行均田制后,颁布新的租调制度,一夫一妇,一年纳粟二石;15 岁以上未婚男子,四人纳粟 2 石;从事农耕的奴婢八口所纳为一夫一妇之数;耕牛每 20 头纳一夫一妇的田赋。北齐初沿北魏制度,河清三年改行新令,在受田的基础上,一床(一夫一妇)纳垦租二石,义租五斗;丁男无妻者和奴婢输租为一床的一半;耕牛输垦租一斗,义租五升。垦租送台,义租送郡以备水旱。北周规定:已婚男丁每年纳粟五斛,未婚男丁减半;丰年全交,中年交一半,下年交 1/3,大灾之年全免。

北魏自宣武帝后,朝政日渐败坏,分裂为东西魏,北齐均田制受到破坏,相对贫穷落后的北周均田制度得以保持下来。总之,北朝租调制其核心内容大致沿袭了下来,但具体条款依不同时期略有调整。

二、徭役

从东汉末年开始至三国,军阀争战,动荡不已,故民力不堪重负,"夫守战之力,力役三倍,赋役所加,负担沉重,民力难堪"(《三国志·魏志·刘放传》注引《孙资别传》)。西晋于咸宁元年罢屯田官,太康元年又罢州郡兵,兵役减轻。东晋、南朝兵制:有事则征民为兵,无事则散而为农。东晋时,曾调发奴隶为兵。《晋书·简文三子道子传》称,晋安帝隆安三年元显为扬州刺史,将东土诸郡私奴转为客户,调入京师以充兵役,"人不堪命"。

五胡十六国时期,各国政权互相征伐,百姓兵役负担沉重。如后赵石季龙行"三五"发卒法,五丁取三,四丁取二;汉刘渊曾扫地为兵。且军需用品,皆由百姓负担,如石季龙为"南征",命军士五人出车一乘,牛二头,米十五斛,绢十匹,置办不足者斩首。

北魏初无定制。拓跋焘太平真君六年,"诏发天下兵,三分取一"。孝文帝延兴四年准备南伐,州郡人民十丁取一。北齐兵制:十八岁受田,二十岁充兵,六十岁免役。北周实行八丁兵制:将强壮男丁分成数批,每批八丁取一,轮流充兵。北周武帝改为十二丁取一轮值,即每年服役一个月。服役者蠲免其租调。

南朝兵制,原则上同于东晋,实则无常制。史载宋文帝元嘉二十七年伐魏,对青、燕、豫诸地农民,五丁取三;齐自东昏起,每同北魏交战,则于扬、徐二州征丁男,三丁取二,而对远郡的丁男则令交米。

除兵役外,力役及其他杂役亦十分繁重。三国时期魏国"百役繁兴,作者万数,公卿以下至于学生,莫不展力"(《三国志·高堂隆传》)。范宁说:"古者使人,岁不过三日,今之劳扰,殆无三日休停,至有残刑鬻发,要求复除,生儿不

复举养，鳏寡不敢妻娶。岂不怨结人鬼，感伤和气。"（《晋书·范宁传》）

至东晋徭役更重，《晋书》载，西晋规定：男子16岁至60岁为正丁，13岁以上至15岁、60岁以上至65岁为次丁，老小免役。东晋则规定男子从16岁起即服全役，13岁至15岁、61岁至65岁也要服半役，以致造成"四野百县，路无男人，耕田载租，皆驱女弱"（《宋书·沈攸之传》）的现象。

《魏书·高祖纪下》载，十六国对力役征调无时，北魏太和前调发亦无节制，造成农夫不垦殖，田亩多荒芜。太和元年始令"简以徭役"。《隋书·食货志》载："（北齐文宣帝）始立九等之户，富者税其钱，贫者役其力，北兴长城之役，南有金陵之战。其后南征诸将，频岁陷没，士马死者以数十万计。重以修创台殿，所役甚广。"因征调繁重，百姓甚苦。南朝因袭晋制又尤有甚之。如梁武帝时大兴劳役，男丁不足，役及女丁，至大同七年方罢女丁。

三、关市税

（一）关税

东汉关税的税率较高。曹丕改为从价征收，十分税一，即税率10％。所以《三国志·魏志·文帝纪》载："关津所以通商旅，池苑所以御灾荒，设禁重税，非所以便民。其除池籞之禁，轻关津之税，皆复什一。"东吴、西晋的关税，时或免除，时或免收一年。至东晋初始还维持着什一税率，后逐渐被破坏。《隋书·食货志》载："都西有石头津，东有方山津，各置津主一人，贼曹一人，直水五人，以检察禁物及亡叛者。其荻、炭、鱼、薪之类过津者，并十分税一以入官。其东路无禁货，故方山津检察甚简。"

北魏似不征收关税，故在《魏书》中只有太和七年"弛关津之禁，任其去来"的记载，说明当时北魏朝廷是免征关税的。至北齐武平六年"以军国资用不足，税关市、舟车、山泽、盐铁、店肆，轻重各有差"；之后"给事黄门侍郎颜之推奏请立关市邸店之税，开府邓长颙赞成之，后主大悦。于是以其所入，以供御府声色之费，军国之用不豫焉。未几而亡"（《北齐书·后主纪》）。至于南朝各代，对关市的课征，多有繁复。刘宋随地设立关卡，重复课税。陈后主时，"税江税市，征取百端"（《南史·陈纪下·后主》）。

（二）市税

汉的市税，贯穿于魏晋南北朝时期。《晋书·武帝纪》称，泰始元年"复（免）天下租赋及关市之税一年"。说明西晋时曾实行过免除租赋及关市税一年的优惠政策。

东晋时"淮水北有大市百余,小市十余所,大市备置官司,税敛既重,时甚苦之"(《隋书·食货志》)。宋武帝刘裕永初元年因此进行减免,"以市税繁苦,优量减降"(《宋书·武帝纪下》),南齐曾对市税征收实行包税制,效果平平,无法革除种种繁杂市税,可见南朝市税之苛重。

北朝市税的课征分为行商和坐商,行商进入市区贩卖货物,每人课一钱之税;坐商,则将店铺分五等课税。孝昌二年"税市,入者人一钱,其店舍又为五等,收税有差"(《魏书·食货志》)。后北朝各代的市税时有兴废。

四、专卖

始于西汉武帝的食盐专卖在东汉和帝时期被取消。到东汉末年曹操重新实行民制官卖的食盐专卖政策。三国时期的食盐专卖,从曹操的势力范围逐步扩大到了吴蜀两国。《三国志·蜀志》记载,"及成都既平,以连为什邡令,转在广都,所居有绩。迁司盐校尉,较盐铁之利,利入甚多,有裨国用。……迁蜀郡太守、兴业将军,领盐府如故";"初先主定益州,置盐府校尉,较盐铁之利,后校尉王连请义及南阳杜祺、南乡刘干等并为典曹都尉"。

西晋沿袭魏国旧制,设有司盐都尉及司盐监丞之官,且定有法禁。《太平御览》记载:"《晋令》曰:凡民不得私煮盐,犯者四岁刑,主吏二岁刑。"东晋时,因江南吴郡海盐(今浙江海盐县)、江北盐城都是重要盐产区,盐税收入很多。至南朝陈,食盐征税:天嘉二年"太子中庶子虞荔、御史中丞孔奂以国用不足,奏立煮海盐赋及榷酤之科,诏并施行"(《陈书·世祖文帝纪》)。

北朝北魏时,由于境内河东郡有盐池,盐利是财政的重要收入,所以一直置官专卖。到献文帝皇兴四年才取消专卖。此后时有兴废:太和二十年"开盐池之禁,与民共之";宣武帝景明四年又"诏还收盐池利以入公";正始三年"诏罢盐池之禁"。永熙以后,北魏分裂为东西二魏,西魏继续实行征税制度,东魏则实行官制官卖制度。东魏孝静帝"于沧、瀛、幽、青四州之境,傍海煮盐。沧州置灶一千四百八十四,瀛州置灶四百五十二,幽州置灶一百八十,青州置灶五百四十六,又于邯郸置灶四。计经岁合收盐二十万九千七百二斛四升。军国所资,得以周赡矣。"(《魏书·食货志》)北齐沿用东魏制度,实行海盐专卖制度,直到武平六年改专卖为征税。北周对食盐实行专卖政策,太祖宇文泰曾设"掌盐",专司盐政。

对于铁矿和铜矿的开采和冶炼,一般规定由政府专营,禁止私人开采,生铁由政府供应,甚至铜矿亦由政府官营。但利之所在,此项常被世家大族所侵占，东晋成帝时曾下令禁止未果。

西汉昭帝在盐铁会议后废酒专卖制而改征酒税，其后魏及南朝，皆沿袭征税制度。《南齐书》称："京邑酒租，皆折使输金，以为金涂。"至陈天嘉二年（公元561年）立榷酤之科，改征税制为专卖制。北朝多禁酒，东魏孝静帝元象元年（公元538年）四月诏开酒禁。北周保定二年以久不雨，在京城三十里内禁酒。

五、其他税收

（一）山林川泽

东晋时期，地方豪强侵占官属的山林川泽与水面，赢利自肥。同样是金银矿，南朝之宋，允许百姓开采银矿，政府征收银矿税。《宋书》记载："郡领银民三百余户，凿坑采砂，皆二三丈。功役既苦，不顾崩压，一岁之中，每有死者。官司检切，犹致逋违，老少相随，永绝农业；千有余口，皆资他食……寻台邸用米，不异于银，谓宜准银课米，即事为便。"而北朝之北魏则是官营："世宗延昌三年春，有司奏长安骊山有银矿，二石得银七两。其年秋，桓州又上言，白登山有银矿，八石得银七两，锡三百余斤，其色洁白，有逾上品，诏并置银官，常令采铸。"（《魏书·食货志》）

除矿藏外，魏晋南北朝时期均有山泽之禁，但并非一律禁采，对于那些允许开采的山泽之利可以纳税以取得开采权。

（二）估税与散估

估税始于东晋，为中国历史上契税之始。东晋时农业进步，手工业发达，商业与交通运输业亦随之发展，城乡交易繁兴。当时对立有文据的大额交易所课之税称为估税；对不立文据的小额交易所课之税称为散估。

据《隋书·食货志》记载，所谓估税，乃"晋自过江，凡货卖奴婢、马牛、田宅有文券，率钱一万，输估（税）四百入官，卖者三百，买者一百"；所谓散估，乃"无文券者，随物所堪，亦百分收四，名为散估"；"历宋、齐、梁、陈如此，以为常"。

（三）桥坝通行税

东晋的通行税本质是道路、桥梁的使用收费，被强制转化为税收。成帝咸康年间东晋政府在首都建康（即今南京）修建了24座浮桥以便利交通，当时称之为桁或航。规模最大的4座桥分别称为朱雀桁、丹杨航、竹格渚航和骠骑航。《晋书》记载：东晋宁康元年"诏除税"，即指宁康元年停止征收了丹杨、竹格等四桁的通行税。

此外，东晋时期还征收同样是使用费性质的牛埭税。坝截江流，通船困难，于是坝上备有水牛，牵(挽)船只过坝。过坝船只，要合理付费，这种过坝使用费，便是牛埭税。《南齐书》记载，"寻始立牛埭之意，非苟逼僦以纳税也……而后之监领者不达其本，各务己功，互生理外，或禁遏别道，或空税江行，或扑船倍价，或力周而犹责"，可见税费设计之初本为便民，却因执行无序变成了扰民。

（四）卖官鬻爵

因财政收入不足，各代多有卖官鬻爵之事。《魏书·食货志》称，北魏庄帝时入粟卖官：输粟八千石，赏散侯；六千石，散伯；四千石，散子；三千石，散男。职人输七百石，赏一大阶，授以实官；白民输五百石，听依第出身，一千石加一大阶；无第者输五百石，听正九品出身。宋明帝时，因军旅大起，国用不足，出卖官爵，自县至三品令史均有价。

（五）牛马税

牛马税是北朝的税种，《魏书·本纪》记载，北魏拓跋嗣永兴五年诏"诸州六十户出戎马一匹"；泰常六年"调民二十户输戎马一匹，大牛一头"；三月，"制六部民，羊满百口输戎马一匹"。

（六）贡献

沿袭汉制，三国行贡献。汉献帝禅位魏文帝登基后，孙权遣使称藩："是岁，魏文帝遣使求雀头香、大贝、明珠、象牙、犀角、玳瑁、孔雀、翡翠、斗鸭、长鸣鸡"，孙权"皆具与之"。（《吴书·江表传》）不仅东吴要向魏进贡，周边少数民族也要向魏国朝贡。"魏兴，西域虽不能尽至，其大国龟兹、于阗、康居、乌孙、疏勒、月氏、鄯善、车师之属，无岁不奉朝贡，略如汉氏故事。"（《三国志·魏书》）甚至倭王也遣使"上献生口、倭锦、绛青缣、绵衣、帛布、丹木、短弓矢"（《三国志·魏志倭人传》）。

两晋南朝时，所谓平民之贡，其实是杂征敛，如梁武帝大同时，"民间诛求万端，或供厨帐，或供厩库，或遣使命，或待宾客，皆无自费，取给于民"（《梁书·武帝下》）；陈朝，"湘川地多所出，所得并入朝廷，粮运竹木，委输甚众；至于油蜜脯菜之属，莫不营办"（《陈书·华皎传》）。据史籍记载，西晋时鲜卑、肃慎、东夷、扶南、林邑、大秦等国及南夷22部不定期来贡献，南朝四代立国有长短，同宋、梁有交往的达20余国。

北朝时期，东北有夫余、勿吉、室韦、契丹、库莫奚，北有柔然、高车、突厥，西北有鄯善、伊吾、高昌、焉耆、龟兹、于阗、渴盘陀、疏勒、乌孙，西部有吐谷浑、宕昌和党项等民族。他们同北朝互通往来，进贡聘问。

北朝同周边各国如高句丽、百济、新罗、日本、大宛、大月氏、波斯、大秦、五天竺等国往来通商，并互有赠赐，特别是高句丽，先后90余次派遣使节到北魏、东魏、北齐、北周王朝的京师进行聘问，贡献珍稀土特产。

(七)杂调

南北各朝，杂调繁多。北魏除常赋之外，有杂调十五。南朝杂调混乱，据《梁书》记载："齐末昏乱，政移群小，赋调云起，徭役无度。守宰多倚附权门，互长贪虐，掊克聚敛，侵愁细民，天下摇动，无所厝其手足。高祖在田，知民疾苦，及梁台建，仍下宽大之书，昏(东昏侯)时杂调，咸悉除省，于是四海之内，始得息肩。"

第三节　三国、魏晋、南北朝时期的财政支出

一、皇室支出

封建皇室的费用支出是历朝历代政府的一项大宗支出，其支出范围一般没有定限，主要包括饮食、被服、车马、器物、医药、娱乐、赏赐，祭祀以及宫室、陵墓建筑等费用。

三国魏文帝曹丕称帝之初尚俭，只营造洛阳宫、凌云台与九华台。至明帝曹叡，"大治洛阳宫，起昭阳、太极殿，筑总章观"，"又简选其有姿色者，内之掖庭""赏赐横兴，内外交引，其费半军"(《三国志·魏书·明帝纪》)。东南的孙吴，初期也较节约，后日趋奢侈，孙皓"后宫之中坐食者万有余人""中宫内竖，分布州郡，横兴事役，竞造奸利"(《三国志·吴书·贺邵传》)。

西晋武帝司马炎初极尚俭约，但天下既定后，耽于游宴，皇室支出日增。《晋书·武帝纪》载，太康二年"诏选孙皓妓妾五千人入宫""营太庙，致荆山之木，采华山之石，铸铜柱十二，涂以黄金，镂以百物，缀以明珠"。

皇室支出中的赏赐各代不尽相同，晋时赏赐较多，其赏赐物品有钱、绢、布、帛、棉、谷、田、园、牛、马、酒等。齐梁陈三朝亦有赏赐，但为数不多。

北魏皇室的祭祀用费与营造宫殿费用巨大，《魏书·高允传》记载"天兴四年……五月，起紫极殿、玄武楼、凉风观、石池、鹿苑台"，文成帝兴安时，"建国已久，宫室已备，永安前殿足以朝会万国，西堂温室足以安御圣躬，紫楼临望可以观望远近""计斫材运土及诸杂役须二万人；丁夫充作，老小供饷合四万人，

半年可讫"。

北齐幼主,人称无愁天子,《北齐书·后主纪》记载,"宫掖婢皆封郡君,宫女宝衣玉食者五百余人,一裙直万匹,镜台直千金,竞为变巧,朝衣夕弊。承武成之奢丽,以为帝王当然。……更增益宫苑……百工困穷,无时休息。凿晋阳西山为大佛像,一夜然油万盆,光照宫内。……劳费亿计,人牛死者不可胜纪。……狗则饲以梁肉。马及鹰犬乃有仪同、郡君之号……特爱非时之物,取求火急,皆须朝征夕办,当势者因之,贷一而责十焉"。

南朝陈后主有过之无不及,《陈书·后主沈皇后》记载,"至德二年,乃于光昭殿前起临春、结绮、望仙三阁,高数十丈,并数十间。其窗牖、壁带、县楣、栏槛之类,皆以沈檀香爲之,又饰以金玉,间以珠翠,外施珠帘。内有宝床宝帐,其服玩之属,瑰丽皆近古未有"。

二、军费

三国、魏晋、南北朝时期兵戎相见,战争频繁,致百姓死伤无数。魏制略如汉制,荆州大战时曹操的军队应有数十万之众,蜀国百姓不足 100 万,养兵 12 万;吴国人口仅 200 余万,晋武帝平吴时,接收的吴兵即有 23 万。故魏、蜀、吴三国各拥有兵卒数十万,各国已聚有的资财,多为战争所耗费。《三国志·魏书·武帝纪》记载:"自遭荒乱,率乏粮谷。诸军并起,无终岁之计,饥则寇略,饱则弃余,瓦解流离,无敌自破者不可胜数。"

西晋立国后大大加强了诸侯的兵力:"武帝受禅之初,泰始元年,封建子弟为王二十余人,以郡为国。邑二万户为大国,置上中下三军,兵五千人;邑万户次国,置上军下军,兵三千人;邑五千户为小国,置一军,兵千五百人。王不之国,宫于京师……大国中军二千人,上下军各千五百人,次国上军二千人,下军千人。"(《文献通考·兵考》)太康元年,"帝诏天下罢军役,示海内大安,州郡悉去兵,大郡置武吏百人,小郡五十人"(《晋书·山涛传》)。东晋兵制废弛,遇有战事就地征发。桓温的几次北伐,就是因军粮不足而不得不退兵。

南北朝时期军队多属临时招募,宋武帝刘裕时,国家财政尚能维持正常军费开支,至文帝元嘉二十七年,因军费浩繁,财政无法支付,不得不减俸加赋以充军用。至陈代梁以后,战事亦趋激烈。《陈书·世祖纪》载,"兴师已来,千金日费,府藏虚竭,杼轴岁空"。

北魏之初,全民皆兵,直至皇始二年十月,攻下中山以后,才正式建立军队。《魏书·杨椿传》载:"凡有八军,军各配兵五千,食禄主帅军各四十六人。

自中原稍定，八军之兵，渐割南戍，一军兵才千余，然主帅如故，费禄不少。椿表罢四军，减其帅百八十四人。"

三、俸禄

魏晋、南北朝时期官吏的俸禄，因各代国家财力和官吏的多少而有所不同。魏曹芳时，冗员大增，"郎官及司徒领吏二万余人，见在京师者尚万人"（《三国志·魏书·王朗传附王肃》注引《魏略》）；蜀有官吏四万人；吴有官吏三万二千人。三国时官吏多而税赋少，故多薄俸，"将吏奉禄，稍见折减，方之于昔，五分居一"（《三国志·魏书·高堂隆传》）。

《通典》记载，晋有内官6 836人，宋有6 172人，齐有2 103人；北朝方面，北魏有7 764人，北齐有2 322人，北周有2 989人。由于被称为外官的州郡县吏，一般为内官数的五六倍，因此可推测全国官额为上万，其财政支出为数可观。

晋初承魏制实行薄俸，晋武帝泰始三年始加官俸。晋代的俸禄支出，包括食俸、绢、绵等项均为实物支出，《文献通考·职官考》载："晋制诸公及开府位从公有品秩第一，食俸日五斛，给绢春百匹，秋二百匹，绵二百斤；特进食俸日四斛，春赐绢五十匹，秋绢百五十匹，绵一百五十斤；光禄大夫食俸日三斛，春赐绢五十匹，秋百匹，绵百斤；尚书令食俸月五十斛，春月三十匹，秋七十匹，绵七十斤；太子太傅、少傅，食俸日三斛，春赐绢五十匹，秋百匹、绵百斤。"

南朝依魏、晋旧典，百官俸禄时断时续，无有定准，并且在百官俸给中开始有货币为俸。

《魏书·食货志》载北魏自太祖建国到太和八年以前，百官无俸，靠战争俘获来的财物分赏官兵。太和八年六月始颁禄，诏户增调三匹，谷二斛九斗，以为官司之禄，"每季一请"。于是内外百官受禄有差：皇室子弟受封者"岁禄各有差"；地方官员"议定州郡县官依户给奉"。拨付土地做地方官员俸禄之用："诸宰民之官，各随地给公田，刺史十五顷，太守十顷，治中、别驾，各八顷，县令、郡丞六顷。更代相付，卖者坐如律。"这种给田就是后世所谓职分田或公廨田的开始。北齐以绢定禄，最高一品官每年给绢800匹，其最低之从九品官给绢24匹。同时，也给一定量的公田，从一品到九品，随职位高低不同。后周则以谷定禄，公为10 000石，卿为4 000石，大夫为250石，士为125石。

四、赈恤

魏晋南北朝时期,战争不断,灾荒频现,百姓生活困苦之极。各朝政府均有不同措施救济赈恤,包括存问高年,救助贫弱,赈济灾荒,直接发放五谷,救济百姓。如曹操曾下令:"去冬天降疫疠,民有凋伤,军兴于外,垦田损少,吾甚忧之。其令吏民男女:女年七十已上无夫子,若年十二已下无父母兄弟,及目无所见,手不能作,足不能行,而无妻子父兄产业者,廪食终身。幼者至十二止,贫穷不能自赡者,随口给贷。老耄须待养者,年九十已上,复不事,家一人。"(《三国志·魏书·武帝纪》)。此后对受灾之民的赈贷,对鳏寡孤独的抚恤,对灾贫者的救济,魏、蜀、吴三国多有举行。

南朝梁武帝曾在各郡县推行养老育幼制,《梁书·武帝下》载:"凡民有单老孤稚不能自存,主者郡县咸加收养,赡给衣食,每令周足,以终其身。又于京师置孤独园,孤幼有归,华发不匮,若终年命,厚加料理。"

此外还有蠲免,以及对受灾地区减免租税。如《文献通考》记载:"魏陈留王景元四年,取蜀,赦。益州士民,复除租税之半""晋武帝泰始元年受禅,复天下租赋及关市之税一年,逋债宿负皆勿收"。每逢国家举行盛典或皇帝巡幸时,均颁大赦,增文武百官位,赐鳏寡孤独米、谷、帛等物。

五、经济建设支出

(一)漕运与水利

三国在运渠方面,陶元珍所著的《三国食货志》载,魏有睢阳渠、泉州渠、淇水新道等河道。孙吴在赤乌四年凿东渠将玄武湖水注入秦淮河;八年开凿破冈渎,将秦淮河连接起来再引破冈渎水到云阳,成了后来南朝用作转运的主要内河航道。三国时期蜀汉为保护其"国之所资"的都江堰,诸葛亮"以征丁千二百主护之",使其"水旱从人"。曹魏为屯田积谷,大兴水利,在今河南、河北、安徽、陕西等省境内,大修水利,溉田种稻。当时芍陂灌溉面积达数万顷之多。以后两晋、南朝,多有维修和扩展。

《古今图书集成·食货典·漕运部》记载西晋"武帝泰始十年凿陕南山,决河东注洛,以通漕运"未成,后"太康元年开扬口以通零桂之漕","惠帝永宁元年漕运南方米谷,以济中州"。王仲荦的《魏晋南北朝史》载:到南齐时,基本形成了长江及其支流赣江、沔江(汉水)、湘江等水路交通及三吴平原的运河网络。从而出现了南朝"战舰数百千艘""船只载重二万斛"的繁荣景象。

北朝亦有大规模交通兴建,北魏拓跋珪天兴元年"发卒万人治直道,自望都铁关凿恒岭至代五百余里"(《魏书·太祖纪》)。北魏宣武帝时,"议修汴、蔡二渠以通边运"(《魏书·崔亮传》)。

(二)屯田

屯田的目的是增加国家财政收入,但在开办之初,常表现为支出。其支出的项目,主要为耕牛、种子、水利等。曹操许下屯田,在开办之初大兴水利,如子午渠、贾侯渠等。在屯田区,政府需准备耕牛,屯兵以使用耕牛为标准输纳租谷,称"计牛输谷"。晋羊祜初垦八百余顷,杜元凯开渠千里,也是以财政支出为代价推动农业增加收入的。北魏孝文帝时别立农官,取州郡1/10的土地作为屯田之用,由政府财政提供耕牛,募民耕种。北齐为营屯田,设置都子使掌管,并提供耕牛、种子,募民耕种。

六、教育支出

《三国志》中记载,曹操建安八年时"令郡国各修文学,县满五百户置校官,选其乡之俊造而教学之,庶几先王之道不废,而有以益于天下"(《三国志·魏书·武帝纪》);后曹丕于黄初五年下令在洛阳设立太学,制定五经课试的方法;其他如招牵"为雁门太守,简选有才识者诣太学受业,还相授教,数年庠序大兴";徐邈为凉州刺史,"立学明训",致"风在大行"。

西晋武帝初,即有太学生三千人,泰始八年有司奏太学生七千余人。咸宁二年设立国子学,定置国子祭酒、博士各一人,助教十五人,以教生徒,这是中国封建时代设立国子学的开始。晋武帝还继承曹魏制度,设立太学,河南洛阳出土的晋武帝《三临辟雍碑》文载:其时已"廓开太学,广延群生,天下鳞萃,远方慕训,东越于海,西及流沙,并时集至,万有余人"。这种太学与国子学的分立,促进了教育的发展,更重要的是士庶的分立(一则专收六品以下官员子弟入学,一则专收五品以上官员子弟入学),创造了国子学与太学的双轨制度。

南朝的教育受战争时局影响,时兴时废,南朝宋文帝元嘉十五年在京师开设的"四学馆"(指玄、史、文、儒),为中国最早的单科大学。宋明帝泰始六年设立的"总明观",梁武帝大同七年设立的士林馆,是具有学术研究性质的机构。

北朝从登国元年起定都平城(今山西大同)以及太和十九年迁都洛阳以后,先后相继建立了太学、国子学以及乡学。

第四节　三国、魏晋、南北朝时期的财政管理及胡汉分配的沿袭

一、管理机构与制度

三国至南北朝时期，中国处于分裂割据状态，战争频发。因此，国家机构、人员的设置，制度的制定，或依旧制，或临时因事设官。在财政机构方面，名称虽有不同，而职能却基本相似。

东汉末自建安十三年，罢三公官，置丞相、御史大夫，曹操自为丞相，并实行尚书、中书、门下三省，制度为之一变。尚书省自曹魏以后从少府卿独立出来，官制历魏晋南北朝，没有多大的变更。

魏国掌管国家财政的为度支尚书，据《宋书·百官》记载："魏有吏部、左民、客曹、五兵、度支五尚书。"又据《册府元龟·四八三·邦计部》记载："魏大司农因汉之制，又置典农中郎将，主屯田。典农都尉、典农校尉，所主如中郎。"蜀、吴多如旧制，吴孙休时，户部尚书主算计。

西晋置金部、仓部、度支、都官、左民、右民、虞曹、屯田、起部、库部等曹郎，后又置运曹，又设置有大司农、少府。其库藏分为钱、谷二部，少府统中黄左右藏等令，为受银之官；大司农统太仓等令，为受粟之官，由太仓令总管仓储。郦道元《水经注》引《洛阳地纪》说："大城东有太仓，仓下运船常有千计。"

南朝齐、梁度支尚书领度支、金部、仓部、起部四曹，以及常平、平准等官。北魏亦设有度支尚书，掌度支。《册府元龟》载："度支尚书之属统度支掌计令，凡军国损益及军役粮廪事；仓部掌诸仓帐出入事；左户掌天下计帐户籍等事；右户掌天下公私田宅租调等事；金部掌权衡度量内外诸库藏文帐等事。"北齐的财制亦如北魏。可见北魏和北齐的度支尚书，不仅总摄国家的财政大权，并兼管农田水利与人口户籍，实属民财兼管。

北周提倡汉文化，以"复周礼"为名，与北魏、北齐均不相同，据《文献通考》载："置大司徒卿一人，如周礼之制。其属有民部中大夫二人，掌承司徒教，以籍帐之法，赞计人民之众寡。"

二、国库管理

关于国库管理，北魏、北齐、北周皆为太府所掌管，北魏设太府卿一人，太

府少卿一人，掌财物库藏。后周太府有中大夫，掌贡赋货贿，以供国用，属大冢宰。又有外府上士、中士二人，掌绢、帛、丝、麻、钱、物、皮、角、筋、骨之属。掌谷粟收纳之官，北魏有大司农，北齐有司农寺，北周则有司农上士，其官称不管如何变化，皆不离"司农"二字，完全因袭了西周以来的文化思想。

第六章 隋唐时期的财政与国家财富分配

开篇导言

　　隋、唐两代,是中国历史上封建社会的鼎盛时期。在此时期内,国家统一,疆域辽阔,民族融合,经济发展,文化繁荣,是继汉代之后,中国作为统一的多民族国家壮大、发展的又一重要历史阶段。这一历史时期的中国国力强盛,是亚洲诸国经济文化交流的桥梁和中心,在东西方交往中发挥了极其重要的作用。隋唐时期的中央集权体制较前代更为完善和加强,魏晋南北朝以来的民族文化环境破坏了传统的中国社会,世家大族衰颓没落,地主阶级的经济基础和政治势力空前发展,中国处于古代社会由前期向后期转折的关键时期,各项制度不断变革更新。

　　唐朝中期以后,盛极而衰,藩镇割据,出现了很多萌芽状态的新事物,对此后千余年的历史发展产生了深远的影响。从"租庸调"到"两税法"的变化,不仅是唐代赋税制度上的改革,也是中国古代税制由"从丁而税"到"从产而税"的滥觞。宋代的两税、明代的一条鞭法、清代的摊丁入亩,都是唐代"两税法"的继续和发展。

第一节　隋唐时期的时代背景

一、隋代的社会经济背景

隋文帝杨坚,北周军事贵族,公元581年废周自立,建立隋朝,标志着中国在经过近400年的分裂后再次统一。隋文帝具有汉族与鲜卑族的混合血统,获得了胡汉各方的支持,建隋后着手统一大业,于开皇九年(公元589年)最终征服了南方的陈朝,结束了东汉末年以来的大分裂局面,恢复了中国的大一统局面。

杨坚推行廉洁政治,遏制财政开支,减轻了百姓的赋税负担。《隋书·帝纪·高祖下》记载他:"躬节俭,平徭赋,仓廪实,法令行,君子咸乐其生,小人各安其业。"他实施温和政治,强调法律要宽轻、疏简,建立隋朝后,更定新律,废除鞭刑、枭首、车裂等酷刑;开皇三年编定《开皇律》,总结汉魏律法,在北齐律基础上进行补充调整,形成完整的体系,成了此后中国封建社会历朝立法的基础,并对中国周边国家的立法也产生了一定的影响。

隋朝建立后,进行了一系列加强中央集权的变革。

第一,建立三省六部行政制度。开皇元年恢复汉制,中央设立内史省(即中书省)、门下省、尚书省作为最高政务机关。内史省是决策机构,门下省是审议机构,尚书省是行政机构。尚书省下设掌握官吏选拔的吏部、掌握国家礼仪的礼部、掌握军事的兵部、掌握刑法的都官部(刑部)、掌握户口及钱谷的度支部(民部)、掌握工程营建的工部。这套三省六部的中央政权体制,一直为后世所沿用。

第二,精简机构。文帝平陈后,在全国范围内实行了州县两级制。隋炀帝大业三年改州为郡,把州县制恢复为秦汉的郡县制。至隋炀帝时,全国已精简地方机构达40%,存郡190个,县1 255个。

第三,地方官任命权收归中央。为削弱门阀氏族对地方政权的影响,隋废除了地方长官辟举本地人士担任官吏的制度,明确规定九品以上地方官一律由尚书省所属吏部任免,每年由吏部进行考核,把官吏的任用权集中到中央。

第四,推行科举制。隋朝废除了按照门第高低选用官吏的九品官人法,代之以科举制,通过考试来选拔人才。科举选官制度的建立,开创了公平、公正的文官考试制度,经过唐、宋、元、明的持续发展,一直沿用到清末,直至公元1905年才被废除。

第五,实行户籍制。开皇二年,隋文帝以北齐、北周旧制为基础,制定户籍新法,把人口按年龄区分为黄、小、中、丁、老五类,并承担不同的赋役。为了推动户籍制度的落实,隋文帝于开皇三年发动了"大索貌阅",进行人口普查,清查隐漏户口(隋代称"检括");清查逃避赋税者;把血缘关系在堂兄弟以下者从户籍中分离出来,使大户分析为小户,增加赋役的承担对象。经过多年检括,到开皇九年,隋朝旧境之内的民户由隋初的四五百万户增加到六七百万户,隋炀帝大业二年又增加到1 890万户,使隋王朝的国家财政收入有了坚实的基础和保障。

隋炀帝杨广于公元604年继位,改年号为大业。杨广在征南战争中为巩固对南方的统治,推动新建了一个足以取代建康(今南京)的政治、文化、经济中心——江都。杨广即位后倾全力营建东都洛阳、开凿以洛阳为中心的大运河以及经营西域,希冀通过这一系列举措,巩固政权,扩大影响。经过文帝、炀帝两代的发展,大业前期隋朝进入了极盛时期。《文献通考》记载:"古今称国计之富者莫如隋。"隋炀帝才华横溢但自负,好大喜功,炫耀国威,滥用民力,引发了全国的反抗。武德元年(公元618年)被禁军将领宇文化及发动兵变处死,隋代如强大的秦代一样,二世而亡,立国仅37年。

二、唐代的社会经济背景

唐承隋制,历史上的唐朝是作为隋王朝的继承者出现的。

唐太宗即位后,便宣布"去奢省费,轻徭薄赋,选用廉吏,使民衣食有余"(《资治通鉴·唐纪八》)。唐沿袭隋朝的三省六部制,又设置御史台,掌纠察、弹劾事宜,改郡县制为州县制,贞观时分天下为15道,道遂成为行政单位,强化了中央集权,有利于国家统一。太宗重视农业,认为"国以农为本,人以衣食为本,凡营衣食,以不失其时为本"(《贞观政要·论务农》)。为了发展农业,政府大力推动改革农业生产工具,兴修水利,同时发展手工业和商业。经过不断的努力,贞观二十三年间,出现了天下大治,"自贞观以后,太宗励精为理。至八年、九年,频至丰稔,米斗四五钱,马牛布野,外户动则数月不闭。至十五年,米每斗值二钱"(《通典·卷七》)。

公元712年唐玄宗李隆基继位,他在开元年间兢兢业业,励精图治,政治清明,社会安定,促进了经济的迅速发展,开创了著名的"开元盛世"。唐代在武德中期,全国在籍编户仅 200 万户,贞观初期也不满 300 万户,不及隋朝最高户数的 1/3;到开元二十八年增至 841 万户、4 814 万口;天宝十三年又增至 906.9 万户、5 288 万口。武德、贞观时期,"土旷人稀""率土荒俭";到开元、天宝时期,"耕者益力,四海之内,高山绝壑,耒耜亦满,人家粮储,皆及数岁,太仓委积,陈腐不可较量"(《元次山集·卷九》),耕地面积几近 8 亿亩。天宝八年中央政府直属的北仓、含嘉仓,储存粮食达 1 245 万石。据《新唐书·食货志》记载:"是时,海内赋实,米斗之价钱十三,青、齐间斗才三钱,绢一匹钱二百。道路列肆,具酒食以待行人,店有驿驴,行千里不持尺兵。"历经太祖、太宗至玄宗数代人的努力,唐代国力达到了鼎盛时期。

唐初,为了强化中央集权,巩固边境,朝廷执行了"不久任,不遥领,不兼统"的节度使制度,不委任蕃将为统帅镇守边陲,牵头抵御外敌的节度使也由文官担任。至玄宗天宝、开元年间,国力鼎盛,但与此同时,朝廷上下趋炎附势,吏治腐败,节度使制度被破坏,政治经济开始盛极而衰。天宝十四年十一月,蕃将节度使安禄山率领 15 万大军,从范阳起兵叛乱,仅 34 天就攻陷洛阳。安史之乱带来了巨大破坏,中原地区经济急剧衰落,是唐朝由盛转衰的转折点,藩镇割据局面以此为契机形成了不可逆转之势。

三、隋唐的土地制度

隋唐土地制度也承袭北周制度,继而推广全国。

(一)隋代的均田制

隋文帝杨坚于立国之初开皇元年(公元 581 年)即颁布新令,继续推行北朝的均田制。《隋书·食货志》记载文帝:

> 及颁新令。制人五家为保,保有长。保五为闾,闾四为族,皆有正。畿外置里正,比闾正,党长比族正,以相检察焉。男女三岁已下为黄,十岁已下为小,十七已下为中,十八已上为丁。丁从课役。六十为老,乃免。自诸王已下,至于都督,皆给永业田,各有差。多者至一百顷,少者至四十亩。其丁男、中男永业露田,皆遵后齐之制。并课树以桑、榆及枣。其园宅,率三口给一亩,奴婢则五口给一亩。……京官又给职分田。一品者给田五顷。每品以五十亩为差,至五品,则为田三顷,六品二顷五十亩。其下每品以五十亩为差,至九品为一顷。外官亦各有职分田,又给公廨田,以供公用。

可见隋代的均田制首先区别不同年龄大小来确定劳动力的纳税能力。丁男及中男依照北齐旧制分给耕地,一夫授露田80亩,妇人40亩,永业田栽桑、榆及枣。同时根据家中人口数分给园宅地,每3口分一亩,奴婢每5口分一亩。贵族官员不同于普通百姓,令有田制,永业田从100顷至40亩不等。另外官吏还按品级不同分配职分田,各政府衙门则分配公廨田作为行政经费之用。

隋代的均田制优先保证了王公贵族及官僚地主阶级的经济利益,所授田数最高为普通农户(夫妻)的720倍。如按庶族地主算,户授田140亩,牛4头合240亩,奴60人授田3 600亩,合计3 980亩,亦为普通农户的28倍。同时隋代均田制允许桑田买卖,即一定范围内允许土地私有制的存在。均田制在隋以前只在土旷人稀的北朝实行,隋代以后才推行到全国各地,其制度由北魏、北齐、北周一路演化而来。到了唐代,才进一步在隋的基础上,建立了更为完备的均田制与租庸调法。

(二)唐代的土地制度

唐高祖于武德七年颁布新律令,《新唐书·食货一》记载唐代的均田法:

> 唐制:度田以步,其阔一步,其长二百四十步为亩,百亩为顷。凡民始生为黄,四岁为小,十六为中,二十一为丁,六十为老。授田之制,丁及男年十八以上者,人一顷,其八十亩为口分,二十亩为永业;老及笃疾、废疾者,人四十亩,寡妻妾三十亩,当户者增二十亩,皆以二十亩为永业,其余为口分。永业之田,树以榆、枣、桑及所宜之木,皆有数。田多可以足其人者为宽乡,少者为狭乡。狭乡授田,减宽乡之半。其地有薄厚,岁一易者,倍受之。宽乡三易者,不倍授。工商者,宽乡减半,狭乡不给。凡庶人徙乡及贫无以葬者,得卖世业田。自狭乡而徙宽乡者,得并卖口分田。已卖者,不复授。死者收之,以授无田者。凡收授皆以岁十月。授田先贫及有课役者。凡田,乡有余以给比乡,县有余以给比县,州有余以给近州。……自王公以下,皆有永业田。

贵族官吏亦均分配永业田,《唐六典·尚书户部》记载凡官人受永业田:"亲王一百顷,职事官正一品六十顷,郡王及职事官从一品五十顷,国公若职事官正二品四十顷……云骑尉、武骑尉各六十亩。其散官五品已上同职事给。"京师内外各官署,设公廨田充用。多者二十六顷,少者只有二顷。在外诸公廨田,"大都督府四十顷,中都督府三十五顷……诸军上折冲府兵曹各二顷,中府、下府各一顷五十亩。其外军校尉一顷二十亩,旅帅一顷,队正、副各八十亩"(《唐六典·尚书户部》)。内外官又各给职分田。武德元年十二月:"京官一品十二顷""九品二顷五十亩"(《唐会要·内外官职田》)。

综上所述,唐代均田制之田有园圃、园宅地与谷田之分,前二者为永业田(限 20 亩),后者为口分田;授田对象除丁男外,寡妻妾可以分得少量田,工商、贱民亦均可分得多少不同的土地;分田的多少,视家庭人口数量、劳动力的强弱,与所在地(乡)的土地宽狭而变化。可见,唐代的均田制是按照田的用途、授田的对象、劳动力多寡和当地土地拥有情况四个原则进行授田的。均田制的收授土地皆定于农历十月,即秋收后进行。授田时贫者、课役者以及多丁之户有优先权。授田原则上在本县界内,但狭乡田有不足时,可在宽乡授田。死者之口分田,由国家收回授予无田者,但对府兵军人则予以优待。土地原则上禁止买卖、贴赁及质押,只有极少特殊情况例外且需取得官府许可。1966 年在吐鲁番的阿斯塔那—哈拉和卓地区发掘的唐代古墓葬出土了大量的汉字文书、抄件记录,展现唐朝政令在"西域"的施行。其中贞观十四年(公元 640 年)的"安苦知延手实"(户籍册),记录了安苦知延家的成员、地亩,可识别部分有文字标注全家"合受田八十亩,六亩半已受,七十三亩半未受",并列地亩、位置(已残)。这反映了唐代初置西州就已编户计账,推行"计口授田"的均田制。还有麟德二年(公元 665 年)"牛定相辞",提"口分部(田)""死退"事,表明授田区分"口分",相对的当有"永业",口分田在受田者死后要退还政府。[1]

隋唐的均田制有效地解决了民不着地的情况,将劳动力与土地结合起来,全国耕地迅速增长。但随着土地的垦辟,人口亦快速增加,开元十四年管户 706.9 万,管口 4 141.9 万;天宝元年(公元 742 年)管户 834.8 万(一说为 852.5 万),管口 4 531.1 万(一说为 4 890.9 万),已接近于隋朝极盛时的户口了。人口的迅速增加,土地额数普遍不足,于是开垦愈烈,伴随而来的是严重的土地兼并。至唐中叶以后,均田制被破坏殆尽,以均田制为基础的租庸调制也就维持不下去了。

第二节 隋代的财政收支

如前述,隋代的土地制度是均田制,其租庸调制,即是建立在均田制基础

---

[1] 吐鲁番县阿斯塔那—哈拉和卓古墓群清理简报[J]. 文物,1972(01):8—29.

上的税收制度。

一、财政收入

《隋书·食货志》记载："开皇三年正月，（文）帝入新宫。……先是，尚依周末之弊，官置酒坊收利，盐池盐井，皆禁百姓采用。至是罢酒坊，通盐池盐井与百姓共之，远近大悦。"隋朝废除了盐酒专卖，国用所资，惟赖租调。也就是说，朝廷财政收入的主要来源是立足农业的租庸调。

（一）租庸调

《隋书·食货志》记载，隋文帝开皇元年，"颁新令，制人五家为保，保有长；保五为闾，闾四为族，皆有正。……丁男一床，租粟三石。桑土调以绢絁、麻土以布。绢絁以匹，加绵三两；布以端，加麻三斤；单丁及仆隶各半之。未受地者皆不课。有品爵及孝子顺孙义夫节妇，并免课役"。同时还有充作俸禄分配给内、外官的职分田，其职田多少，视品级高低而定。"供公用"的公廨田，其田租收入，作为各级官府办公经费和福利支出。

开皇三年"初令军人以二十一成丁。减十二番每岁为二十日役"（《隋书》），即改定军人以21岁为丁；服役期限，由原来的每丁每年服役一个月改为20天。

（二）贡献及屯田

史载隋代周围诸如高丽、百济、倭、赤土、迦罗舍国、契丹、突厥、吐谷浑、高昌、党项羌、靺鞨、奚、室韦等国家或民族，均不定期向隋王朝贡献方物。炀帝即位后，除了按规定定期贡献地方特产外，又宣布还有在有重大活动时的临时索贡。

开皇初，突厥、吐谷浑寇边，多次发生军事冲突，军粮物资转运频繁，于是文帝于长城北大兴屯田；又于河西立堡，营田积谷以供军需。炀帝大业时，亦先后于西海、鄯善、且末和辽西柳城开屯田。

二、财政支出

（一）皇室支出

隋初，文帝提倡节俭，反对奢华；至炀帝则好大喜功，大肆铺张，挥霍无数。

1. 游幸

《隋书·炀帝纪》载，炀帝为了"观省风俗"，经常游幸各地视察。在位12年，三游江都，四巡边地，游幸时间占了11年。每出巡，侍从甚众，而以三次游巡江都(今扬州)为最。

《资治通鉴》记载,大业元年(公元605年)八月,炀帝游幸江都,备船数千艘,除炀帝本人外,还有皇后、后宫、诸王、公主、百官、僧尼、道士、蕃客随从;且携带有内外百司供奉之物,所用挽船民夫8万余人。另外还有兵船数千艘,分十二卫兵拱卫。一路上,"舳舻相接二百余里……所过州县,五百里内皆令献食,多者一州至百舆,极水陆珍奇"(《资治通鉴·隋纪四》)。从江都回来,由陆路到洛阳,"役二十余万人,用金银钱物巨亿计"(《隋书·何稠传》)。

2. 宫殿营造

《隋书·食货志》记载,隋文帝开皇十三年,在今陕西凤翔北筑仁寿宫,"营构观宇,崇台累榭,宛转相属",丁夫死者数万人。隋炀帝即位后,令人"往江南诸州采大木,引至东都。所经州县,递送往返,首尾相属,不绝者千里"。大业元年,造显仁宫,发大江以南、五岭以北奇材异石运洛阳;是年,又筑离宫40余所。直至隋末大业十二年仍在大兴土木,在毗陵(今江苏常州)建造比东都西苑更壮丽的宫苑。

3. 俸禄

隋初,简并州郡,定三省六部九寺五监官制。《通典》称,隋的官员总数为12 576人,其中京官2 581人,地方郡县官9 995人。隋代百官俸禄标准禄米:正一品900石,逐级减少,至从八品为50石。百官禄米,分夏秋二季发给。刺史、太守、县令,则计户而给禄,各以户数多少分为九等。同时明确规定:"食封及官不判事者,并九品,皆不给禄"。

4. 军事支出

隋朝实行府兵制,财政所承担的仅为国防建设和战争经费。

隋代国防工程,主要为修筑长城。隋时北方的突厥族日渐强大,东北的契丹亦已兴起,不得不筑长城以巩固国防。《隋书·高祖帝纪》记载,文帝开皇元年"发稽胡修筑长城,二旬而罢";开皇五年于朔方、灵武筑长城,长七百里;开皇六年,发丁五十万,在朔方东沿边险要处筑城数十;同年"发丁男十一万,修筑长城,二旬而罢";开皇七年"发丁男十万余,修筑长城,二旬而罢"。《隋书·炀帝纪》载,隋炀帝时两次修筑长城:大业三年"发丁男百余万,筑长城,西距榆林,东至紫河,一旬而罢,死者十五六";大业四年"发丁男二十余万,筑长城,自榆林谷而东"。

除国防支出外,还有战争经费。史载开皇二年,突厥王可汗率40万众入长城,武威、天水、金城、上郡、弘化、延安六郡损失最重,牲畜被抢一空,隋军数次回击,双方互有胜负。隋与高丽的战争,也先后进行过多次。大业八年正月,动用水陆两军出征高丽,总兵力不计水军共113万余人,对外号称200万众,"轴胪百里,并载军粮",以失败告终;九年、十年,又连续发兵攻击,均以议和告终。

5. 水利交通

隋代陆路交通建设,主要是在大业三年,发河北丁男凿太行山,以通驰道。

隋代水利建设的最大工程为运河。隋开皇四年(公元584年),为便漕运,隋文帝命宇文恺率众开广通渠。全渠自都城大兴(今西安)东至潼关,接黄河,长达300里。开皇七年夏四月,于扬州开山阳渎,以通漕运。开皇十五年,为打通航道,凿砥柱;仁寿四年(公元604年),炀帝"发丁男数十万掘堑,自龙门东接长平、汲郡,抵临清关,度河至浚仪、襄城,达于上洛,以置关防"《资治通鉴·隋纪四》)。

《隋书·炀帝纪》载,大业元年(公元605年),在建设东都洛阳的同时,为了便于粮物转运,又以洛阳为中心,配套开凿、修浚了通济渠、和沟、江南运河、永济渠四条河渠。大业元年三月,发河南诸郡男女百余万,开通济渠。"自洛阳西苑引谷、洛水达于河,自板渚引河入汴口,又从大梁之东引汴水入于泗,达于淮,自江都宫入于海。"同年发淮南民十余万开凿邗沟,自山阳(今江苏淮安)至扬子(今江苏仪征)入江。大业六年冬十二月,下令挖江南河,"自京口(镇江)至余杭(杭州),八百余里,广十余丈,使可通龙舟"(《资治通鉴》)。大业四年春正月,"诏发河北诸郡男女百余万开永济渠,引沁水,南达于河,北通涿郡"(《隋书》)。炀帝时期所开凿的这四段运河,沟通了海河、黄河、淮河、长江和钱塘江五大水系,经河北、河南、江苏、浙江等数省,全长5 000余华里,是世界上开凿最早、航程最长的人工运河。运河的开通,不仅有利于政治上巩固统一局面,而且对南北的经济和文化交流,起到了不可估量的重要作用。

6. 科举、赈给和赏赐

《旧唐书》载,隋开皇中明经举,这是中国科举选士之始。《通典》称大业三年(公元607年),隋炀帝始设进士科,从此中国有了科举选官制度及支出。

在教育方面,文帝于仁寿元年五月,下诏废除太学、四门学及州县学,只有国子学留学生70人,七月改国子学为太学。

在科学文化方面,文帝开皇年间,发明雕版印刷;星历学家耿询,发明了用水转动的浑天仪。

在赈灾救助方面,逢凶荒之年,隋朝廷皆令减免田租,或开仓赈给。《隋书》称，开皇五年，"关中连年大旱，而青、兖、汴、许、曹、亳、陈、仁、谯、豫、郑、洛、伊、颍、邳等州大水，百姓饥馑。高祖乃命苏威等，分道开仓赈给。又命司农丞王禀，发广通之粟三百余万石，以拯关中，又发故城中周代旧粟，贱粜与人。买牛驴六千余头，分给尤贫者，令往关东就食。其遭水旱之州，皆免其年租赋。十四年，关中大旱，人饥。上幸洛阳，因令百姓就食。从官并准见口赈给，不以官位为限"。

出于巩固统治的需要，隋朝廷对有功之臣的赏赐丰厚，文帝统治前期，每年仅赏赐绢帛，就高达数百万段。《隋书》记载开皇九年灭陈统一全国时，隋文帝杨坚亲临京城朱雀门慰劳凯旋的将士，并举行庆赏。"帝御广阳门，宴将士，自门外夹道列布帛之积，达于南郭。班赐各有差，凡用三百余万段。故陈之境内，给复十年，余州免其年租赋。"可知除了赏赐还有税赋徭役的减免。

第三节 唐代的财政收入

唐自武德至开元、天宝的100多年间，虽时有内部流血斗争，同边境各民族也时有战争发生，但总体来说社会稳定，农业发展迅速，手工业有显著进步，商业日益繁荣，整个社会经济得到有效发展。

一、唐前期的财政收入

由于隋末的暴政，农业破坏严重，数十年时间都难以恢复。到高宗显庆年间王朝立国已四十余年，但中原一带还是"田地极宽，百姓太少"，田多人少，故有田可均。唐初统治者执行重农、护农的国策，在赋税制度上依隋旧制，工商无税，财政收入主要来自农业和农民，即租庸调。但据史料记载，仍有诸多问题未能解决，同时存在土地兼并与受田不足的现象。开元二十五年，重申均田令。内容规定比前更细、更具体化，便于操作；对因公致伤残或死亡者，也多有照顾；对官员授田条件更宽，且买卖田地的条件也更宽松。

（一）田赋——租庸调制

唐代沿袭隋代均田、租调制度。武德七年颁令，"凡授田者，丁岁输粟二斛，稻三斛，谓之租。丁随乡所出，岁输绢二匹，绫、绝二丈，布加五之一，绵三两，麻三斤，非蚕乡则输银十四两，谓之调。用人之力，岁二十日，闰加二日，不役者日为绢三尺，谓之庸。有事而加役二十五日者免调，三十日者租、调皆免。

通正役不过五十日"(《新唐书·食货一》)。又有特殊的减免规定："太皇太后、皇太后、皇后缌麻以上亲,内命妇一品以上亲,郡王及五品以上祖父兄弟,职事、勋官三品以上有封者若县男父子,国子、太学、四门学生,俊士、孝子、顺孙、义夫、节妇同籍者,皆免课役。凡主户内有课口者为课户。若老及男废疾、笃疾、寡妻妾、部曲、客女、奴婢及视九品以上官,不课。"(《新唐书·食货一》)对岭南、少数民族及新附之民,也有特殊规定:"若岭南诸州则税米,上户一石二斗,次户八斗,下户六斗。若夷獠之户,皆从半输。蕃胡内附者,上户丁税钱十文,次户五文,下户免之。附经二年者,上户丁输羊二口,次户一口,下户,三户共一口。凡水旱虫霜为灾,十分损四已上免租,损六已上免调,损七已上课役俱免。"(《旧唐书·食货上》)其赋税原则依陆贽所言:有田则有租,有家则有调,有身则有庸,具有极强的财政意义及社会合理性。

(二)户税

《唐会要·卷八十三》记载,户税始征于武德六年三月:"令天下户量其资产,定为三等",武德九年因为三等定税太过粗略改为九等,代宗大历四年对不同纳税人的户税做了详细规定:

> 天下及王公已下。自今已后,宜准度支长行旨条。每年税钱:上上户四千文,上中户三千五百文,上下户三千文,中上户二千五百文,中中户二千文,中下户一千五百文,下上户一千文,下中户七百文,下下户五百文;其现任官一品,准上上户税,九品准下下户税,余品并准依此户等税。若一户数处任官,亦每处依品纳税;其内外官,仍据正员及占额内阙者税。其试及同正员文武官,不在税限;其百姓有邸店行铺及炉冶,应准式合加本户二等税者。依此税数勘责征纳。其寄庄户,准旧例从八等户税,寄住户从九等户税。比类百姓,事恐不均,宜各递加一等税。其诸色浮客及权时寄住户等,无问有官无官,亦所在为两等收税。稍殷有者,准八等户税,余准九等户税。如数处有庄田,亦每处纳税。诸道将士庄田,既缘防御勤劳,不可同百姓例,并一切从九等输税。

到建中元年,天下税户308.5万、籍兵76.8万人、税钱1 089.8万余缗、税谷215.7万余斛,可见唐代户税收入规模之大。

(三)地税

地税是唐初以义仓为名,用于赈灾的专项粮储,在"田租"外按田亩数或户等缴纳,始于唐太宗贞观二年,王公以下人户的所有垦田皆须缴纳,"亩税二升,粟、麦、粳、稻,随土地所宜。宽乡敛以所种,狭乡据青苗簿而督之"(《新唐书·食货一》)。高宗永徽二年对地税制度做了改革,提出"义仓据地收税,实是劳烦。宜令率户出粟,上上户五石,余各有差"(《旧唐书·食货下》),即把地税由按亩征收改为按户等征收。肃宗、代宗时期,地税税率不断提高,税额大幅增加,并开始分夏、秋两次征纳。地税按照实际耕田面积征税,有其明显的合理性,更符合量能纳税的公平原则。《通典》称,天宝年间天下计账,"地税约得千二百四十余万石";天宝八年,"凡天下诸色米都九千六百六万二千二百二十石",其中"义仓总六千三百一十七万七千六百六十石",占了65%以上。地税成了国家的主要税粮,其财政地位日益重要。

地税和户税是唐前期与租庸调并行的两种国家税收,均属资产税,玄宗以后逐渐成为替代租庸调的主要财政收入,两税法实施后,其税法税则还直接为两税法所继承,并入两税而不再单独存在。

(四)屯田

唐代屯田由工部郎中、司农寺、州县等不同政府部门分别管辖,主要是戍边屯垦,《旧唐书·职官志》记载"凡边防镇守,转运不给,则设屯田,以益军储。"唐代全国各军州管屯田总共有992处,每处多者50顷,少者20顷。开元二十五年,又发布屯田限额:凡隶属司农寺者,每30顷以下,20顷以上为一屯;凡隶州镇诸军者,每50顷为一屯;凡在旧有屯田处重新建立屯田的,以原屯田界为限;凡原非屯田之所,则取荒闲无籍之地为屯田。屯田收入,一般是按土地的肥瘠和年岁的丰歉分为三等,再根据民田的收获情况,取其折中数,"中熟为率"。开元二十五年统计天下屯田收谷百九十余万斛,天宝八年全国屯田收入数共计1 913 960石。

(五)贡献

按唐制规定,土贡所纳一是当土所出,其物易供,二是贡物价值不许超过50匹绢价。贞观初"都督刺史,邀射声名,厥土所赋,或嫌其不善,逾意外求,更相仿效,遂以成俗,极力劳扰"(《贞观政要·贡赋》),故被太宗禁止。唐中宗神龙时亦制令:"诸贡物皆须任土,当处无者不得别求,仍于常数每事量减;缘百姓间所有不稳便者,并委州府县状奏闻。"(《唐大诏令集》卷2)由于屡禁不止,玄宗即位之初再一次下诏重申,中央政府既坚持土贡制度,保证皇室需要,又不许额外苛求的"任土作贡"。

二、唐中后期的财政收入

"安史之乱"之后,中央政府失去对地方的控制,藩镇割据,到僖宗时民生凋敝,"天下百姓,哀号于道路,逃窜于山源;夫妻不相活,父子不相救"(《全唐文》卷804)。农民无以为生,于是揭竿而起。而统治者内部,朝官与宦官、宦官与藩镇矛盾日深,朋党相争,最后宣武节度使朱全忠(朱温)杀唐哀帝,建立后梁王朝,唐朝灭亡。

(一)田赋——两税法

"安史之乱"后,人口锐减,耕田荒废,生产力遭受极大破坏。土地被大量兼并,失地农民被迫流亡,以均田为基础的租庸调制名存实亡。"至德之后,天下兵起,始以兵役,因之饥疠,征求运输,百役并作,人户凋耗,版图空虚"(《新唐书·杨炎列传》),可见赋役之重,人民无法负担。另外,各地藩镇专权,任意赋敛而莫相统摄,纲目大坏。故纳税人口与税收收入迅速下降,财政困窘。德宗建中元年,时任宰相杨炎为了确保国家财政收入推动了两税法变革。

《文献通考·田赋考》载,两税法"夏输无过六月,秋输无过十一月,置两税使以总之。凡百役之费,先度其数,而赋于人,量出制入。户无主、客,以见居为簿;人无丁、中,以贫富为差。不居处而行商者,在所州县税三十之一,度所取与居者均,使无侥利……其租庸杂徭悉省,而丁额不废。其田亩之税,以大历十四年垦田之数为定,而均收之。遣黜陟使按诸道丁产等级,免鳏寡茕独不济者,敢加敛以枉法论"。

(1)提出"量出制入"的财政原则。即先估算次年各项经费总数,以此确定第二年税赋总额,组织征收。

(2)明确课税主体,改变以户籍所在地确定纳税人的做法,以各地现居人口(不分主、客户)为纳税人。行商流动性大则在所在州县征收。

(3)明确税率。以户税、地税为核心,户税按九等分摊,地税以大历十四年的垦土数为基准,按比例分摊;不分丁男中男,一律按资产多少摊征,商人按其收入税三十分之一。

(4)明确纳税期限。分夏秋两次缴纳,夏税六月底之前缴纳;秋税十一月底之前缴纳。

(5)明确纳税物品。原则上户税交钱,地税交实物,但在实际缴纳时再按国家规定或折钱折物。

(6)明确税收减免。鳏寡孤独及赤贫者免征。

(7)整理、合并原有税种。原来的租庸调和一切杂徭、杂税的征收制度作废,如在两税外擅自加征者,以违法论处。

两税法纠正了从丁而税之弊,实行从田而税之法,先问现居之户,后问所有之产,双管齐下,定税于产。不但扩大了纳税面,也增加了国家税收收入。《唐会要》称,大历时刘晏实行盐税改革后,"通天下之财而计其所入,总一千二百万贯,而盐利过半"。《旧唐书》也提到实行两税法后的建中二年,收入就增至"一千三百五十万六千零七十五贯,盐利不在此限",对比前后数据可以发现,国家财政收入增加了一倍有余。

两税法是我国赋税史上的重大改革,具有划时代的意义。针对土地兼并、赋役负担失均、征管失控、豪强转嫁负担等诸多问题,两税法既有总的纲领,又有具体规定;既依据土地、资产征税,又不放松对民户的控制;既体现了量能课税,又注重了普遍征收原则,可以说兼顾公平与效率,对巩固中央财政有积极的意义。唐代后期,由于朝政败坏的问题未能解决,继之宦官专权,虽有永贞革新及其以后的牛李之争,但均遭失败,因而两税制度遭到破坏,于是税上有加征,税外又出台许多苛捐杂税。

(二)专卖收入

1. 盐法

从隋文帝开皇三年至唐玄宗开元年初,工商无税长达138年之久。至开元十年,安邑盐池因年久失修,无人经管,盐池接近干涸,宰臣朝议修复盐池,称"盐铁之利,甚益国用"。玄宗皇帝始令检责海内盐铁之课,重开盐税,但由于各地意见不一,"事竟不行"。

"安史之乱"爆发后,社会经济遭到严重破坏,中央能控制的只有四川、江南等部分地区,财政收入有限,而平叛所需的军费支出又大为增加,为了广开财源,中央政府根据四川(今自贡一带)盛产食盐的特点,进一步从食盐专卖入手,广开财源,以解燃眉之急。

唐代的食盐专卖,始自肃宗时的第五琦的榷盐法:"乾元元年,盐铁、铸钱使第五琦初变盐法,就山海井灶近利之地置监院,游民业盐者为亭户,免杂徭。盗鬻者论以法。及琦为诸州榷盐铁使,尽榷天下盐,斗加时价百钱而出之,为钱一百一十。"(《新唐书·食货志》)第五琦的榷盐法重点为民制、官收、官运、官销,优点是简便易行,缺点是设官太多。官多扰民,财政支出增加,且官商不善经营,盐利厚而易生奸伪,"州县扰"而民不便。故乾元三年,以刘晏为户部侍郎充度支、铸钱、盐铁等使,再次改革盐法。刘晏实行"民制、官收、商运、商销"的制度。国家榷盐,粜与商人;商人纳榷,粜与百姓。为防止商人擅自涨价,以及僻远利薄之处商人不运盐销售,刘晏又置常平盐,"每商人不至,则减价以粜民",既平抑商价,又能解决边远地区食盐困难问题。刘晏治盐,成绩卓著,《新唐书》曾作高度评价:"自兵起,流庸未复,税赋不足供费,盐铁使刘晏以为因民所急而税之,则国足用。于是上盐法轻重之宜,以盐吏多则州县扰,出盐乡因旧监置吏,亭户粜商人,纵其所之。江、岭去盐远者,有常平盐,每商人不至,则减价以粜民,官收厚利而人不知贵。……吴、越、扬、楚盐廪至数千,积盐二万余石。有涟水、湖州、越州、杭州四场,嘉兴、海陵、盐城、新亭、临平、兰亭、永嘉、大昌、侯官、富都十监,岁得钱百余万缗,以当百余州之赋。……晏之始至也,盐利岁才四十万缗,至大历末,六百余万缗。天下之赋,盐利居半,宫闱服御、军饷、百官禄俸皆仰给焉。"其后刘晏罢官,盐法渐乱。至唐末宦官专盐政,藩镇分割把持盐利,榷法弊坏。

2. 茶税和茶专卖

我国发现茶的历史比较早,但直至唐人陆羽所著《茶经》问世后,茶饮才迅速推广和普及。

《文献通考》载,茶之有税,始于德宗建中元年,至贞元十年,三等定估,十税其一;穆宗(公元821—824年)时,"两镇用兵,帑藏空虚;禁中起百尺楼,费不可胜计",盐铁使请增天下茶税,每百钱增五十,即增税50%,茶户负担加重;在贞元时,茶税收入已"岁得四十万贯"。

唐代实行的茶专卖制度,始于文宗。大和九年郑注奏请实行榷茶:"以江湖百姓茶园,官自造作量给直分,命使者主之。"(《旧唐书·郑注传》)盐铁转运使王涯亦奏请"徙民茶树于官场,焚其旧积者",导致天下大怨,王涯被杀。至此,茶专卖被停止,又恢复征税制,但税负并未减轻。

武宗即位,盐铁转运使又增江淮茶税,《新唐书》说"是时茶商所过州县有重税,或掠夺舟车,露积雨中,诸道置邸以收税,谓之'搨地钱',故私贩益起。"重复课税导致走私,于是宣宗大中六年,盐铁转运使裴休制定反私茶法:"私鬻三犯皆三百斤,乃论死;长行群旅,茶虽少皆死;雇载三犯至五百斤、居舍侩保四犯至千斤者,皆死;园户私鬻百斤以上,杖背,三犯,加重徭;伐园失业者,刺史、县令以纵私盐论。"(《新唐书·食货志》)严厉禁私之后,庐、寿、淮南皆加半税,于是"天下茶税增倍元",贞元茶税钱为40万缗,宣宗时达到80万缗。

3. 酒税和酒专卖

隋文帝初,依北周旧制,官置酒坊收利。至开皇三年始罢酒坊,酒无税。唐代对酒征课方法,时而专卖,时而课税。其课税环节,有官酤、榷酒、榷曲三种。《文献通考》记载德宗建中三年(公元782年),对于由销售环节来实行专卖的官酤,"官自置店酤,收利以助军费";榷酒是对成品酒课税,允许商人酤酒,但在销售环节课之以税,榷曲是对原料课税:贞元二年"复禁京城、畿县酒,天下置肆以酤者,每斗榷百五十钱,其酒户与免杂差役。独淮南、忠武、宣武、河东皆榷曲";大和八年罢京师榷酤,当年"天下榷酒,为钱百五十六万余缗,而酤费居三之一",可见当时全年国家财政酒税和专卖的收入已高达156万余缗。

(三)工商各税

1. 矿产税

唐初,弛山泽之禁任民开采,开元十五年开始对伊阳(今河南伊川县南)五重山的银、锡矿征税。德宗时山泽之利隶盐铁使征税,但始终征收困难,全国总收入亦不过70 000余缗,还抵不上当时一个县的茶税收入。

2. 关市税

唐初商无税,因"安史之乱"两京失陷,为筹集军费,肃宗至德年间对价值一千钱以上的商品征税。上元中又规定,商船通过江淮堰塘时,按斛斗纳钱,称为埭程。德宗建中元年实行两税法,对商人三十税一,即税率3.3%;同年九月,为筹集平抑物价、恤民济贫的常平本钱,于诸道津要都会之所置税吏,检校商人财货,按值每贯税20文;同时,对山林园地出产的竹、木、茶、漆等特产,皆十分税一,即税率10%;建中二年五月,又以军费支出需要为由,将商税税率从三十税一改为十分税一。为了消除百姓对商税的不满,文宗大和七年诏令,除两税外,一切杂税皆免,但禁约不严。

3. 互市、市舶税

唐王朝鼎盛时期,生产发展,经济繁荣,对外贸易无论水路、陆路,皆欣欣向荣。其陆路贸易,在西北并置互市,设互市监一职,负责管理同周边少数民族及外国贸易事宜;在东南沿海,于广州置市舶司,负责管理海外各国来中国贸易的商人使者,并对其进出口货物征税。征收下碇之税,称陌脚;上贡朝廷的珍异之物之税,称进奉;国内商税,称率税。

4. 间架税

以房屋为征税对象的间架税,是为弥补军费不足而征收的房产税。《文献通考》称德宗建中四年,以"军用不给,乃税间架,算除陌。其法:屋二架为间,上间钱二千,中间一千,下间五百。吏执笔推算,入人家计其数,或有宅屋多,而无他资者,出钱动数百缗。亩匿一间杖六十,告者赏钱五万"。《旧唐书》亦称,"衣冠士族,或贫无他财,独守故业,坐多屋出算者,动数十万,人不胜其苦……"。兴元元年,泾原兵在长安起事,以"不税尔间架、除陌"为口号,迫使朝廷废除间架税以及其他苛捐杂税。

5. 除陌钱

除陌钱，是与间架税同时施行的一种苛捐杂税，有交易税的性质。《资治通鉴·唐纪》称："除陌钱者，公私给与及卖买，每缗官留五十钱，给它物及相贸易者，约钱为率。敢隐钱百，杖六十，罚钱二千，赏告者钱十缗，其赏钱皆出坐事之家。"税率从原来的2％上升到5％，且对偷漏税惩罚严重，但由于"主人、市牙得专其柄，率多隐盗，公家所入不能半，而怨愬满天下"（《文献通考·征榷考》）。该年十月，泾原兵变，此税被迫取消。

6. 青苗钱

"安史之乱"后中央无法支撑百官俸禄，代宗广德二年开征称为苗钱的田赋附加税。《古今图书集成》称："大历初，诸州府应税青苗钱，每亩十文，充百司、手力资课。三年十月十六日，台司奏，缘兵马未散，百司支计不给，每亩更加五文。八年，京师增至亩征30文，其他诸州仍亩征15文。"因系在青苗时征收，故叫青苗钱。大历元年在青苗钱之外，又有地头钱，每亩征二十文，通名为青苗钱。大历五年，始定法制，分夏、秋两次征收，荒田如故，青苗钱亩加一倍，而地头钱不在其内。两税法改革后，青苗钱并未废除，也分在夏秋两季缴纳。

（四）其他非税收入

1. 和籴、和买

和籴原本为国家出钱，向农民购买粮食，"两相商量，然后交易"，但执行完全背离了自愿原则。宪宗元和时，和籴由府县散配民户，立定限期，严加催征，"迫蹙鞭挞，甚于税赋，号为和籴，其实害人"（《白居易集》卷58《论和籴状》），和籴变成了政府"不识一钱而强取之"的搜刮手段。德宗贞元时，和籴的粮食甚至要自行运送数百里至京西行营。

和买是政府出钱向民间收购产品，对于唐代的和买，《新唐书》曾引用魏徵的话，"和市之物，不绝于乡间，递送之夫，相继于道路"（《新唐书·魏征传》）。和市之物十分广泛，除布、帛、粮物之外，土木工程所需也"审其多少而市之"，而所谓市买又多缘户散配，实为杂税。

2. 借商

所谓借商就是对富户强制举债，是一种临时财产税。《通典·食货》载，其始于天宝末年，因为"自天宝末年，盗贼奔突，克复之后，府库一空。又所在屯师，用度不足，于是遣御史康云闲出江淮，陶锐往蜀汉，豪商富户，皆籍其家资，所有财货畜产，或五分纳一，谓之'率贷'，所收巨万计"。

德宗初,河北、河南连兵不息。诸道用军月费 100 余万贯,京师帑藏仅能维持数月。《旧唐书·卢杞传》载太常博士韦都宾等计议,"以为泉货所聚,在于富商,钱出万贯者,留万贯为业,有余,官借以给军,冀得五百万贯。上许之,约以罢兵后以公钱还"。名义为借债,实际"搜督甚峻,民有不胜其冤自经者,家若被盗,然总京师豪人田宅、奴婢之估,才得八十万缗"(《新唐书·食货二》),以至于长安为之罢市,德宗知下民流怨,诏皆罢之。有此先例,后来"诸道节度使、观察使,多率税商贾,以充军资杂用。或于津济要路及市肆间交易之处,计钱至一千以上者,皆以分数税之"(《通典》),地方政府把借钱的"率贷"变化为"率税",把临时财产税转化为营业税或通过税,借商也就变成了税商。

3. 贡献

《新唐书·食货一》记载:"唐制,州府岁市土所出以为贡,其价视绢之上下,无过五十匹。"唐中期后,由于藩镇割据,各地常贡和国外贡献已不经常,但亦有媚上的地方官吏进奉,《文献通考》载:"代宗时,生日端午,四方贡献至数千万者,加以恩泽,诸道多尚侈丽以自媚。"

第四节　唐代的财政支出

唐朝财政支出,主要包括皇室支出,军事支出,俸禄支出,工程、科学文教、救助赏赐等支出。

一、皇室支出

皇室支出主要是宫殿、园林、陵寝、舆服、饮宴、赏赐及其他各项开支。唐朝初期崇尚节俭,凡事务以隋亡为鉴,其宫室多沿隋旧。贞观初唐太宗以"不作无益害有益",令"自王公以下,第宅、车服、婚嫁、丧葬,准品秩不合服用者,宜一切禁断。由是二十年间,风俗简朴,衣无锦绣,财帛富饶。无饥寒之弊"(《贞观政要·论行幸》)。但是随着国家财政收入的增长和对隋亡教训认识的远去,后世君王修建了不少宫殿、亭台楼阁。《玉海》称,建有大极宫、大明宫、蓬莱宫、永安宫、洛阳宫、长乐宫……温泉宫(后改为华清宫)。在园陵方面,唐太宗的陵墓昭陵(位于今礼泉县北)开创了"因山为陵"制度,周长 60 公里,总面积达 20 000 多公顷,也是中国历代帝王陵墓中面积大、陪葬墓多的皇陵之一,皇族和三品以上官的陪葬墓有 167 座。还有仿京城长安城格局设计营造的唐高宗李治和女皇武则天的夫妻合葬墓乾陵,营建时间亦长达21年之久。此外,唐王朝还广建寺庙,中宗时营立寺观,累年不绝,大抵费用常千万以上。女皇武则天垂拱四年,造明堂,役人数万;天册万岁元年做大佛像、明堂、天堂等,"倾四海之财,弹万民之力",耗费巨万。唐玄宗还多次封禅,如开元十三年封禅泰山,百官、贵戚、四夷酋长从行,运输车辆数百里。

《旧唐书》载,唐朝帝、后、诸王及公主,其服御居室均有规制,如武德四年规定天子之服有十二等,天子之车有豹尾车、黄钺车等,通为十二乘。到玄宗天宝时骄奢益甚,如杨贵妃宠遇极隆,"宫中供贵妃院织锦刺绣之工,凡七百人,其雕刻造,又数百人",其姐妹"韩、虢、秦三夫人,岁给千贯为脂粉之资"(《旧唐书·后妃上》)。《资治通鉴·唐纪》记载,中宗时,安乐公主"有织成裙,直线一亿,花卉鸟兽,皆如粟粒,正视旁视,日中影中,各为一色";懿宗咸通十年,同昌公主出嫁,"赐第于广化里,窗户皆饰以杂宝,井栏、药臼、槽匮亦以金银为之,编金缕以为箕筐,赐钱五百万缗"。

由于开元、天宝时期的经济繁荣,也导致帝王生活的腐朽,"上以国用丰衍,故视金帛如粪壤,赏赐贵宠之家,无有限极"(《资治通鉴·唐纪》),饮宴娱乐之事不绝于书。《新唐书》载:"帝在位久,妃御服玩脂泽之费日侈,而横与别赐不绝于时,重取于左右藏。故锲迎帝旨,岁进钱巨亿万,储禁中,以为岁租外物,供天子私帑。"也就是说,天宝年间,皇帝每岁收贮私帑达巨亿万之多。天宝三年十一月,玄宗命"每载依旧取正月十四日、十五日、十六日开坊市门燃灯,永以为常式"(《旧唐书·玄宗纪下》),元宵灯节自此时开始。

二、军事支出

隋沿袭西魏、北周之旧,实行府兵,分十二卫,士兵称卫士,置将军分统。唐承隋制,贞观十年确定军府的名称为折冲府,由折冲都尉统率,分上、中、下三府。折冲府就地选拔丁男为府兵,农忙种田,农闲习武,不离本土,国家有事,征发作战。唐代的常备兵约60万至100万,《唐会要》称,贞观十年天下卫士60万。天宝以后,均田制逐渐被破坏,府兵制难以维系,被迫改制实行募兵制,养兵费因此增加。开元、天宝年间,约十六户养一兵。元和、长庆为"三户资奉一兵"。"开元初,每岁边费约用钱二百万贯,开元末,已至一千万贯,天宝末更加四五百万。"(《通典·兵典》)其中京师的宿卫兵由太仓供饷;戍守边境的边兵由军屯和当地的仓库供给;而征用兵是带有专门征收、并由经过地方的军仓、正仓供给。此外,就是偶发性、短期的战争经费,如贞观时对突厥、吐谷浑、高昌和高丽等的战争。特别是天宝十四年开始前后八年的"安史之乱",中原地区经济被严重破坏,此后战火累发,国库不足。宪宗元和时多次出内库缯绢和内库钱"付度支供军"。代宗、德宗则曾减百官职田收入以供军用。

三、俸禄支出

唐代按身、言、书、判四项标准选官,计资量劳授官,官分 30 等,禄分 18 级。《通典》记载,唐前期官员总数为 18 806 人,其中内官为 2 621 人,外郡县官为 16 185 人,比隋代官员总数多了 6 000 人。《资治通鉴》记载,开元二十一年,"是时,官自三师以下一万七千六百八十六员,吏自佐史以上五万七千四百一十六员,而入仕之途甚多,不可胜纪"。官员人数大幅增加,俸禄支出也不断上涨。官员俸禄,武德时官分九品,品分正、从,年俸米从一品 700 石,至从九品 30 石,外官不给禄米,给职分田,亲王以下又有永业田;京司及州县皆有公廨田,收入供公私之费。之后因用度不足,诸司置公廨本钱,或以公款经商,或贷给商人取利,收入用充官府经费和官吏俸禄津贴,月息为 8%。称"月料钱"。《唐会要》记载,开元二十四年六月敕:"百官料钱,宜合为一色,都以月俸为名。各据本官,随月给付。……一品,三十一千,月俸八千,食料一千八百,防阁二十千,杂用一千二百文……"总之,隋唐时期百官俸禄比较优厚,成为国家财政主要开支之一。

四、交通水利支出

唐代的陆路交通以长安为中心,东至宋、汴,进至山东半岛;西至岐州(今陕西凤翔),入于西川;西北至凉州,以通西域;北至太原、范阳;南至荆襄,达于广州。《新唐书·食货志》记载:"唐都长安,而关中号称沃野,然其土地狭,所出不足以给京师备水旱,故常转漕东南之粟。"唐代的水运交通主要是利用运河,由于漕运通畅,岁运漕粮不断增加,高祖、太宗时"岁不过二十万石",到开元中,"凡三岁,漕七百万石""省陆运佣钱三十万缗"。此外,不论水路陆路,沿途都有店肆接待商旅,中央又在兵部下设驾部掌全国驿站,当时全国驿站合计有 1 639 所。

唐王朝重视水利建设,唐初中央政府即在工部之下专设水部司,置郎中和员外郎,专司全国河流、湖泊的治理,舟船的航行和农田水利灌溉。唐前期修筑河渠陂塘共有 269 处;武德年间开河渠自龙门引黄河水灌韩城一带农田

6 000余顷。《文献通考·田赋考》载，文宗太和五年（公元831年），开浚怀州古秦渠枋口堰；役工四万，溉济源、河内、温、武陟四县田五千余顷。唐后期，在江南兴修的大中型水利工程约50多处，其中永泰时修浚练湖，能灌溉丹阳、金坛、延陵三县农田逾万顷，开辟了大量的湖田和渚田，扩大了耕地面积，江南的粮食生产迅速超过北方。

五、城建支出

隋唐的建筑取得了许多巨大的成就，就城市建筑来说，唐都长安始建于隋，名大兴城，唐在此基础上进一步扩建。城分三重，在宫城、皇城南面即为长安街市，其中列东、西二市和110坊，极为宏大壮丽。唐朝的寺院建筑也宏伟美观，唐太宗时期，玄奘法师从印度取经归来后，太宗同意玄奘所请，以国家财政拨款建立译经院，而且还大建佛教寺院，特别是西安大恩寺浮屠，名大雁塔，有10层（后为7层），高180尺，唐朝士子考中进士后，多于此题名，称"雁塔题名"。

六、文教支出

唐朝在京师设中央政府直辖的国子监，统管国子学、太学、四门学、律学、书学和算学。太宗时，国子监有学舍1 200间，生徒2 260人。地方上，州县设官学，生徒分州县两个等级入学。科举分秀才、明经、进士、明法、明书、明算等科，后三科为专门科目，一般以明经、进士为主。进士科考试难，录取严格，唐朝进士录取人数最少时全国只有几个人，多的时候也只有三四十人。考中进士后还要参加吏部以身、言、书、判为主要科目的释褐试，及格后才能任命为官。武则天首创殿试，天授元年"策问贡人于洛城殿，数日方了"（《通典·进举三》），又开武举，考试形式如同文进士、明经。唐高祖李渊置弘文馆，聚书20余万卷，建成了当时世界上最大的国家图书馆。

天文、历法方面。唐在中央设太史局，主管天文，制定历法。玄宗时，张遂（一行和尚）在奉命改编历法过程中，发现了恒星移动现象，并于开元十二年通过大地测量法，实际计算出了子午线一度之长，其计算数据虽不算精确，却是世界上第一个测量子午线的人。

医药方面。中央设医药机构太医署、尚药局。高宗显庆四年颁布了由苏敬等人奉命编成的《新修本草》，共记录药物844种，比前代新增114种，是世界上第一部由国家编撰的药典。

七、赈给（贷）

在唐王朝（公元618—907年）存续的289年中，全国遭受水、旱、疾疫、蝗蛆、风霜等各种自然灾害达490多次。政府救济方式有赈给、赈贷或出粜。赈济所需，或出太仓之粟，或用义仓、常平仓之粟。《册府元龟·惠氏》统计自高祖武德元年至文宗开成五年的200多年里，共约136次，其中用义仓赈济（贷）者为106次。

第五节　隋唐时期的财政管理及国家财富分配

一、财政管理机构及制度

隋代以内史省与门下省的长官为宰相。唐代综合东汉以来的制度，以门下、中书、尚书三省的长官为宰相。隋、唐两代在中央实行三省六部制，隋代掌国家财政的为度支部，隶属尚书省。其所属机构有度支，掌会计、事役、粮库；仓部，掌仓库出入等；左户，掌天下户账、户籍；右户，掌天下公私田、租调；金部，掌度量衡和库藏文账；库部，掌戎仗器用供给。

唐代掌国家财政的为户部，下有户部、度支、金部、仓部四属官。同时为加强对财政的监督、审计，在刑部下设比部，其郎中、员外郎"掌勾诸司百僚俸料、公廨、赃赎、调敛、徒役、课程、逋悬数物，周知内外之经费而总勾之"（《旧唐书·职官二》）。

唐代中央在中书、门下、尚书三省之外，设置九寺，其中司农寺与太府寺为掌财物之官。司农寺，掌邦国仓储委积之事，总上林、太仓、钩盾、导官四署。上林掌苑囿园池，钩盾掌供邦国薪刍，导官掌导择米麦，太仓掌九谷廪藏。开元以后，国家多事，为加强对财政的管理，开始命他官兼职，若以尚书、侍郎专判，则称"度支使"或叫"判度支使""知度支事""勾当度支使"。也有根据形势需要而临时派遣的专使，如租庸使、盐铁使、色役使等，以加强对租庸、盐铁和户口的管理。

隋、唐之制，天下财赋皆纳于左藏库。太府寺按时向上报告收支数额，刑部之比部则对入出数额进行复核。上下相统，没有失漏。《古今图书集成·食货典》称："唐制，总制邦用，度府出纳，皆禀度支文符。""安史之乱"

后,京师豪将求取无节,度支、盐铁使第五琦无法禁抑,于是在肃宗至德元年将租赋收入纳入皇帝私库——大盈内库,以太监掌管。《旧唐书·杨炎传》称"是以天下公赋,为人君私藏,有司不得窥其多少,国用不能计其赢缩",达20余年。德宗时杨炎为相,奏请归位,即将财政管理之权重归财务官吏,宫中经费则按年按数由公家财政拨给,财赋又皆归左藏库,国库与皇帝私库又分别开来了。

德宗建中元年两税法改革,调整财政体制,将所收税收,分为支留、合送两部分。《新唐书·食货二》记载宪宗时"罢除官受代进奉及诸道两税外榷率,分天下之赋以为三:一曰上供,二曰送使,三曰留州。宰相裴垍又令诸道节度、观察调费取于所治州,不足则取于属州,而属州送使之余与其上供者,皆输度支"。之后又见纷乱,《古今图书集成·食货典》称,"刘辟李锜既平,赀藏皆入内库",国家财政与帝室财政混杂起来,这种混乱直至唐亡。

二、预算收支

隋文帝时,有司称:"用处常出,纳处常入",说明当时国家有预算编制制度。

唐初预算为自下而上,一年一造。《古今图书集成·食货典》载,武德六年令,"每岁一造账,三年一造籍"。《唐六典》称:"每一岁一造计帐,三年一造户籍。县以籍成于州,州成于省,户部总而领焉。"即从县一级开始编制预算,从县报到州,州报省,最后由户部汇总,编成全国预算。唐朝前期预算的编制,手续十分烦琐,凡户籍,县司须于正月上旬根据手实计帐,赴州依式编造,按乡为卷,抄写三份,在骑缝处注明某州某县某年籍。州名用州印,县名用县印,三月三十日纳讫。二份留州县,一份送尚书省。直到开元二十四年宰相李林甫认为,一年一造,过于频繁,劳民伤财,才将岁入各项,编成书籍,称为常行旨符,颁之州县,凭以征收。《旧唐书》记载,天宝三年下令"天下籍造四本,京师、东京、尚书省、户部各贮一本"。

收支决算的审计由比部负责。唐朝审核制度:年度终了,比部根据各州及军府按规定期限报来的账目,按赋税收入、经费开支、官俸禄、军用器物、和籴等项进行分类,逐一审核(勾覆)并结案,贞元八年又定全国统一为州勾覆县决算(上计),比部勾覆诸州决算。

三、国库管理制度

隋唐两代,户部所管仓库有正仓(州郡各仓)、常平仓和义仓,转运仓和太仓属"朝廷委积",归司农寺管。

正仓(州郡各仓)。按制度规定收纳租税(田租、地税、职官田、公廨田田租),奉命支付百官俸禄、驿递口粮,办理和籴,供给军饷等;遇有灾荒,则奉命分别情况办理赈济、出贷和出粜等救灾诸事。如唐天宝时"关辅及朔方、河陇四十余郡,河北三十余郡,每郡官仓粟多者百万石,少不减五十万石,给充行官禄"(《通典·兵一》)。

转运仓。指东南各地的上供粮谷经水、陆运输次第转运到两京,沿途于主要道口置仓。隋代"隋氏西京太仓,东京含嘉仓、洛口仓,华州永丰仓,陕州太原仓,储米粟多者千万石,少者不减数百万石"(《通典·食货典》)。

太仓。太仓设于京师供给首都皇室、京官俸禄、政府服役的诸色人等食用,以及供充军饷和出粜赈贷。由于太仓和左藏库是唐朝中央的两大金库,一般由大臣,如监察御史负责监督。监察御史到州县巡按时,亦有审核州郡账目的职责以保证收入及时入库、支出顺利执行以及国家财产的安全。

常平仓。其功能是以备凶荒,用于赈济。《文献通考》载"隋文帝开皇三年……卫州置黎阳仓,陕州置常平仓,华州置广通仓,转相灌注,漕关东及汾晋之粟,以给京师。"《新唐书》记载唐太宗于"洛、相、幽、徐、齐、并、秦、蒲州又置常平仓,粟藏九年,米藏五年,下湿之地,粟藏五年,米藏三年。"其后高宗永徽六年,京东西二市置常平仓。开元七年(公元719年),敕关内陇右、河南、河北五道及荆、扬、襄、夔等州并置常平仓。本钱,上州三千贯,中州二千贯,下州一千贯。常平仓备有仓本,谷贱时可以收买,谷贵时可以抛售,一方面平抑物价,另一方面增加财政收入。至元和六年(公元811年),"应天下州府每年所税地丁数内,宜十分取二分,均充常平仓及义仓,仍各逐稳便收贮,以时出粜,务在救人"(《旧唐书·食货下》)。天宝八年常平仓储粮总额共达 6 317.766 万石。

义仓。主要用于凶荒灾年,救济无粮充饥者。隋开皇五年设立,出粟人为各州的百姓和军人,筹集方式属于半强制性质。唐初沿隋制,《通典》载贞观二年令"王公已下垦田,亩纳二升。……贮之州县,以备凶年",自是全国各州县始置义仓,"每有饥馑,则开仓赈给"。《古今图书集成·食货典》记载天宝八年,诸仓 12 656 620 石;正仓 42 126 184 石;义仓 13 177 660 石;常平仓 4 602 220 石;和籴 1 139 530 石。全国总计 96 062 220 石,储积丰足。至中后期,义仓之粟多被挪用,有时几至用尽。

四、隋唐时期的国家财富分配

隋朝是在中国经历长期分裂之后建立的统一王朝,其情况颇似秦朝,外表极为强盛,但内部埋藏着深刻的不安定因素。隋统一后,文帝"存要去闲、并大去小",将魏晋南北朝混乱的地方官制从州、郡、县精简为州、县两级,撤销境内608个郡、减州51个、减县269个,共减少全国行政机构928个,精简了40%的行政机构,近半冗官。大大减轻了国家财政支出与人民负担,建立了新的国家财富分配制度。为了限制地方势力,文帝下令九品以上的官员一律由中央任免,官吏的任用权一概由吏部掌握,禁止地方官就地录用僚佐,而且每年都要由吏部进行考核,以决定奖惩、升降。后来,又实行三年任期制,进一步使世家大族为代表的地方势力失去了制度屏障。

炀帝以高丽不遵臣礼为由,出兵百万,发动了三次中国历史上最大的对外战争。为了修建贯通南北、全长四五千里的大运河,役使300万劳力限期施工,死在运河工地上的百姓竟达百万之众。公元611年,山东农民首先起义,各地纷纷响应。起义军逐渐汇合成几个强大集团,后瓦岗军攻占隋朝大粮仓兴洛仓,把粮食发给农民,隋朝政权摇摇欲坠。

隋王朝继承北周帝位,其大后方关中地区集中了大量的贵族阶层,声望卓著,势力强大,反心尤盛。唐高祖李渊在《授三秦豪杰等官教》文中称:"义旗济河,关中响应,辕门辐凑,赴者如归。五陵豪杰,三辅冠盖,公卿将相之绪余,侠少良家之子弟,从吾投刺,咸畏后时,扼腕连镳,争求立效。"他们希望推翻隋杨政权,重新分配权力与财富;而原南朝的豪强地主,他们本就是前朝遗民,是上一次战争的失败者,自然希望夺回自己原有的地位与财产;处于黄河中下游的中原地区的富户,在隋朝对外征战中损失巨大;几次对外战争的物资、人力均主要出自中原,因此破家者十家而九。这些地方势力成为反隋主力,借农民起义之风,迅速推翻了隋王朝的统治,建立了新的分配秩序。

唐前期吸取隋朝教训,建立了更公平的分配制度,《新唐书》赞扬租庸调法"其取法远,其敛财均,其域人固"。但由于唐代不禁兼并,加上随着国力强大而越来越无法抑制的骄奢风气,终于在"安史之乱"后走向衰落,其中后期的政治腐败主要表现为宦官专权和朋党之争。

唐代是中国历史上宦官专权较严重的朝代之一。而朋党之争是唐后期统治者内部争权夺利的斗争,大大削弱了唐王朝的统治力量。

财权旁落则源于藩镇割据。"安史之乱"后，唐王朝为了利用地方勤王来保卫中央政权，设立了更多的节度使。节度使从中央委派变相发展到世袭，掌握地方军政大权，通过割据垄断了地方财政权力，截流中央税收。藩镇与中央之间、各藩镇之间争夺人口和土地，随意增加税赋，地方政府的经济权力无序扩张。至唐末，唐朝国土内有46处藩镇，这些藩镇大多处于独立半独立状态，原有的国家财政制度、财富分配制度完全失去了约束力。

第七章

五代至两宋时期的财政与国家财富分配

开篇导言

唐朝末年，藩镇割据，内战不息，动乱长达 60 余年。统治阶层内部由于宦官专权与朋党之争，政治极端腐败，国力严重衰落。唐僖宗乾符元年（公元 874 年）爆发了波及中国南北、长达 10 年的王仙芝、黄巢起义，从根本上动摇了李氏政权，各方割据之势已成，唐王朝已成四分五裂状态。公元 907 年，朱温废唐昭宣帝自立，改国号梁，建都汴（今河南开封）。自此至 960 年北宋建立，短短的 54 年间，中原相继出现了梁、唐、晋、汉、周五个朝代，史称后梁、后唐、后晋、后汉、后周。同时，还相继出现了前蜀、后蜀、吴、南唐、吴越、闽、楚、南汉、南平（即荆南）和北汉十国割据政权，史称"五代十国"。这段时期战乱不止，民不聊生，中国的社会、经济遭到了极大的破坏。

废而后立的宋王朝在消灭了各地藩镇势力之后，面对北部、西部游牧国家的军事威胁，在政治上加强皇权，与士大夫共治天下，军事上守内虚外、强干弱枝，军队数量虽多，但军队实力孱弱。国家不仅要负担大量的军事开支、官俸开支，还有沉重的战败赔款"岁币"支出，财政不堪重负，为此宋王朝先后进行了庆历新政、王安石变法等一系列财政改革，但均告失败。

宋代始终没有完成全中国的大一统，尤其是南宋，国土面积被进一步压缩至江南。土地的减少使得一直以农业税为主的朝廷不得不一方面提高农业生产效率，另一方面重视工商业的发展。宋代的工商税为财政提供了大量收入，使其成为首个田赋收入与来自工商业收入呈"并驾齐驱"之势的朝代。宋代对内大力发展经济，对外重视国际贸易，发行了全世界最早的纸币"交子"，首开职役制度之先河，经济、文化、教育繁荣，是中国历史上公认的富有的朝代，其很多财税政策对后世产生了深远的影响。

第一节　五代十国的财政

一、五代十国的政治经济

五代十国时期,战争不断,政权更迭频繁,其开国之君多为前朝藩镇割据的统治者。自唐末至五代,兵连祸结,给百姓带来了极大灾难。藩镇君主多用武将担任地方行政长官,他们"不明治道""恃功纵下""割夺蒸民",造成中原经济破败。从唐末开始,"西至关内,东极青、齐,南出江、淮,北至卫、滑,鱼烂鸟散,人烟断绝,荆榛蔽野"(《旧唐书·秦宗权传》)。即使曾"富甲天下"的扬州,也因军阀混战,"庐舍焚荡,民户丧亡"。

为恢复农业经济,后梁朱温在开封开辟荒地,鼓励农桑,减轻赋税;后唐明宗杀掉苛剥酷吏孔谦,取消税外苛征;后周太祖郭威和世宗柴荣,不仅在政治上注意选拔人才、整顿科举、澄清吏治、严惩贪官、修订刑法、严肃军纪、抗击契丹、扩大统治区域,而且招还逃户回乡,开垦荒地,同时规范出家制度,限制寺院经济,给州县颁发《均田图》,均定田租,兴修水利,整顿漕渠。这些改革对安定社会,恢复中原经济起了积极的作用。

在十国之中,除北汉在北方(今山西、陕西和河北的一部分)外,其他诸国皆在中国的南方,受中原干戈的影响少,政局相对稳定,政权维持的时间也远比五代为长。地处江南,自然气候条件适应农业生产发展的十国割据政权,为维持生存、免受吞并,竞相发展经济,与历经战争摧残,经济严重衰退的北方形成强烈反差。再加上大批中原人士移徙南方,进一步促进了南方经济的蓬勃发展。这一时期南方不仅开始对福建、湖南、岭南进行开发,而且形成了以苏州、杭州为中心的江浙地区,以扬州为中心的江淮地区,以成都为中心的四川地区等诸多新兴的经济中心。五代十国时期是中国北方落后于南方、南方超越北方的历史转折点。

二、五代十国的财政收入

在五代十国,主要收入仍是田赋,但由于政权频替,故制度无常。

(一)田赋

五代十国时期,为维护统治,当局大多采取了减轻赋税、招还流民的措施,如后梁、后晋曾下令不许擅自加征赋税。后周太祖郭威改革田制,将原系官庄田悉数分配给原佃户充永业田,仅广顺三年即出户3万多,国家因此增加了3万多的税户以及大量应税土地。《文献通考·田赋考四》记载世宗显德二年敕:

> 应自前及今后有逃户庄田,许人请射承佃,供纳租税。如三周年内本户来归业者,其桑土不以荒熟,并庄园交还一半;五周年后归业者,三分交还一分;其承佃户自出力盖造到屋舍,及栽种树木园圃,并不在交还之限。如五周年后归业者,庄田除本户坟茔外,不在交付,如有荒废桑土,承佃户自来无力佃莳,只仰交割与归业户佃莳。其近北诸州陷番人户来归业者:五周年内,三分交还二分;十周年内,还一半;十五周年内,三分还一分;此外不在交还之限。应有冒佃逃户物业不纳租税者,其本户归业之时,不计年限,并许总认。

这些政策既有利于荒田的垦复,促进经济的恢复,也有利于国家增加赋税。

南方诸国为增加财政收入,增强国力,大多采用招还流民、鼓励垦荒的政策。吴越钱镠曾募民垦荒;钱俶对垦荒地免收田赋。吴国杨行密,前蜀国王建,荆南国高季兴,楚国马殷,后蜀国孟知祥等都曾颁行过鼓励农耕的政策和措施,并获得良好效果。尤其是后蜀,由于地处"天府"之地,自然条件优越,社会比较安定,农业生产发达,市场繁荣,物价平稳,广政十三年斗米售价仅3文。

这一时期的田赋征收制度基本上沿袭了唐代的两税法,分为夏秋两季交纳。后唐明宗以各地生产时间不同,令征收期限因地而异。后周显德三年令"自今夏税以六月,秋税以十月起征"(《资治通鉴》),民间称便。

两税原以货币计税,至五代时,因战事频繁,实物税再度兴起。有了实物税便有了与实物税相联系的耗羡之弊。耗指省耗、雀鼠耗;羡指羡余,即所征超过定额,有了节余。原本是合理的损耗成为变相的附加。加耗所得多归地方使用,入于官吏私囊,其有残余,方作为羡余,上供朝廷以邀恩宠。

五代十国,田赋之上有附加,正税之外有预借。后唐同光时以军食不足,敕河南尹预借夏秋税,百姓不胜其苦。

(二)田赋附加

1. 省耗、雀鼠耗

省耗始于后梁,以应纳两税每斗加征一升,谓之省耗。唐明宗天成元年前,在交纳夏秋税时要同时交省耗,每斗一升,为正税的 1/10,从天成元年开始只纳正税,不加省耗。长兴二年闰五月三日,令诸道州府,于两税上每斗加耗二合,以备仓司折耗,至是又恢复"省耗"之制。后汉按旧制,田赋一石加收二升。乾祐三年三司使王章聚敛刻急,改为二斗,谓之雀鼠耗。

2. 农器钱

农器本由政府专卖,后许百姓自铸,而课之以税,称之为农器钱。征收时附加于土地,按土地多寡征税,而成为一种附加税。《文献通考》载,此税始于后唐明宗长兴二年,"人户每田亩纳农器钱一文五分",历后晋、后周,至宋初皆沿纳,大中祥符三年始免。

3. 曲钱

五代时,对于造曲,时行官造,时行私造。其在准许人民自由造曲时,均须课之以税,称为曲钱。曲钱课税按田亩计,每亩纳曲钱五分,即于夏秋征纳。长兴元年二月诏减二文,只征三文。长兴二年,罢曲钱,改由官造。

4. 牛皮筋角税

牛皮、牛角、牛筋,为制造衣甲的军需原料,五代时禁约很严,先是对民户的牛皮"悉令输官受值"。唐明宗时,民输牛皮于官,有司偿以盐。后晋天福中,不给盐,纯粹成为一种税收。后汉严格牛皮法,贩私牛皮一寸抵死。后周太祖广顺二年,令每岁民间所输牛皮,"三分减二,计田十顷,税取一皮。余听民自用及卖买"(《资治通鉴》),但是禁止卖给敌对之国。另据《五代会要》记载,"黄牛纳干筋四两,水牛半斤。犊、㹀皮不在纳限",即所纳牛皮须连牛角一起,同时还要交纳牛筋。

5. 牛租

《旧五代史·周书·太祖纪》记载,牛租始于后梁朱温,"因梁太祖渡淮,军士掠民牛以千万计,梁太祖尽给与诸州民,输租课",至后周郭威时已80余年,"时移代改,牛租犹在,百姓苦之",于是郭威将其废除。

6. 进际税

吴越钱王,以进际为名,对两浙地区虚增税额。即每田十亩,虚增六亩,计亩纳绢三尺四寸,米一斗五升二合;桑地十亩,虚增八亩,计每亩纳绢四尺八寸二分。此税宋仍沿纳,至宋孝宗乾道二年始减半征收。

(三)专卖与商税

1. 盐税和盐专卖

五代盐税,时有改变,大多是官卖与通商并行。后梁沿唐制,用就场榷商之制,实行民制、官收、商运、商销制度。至后唐,《廿二史札记》载,"城坊官自卖盐。乡村则按户配食,依田税输钱""凡盐铛户,应纳盐利,每斗折纳白米一斗五升"。于州、府、县、镇各置榷盐场院,由官自卖,只有乡村僻处,才许商运商销。在州府县所在地的城镇计口授盐,按缴纳屋税之数,授与盐斤,征收盐钱,谓之"屋税盐"。乡村的计口授盐,在育蚕时俵散盐斤,至放丝时随田税输纳盐税。由于计口授盐只供食用,不能转卖,故名"食盐"。后晋高祖天福元年停官专卖,任人自由贩卖。对后唐庄宗所定盐税改为每斗依时价计定钱数,按率缴纳。后汉盐税加重,青盐一石纳税1 000文、盐一斗(原为800足陌)。

后周广顺三年改制,"每青盐一石,依旧抽税钱八百文,以八十五为陌,盐一斗;白盐一石,抽税钱五百,盐一升。此外更不得别有邀求"(《旧五代史·食货志》)。世宗显德时,城镇实行专卖,乡村仍许商销。由于当时北方地区已有辽盐倾销,为使财政收入不减少,遂将食盐钱平均摊于田赋之内,名"两税盐钱",后世课归地丁即始于此。

南方十国的南唐之淮南盐场,吴越的海盐,蜀国自贡的井盐,产盐皆丰。南唐曾于淮南置盐监之官管理盐场。淮南被后周攻占后,后周每年以食盐30万石给南唐赡军,作为补偿。

为了确保财政收入,五代各国对于私贩的打击极为严厉。《廿二史札记》载,后唐庄宗时"其私贩之禁,十斤以上即处死。刮碱煎盐者,不论斤两皆死。凡告者,十斤以上赏钱二十千,五十斤以上三十千,百斤以上五十千。"后周广顺年间,《文献通考》载,敕"诸色犯盐曲五斤以上,并重杖处死。以下科断有差",可见法令之严。

2. 酒税和酒专卖

五代时,酒税征收办法各异。如《文献通考》载,后唐明宗天成时,规定乡村人户,于秋田苗上每亩纳钱五文,叫民自造曲酒,其城坊亦听自造,而榷其税。《册府元龟》载,后晋、后汉实行酒专卖,"计曲额,置部务以酤酒"。长兴二年改革,废征税,改由官府造曲,委诸州于原价减半在城扑卖;乡村人户或自酿自食者,听任私造。后周世宗显德四年诏官中禁法卖曲,依时踏造;乡村农户,许自造米醋及买糟造醋供食。

3. 茶税和茶专卖

五代对茶税征收各有不同。后唐对茶征税。庄宗同光三年下诏免湖南塌地茶税和沿路茶税;明宗天成元年省司及诸府置税茶场院,以至于纳税处所增多,商旅不通。

南方诸国皆重视财政的茶税收入。楚国马殷鼓励制茶,国家征税;同时官府在京师及襄、唐、鄂、复等州置邸务卖茶,官收厚利。吴国杨行密曾派人赴汴、宋贸易,以收茶利。南唐制茶销往契丹,以换取羊和马匹。

4. 商税

《旧五代史·梁末帝纪》载,后梁"连年战伐,积岁转输""而又水潦为灾,虫蝗作沴",商旅不畅。后唐庄宗,用孔谦为租庸使搜括民财,不惜障塞天下山谷小路,禁断行人,以便在要道关口征收商税。明宗天成时简并商税名目,商困稍苏。后晋天福元年,将应课税目出榜公布于场院,规定凡榜上未列举的物品不得收税。后周广顺元年免黄泽关商税;二年又免除丝麻等商税。后汉乾祐三年刘悦奏免耕牛税;世宗显德五年对商人贩运牛畜不抽过税,只在住卖地按牛价每千钱税 30 文。

五代南方各国注重经济发展,商业交易较为活跃。定都当今广州的南汉、福州的闽、杭州的吴越、扬州的吴、南京的南唐、潭州的楚、成都的前后蜀,财政上的商税收入皆很丰厚,楚北的荆南政权几乎完全依靠征收商税和掠夺商货来维持。

(四)其他税收

1. 税草

后唐征收的税草是一种临时性摊派。长兴元年"天下州府受纳秆草,每束约一文足,一百束纳枸子四茎,充积年供使,枣针一茎充稕场院。其草并柴蒿,一束纳钱一文"(《文献通考·田赋考三》)。

2. 杂税、横税

后梁对店宅园囿、蚕丝等有税;后唐有布袋使用税、税契钱,对丝、绵、绸、鞋及钱银有加耗,又预借房课;后周对粮、钱、物等均有加耗。地方官苛剥民钱之事亦为祸甚烈,如后晋赵在礼在宋州任内有"拔丁钱";后汉西京留守王守恩税及淘厕、行乞之人;十国吴越下至鸡鱼卵鷇,必家至而日取;闽王延政,鱼盐蔬果无不倍征;南汉刘晟,竟派兵入海掠夺商人金帛。

3. 和市、和买

承唐末之旧,五代行和市。后唐庄宗时,为应对与前蜀的战争,下河南、河北诸州和市战马,匿者有罪。后汉时,派使臣赴河南道等地方"和买战马",凡民间所有私马,一律刮取。

4. 贡献、进奉

自唐至五代,各地均按规定向中央进本地土特产品和手工业产品。后周广顺元年下令除减"天下州府旧贡滋味食馔之物",包括两浙所进的细酒、海味、姜瓜,湖南进的枕子茶、乳糖、白砂糖、橄榄子,以及镇、定、易、华、同、襄、安、青、许、郑、怀、申、亳诸州、河东、永兴、河阳等地所贡土产、药品诸物。

《册府元龟·纳贡献门》所记,后梁朱温时河南尹张全义进羡余钱十万贯,绸六千匹,绵三十万两。后晋天福二年、三年,各地所贡包括绫、绢、丝、银、钱等物,其中绫、绢等13万余匹,钱35万余贯,此外还有马、兵器和其他珍贵之物。

三、五代十国的财政支出

(一)军费支出

五代十国时期各割据政权征伐不止,军费支出浩大。后梁朱温称帝后,与河东节度使李克用、李存勖父子连年鏖战,"连年战伐,积岁转输……师无宿饱之馈,家无担石之储"(《旧五代史·梁书末帝纪》)。《资治通鉴》在论孔谦时说:魏州新乱之后,府库空竭,民间疲弊,而聚三镇之兵,战于河上,殆将十年。军需供应靠孔谦急征重敛,导致六州悉苦。后晋景延广为同契丹作战,向河南征收20万缗以助军用。后周为抗击契丹,统一诸国,开支巨大,而军士怨所给赏赐太少。周世宗称"朕自即位以来,恶衣菲食,专以赡军为念,府库蓄积,四方贡献,赡军之外,鲜有盈余。"(《资治通鉴·后周纪》)显德二年,周世宗攻南唐,五年春结束,河南府犒军银10万两,绢10万匹,钱10万贯,茶50万斤,米麦20万石。

(二)王室支出

五代各国君主,多奢侈腐败,如南汉高祖刘龑,"暴政之外,惟治土木,皆极环丽。作昭阳、秀华诸宫殿,以金为仰阳,银为地面,榱桷皆饰以银;下设水渠,浸以真珠;琢水晶、琥珀为日月,分列东西楼上。造玉堂珠殿,饰以金碧翠羽"(《南汉书·高祖纪二》)。后蜀孟昶"君臣务为奢侈以自娱,至于溺器,皆以七宝装之"(《新五代史·后蜀世家》)。

崇尚节俭的君主如后周太祖郭威和世宗柴荣,史称郭威曾下令乘舆服饰,不得过于华丽,宫中所用器物力求节俭,严禁各地贡献珍宝和奇禽异兽。而南唐李昇,左右服侍者只有几个丑老之人。

(三)水利和城建

唐末五代因连年战祸,水利失修,黄河水患连年不绝。《五代会要·水溢》记载:"幅员千里,水潦为沴""漂荡户口,妨废农桑"。后晋时因河决数郡,发丁修塞。后周显德元年,命李谷到澶、郓、齐等州巡视堤防,发丁夫 6 万人,历时一个月修提以轻河患;后河决于原武,世宗柴荣又派吴延祚调夫修筑河堤。因割据日久,江、淮水路湮塞,漕运不通。后周世宗在取得南唐江北 14 州后,于显德五年调徐、宿、宋、单等州丁夫数万人,浚汴口,导河流达于淮。又调滑、亳二州丁夫疏五大河,以通漕,命何幼冲为关西渠堰使,疏通泾水,以灌溉农田。

南方诸国为保境安民,也十分重视水利建设,尤以吴越所修为多。杭州捍海石塘"运巨石,盛以竹笼,植巨材捍之"(《吴越备史》),既有利于杭州地方农业的发展,也有利于杭州经济的繁荣。如吴越还在浙江武县筑长安堰,溉田万余顷;维修鄞县的东钱湖、越州大鉴湖,以保证周围数十里农业用水。其他如南唐楚州有筑白水塘,寿州有安丰塘;闽在长乐修海堤;楚在潭州东筑龟塘蓄储山泉水;后蜀山南节度使武璋在褒中凿大漱导泉源溉田,灌溉田地多者万余顷,少亦数百顷。①

后梁都开封,后唐都洛阳,后汉、后周都开封,旧有都城无须新建。《五代会要》载,唯有后晋石重贵引契丹南下,在开封大事抢劫,破坏极大,所以后周先发城内丁夫 50 万修京师罗城,又发畿内及滑、曹、郑等地丁夫 10 余万修外城。此外,还重建扬州新城和下蔡城等。其他如吴越钱镠因海潮逼城而扩建杭州城,征发丁夫 20 万,凿石填江,板筑斤斧之声昼夜不息。《旧五代史》称,"又平江中罗刹石,悉起台榭,广郡郭周三十里",扩大了杭城规模。

(四)佛寺耗费

自唐至五代,朝野崇佛之风日盛。后汉乾祐中,司勋员外郎李钦明提出后汉境内每县佛寺精舍不下 20 余处,僧尼不下 10 万;10 万之众日食米需千石,年需绢 50 万匹,绵 500 万两。因此,李钦明上《清汰僧人疏》云:"聚僧不如聚兵,僧富不如民富。"后周郭威在开封一地,废寺院 58 所;世宗即位后,于显德二年废寺院 30 336 所,所存仅 2 694 所,系籍僧尼 61 200 人,其他勒令还俗。同时还严格限定度僧尼地点和剃度诸多规定,以扩大国家纳税人口。

四、五代十国的财政管理

五代十国的财政管理机构,大多沿袭唐朝旧制,或略作改制。如以户部、度支、盐铁为三司,管理国家财赋。后唐天成元年并三司为一司,仍称"三司使"。有的朝代,也有租庸使之设,其职责亦如唐朝。在财政体制上,后唐庄宗

---

① 韩国磐. 隋唐五代史纲[M]. 北京:人民出版社,1979:448.

时"三司上供"(桑田正税)、"州县上供者入外府,充经费",可见后唐仍实行"上供、送使、留州"制度。

第二节　宋代的社会经济背景

一、宋前期中央集权的加强

公元960年,宋太祖赵匡胤结束五代十国的割据分裂局面,建立宋王朝。宋朝既维系了以农业为主的经济发展格局,又在工商业方面创造出空前的繁荣,拓宽了国家赋税征纳范围,成为当时世界上具有先进生产力发展水平的大国。北宋从赵匡胤立朝到钦宗被俘失位为止(公元960—1127年),南宋从高宗赵构在南京应天府(今河南商丘)登基到陆秀夫背负幼帝赵昺投海而死(公元1127—1279年),两宋政权历时320年。

宋太祖立国之初,为避免军阀拥兵自重、分裂割据局面再现,进行了政治军事方面的一系列改革。一是改革军制。取消禁军最高统帅殿前都点检、副都点检职务,改设无统兵权的枢密院掌管军队调动。三帅统兵权和枢密院调兵权职责分明,相互制约,直接对皇帝负责。军队实行更戍法,定期换防,防止官兵"亲党胶固"。二是改革行政。朝廷上分割宰相的军、政、财三权,宰相下设数名参知政事、枢密使、三司使相互制衡。三是削弱地方权力。对独霸一方的节度使,"稍夺其权,制其钱谷,收其精兵",州郡由朝廷委派文官任知县、知州、知府,直接对朝廷负责。规定地方财政每年赋税收入,除支度给用外,凡属钱币之类,"悉辇送京师"。改革后的中央集权得到强化,一方面促进了政治稳定、经济发展,另一方面也带来了"强干弱枝",地方权力太小,军队战斗力削弱等消极后果。

二、北宋生产与经济的发展

公元998—1099年是宋真宗至宋哲宗统治时期。这一时期由于实施两税法、代役制和租佃制等新的经济制度,激发了广大农民的生产积极性。随之而来的是人口的增加,垦田面积的扩大,铁制工具的制作进步,耕作技术的提高,农作物的种类和产量倍增等。据统计,宋太宗至道三年,北宋有523万多在籍人户,到宋仁宗嘉祐八年,户数已逾1 246万多户。宋太宗至道二年,耕地有

3亿多亩,至宋真宗天禧五年,增至5.2亿多亩。熙宁十年仅两税征收的粮食收入即达1 789万石。按《鸡肋编》中张方平的"大率中田亩收一石输官一斗"推算,当时全国粮食产量不少于17 890万石。按熙宁十年人口数量计算,达到平均每人近600斤。

农业经济的迅速发展促进了手工业、商业的发展。手工业生产中,传统的织造技术超过了前代,瓷器、矿冶、造船、酿酒、造纸及印刷等行业均有空前的发展。宋的商业规模也进入了一个新的历史阶段,当时东京的商户逾20 000家,其中640家资本雄厚的商户分属160行,经营米、茶、盐等商品贸易。各种商业中以金银彩帛的交易额最大,而数量最多的是酒楼。宋时的大酒楼称为正店,兼具商品交易的功能。东京的正店有72家之多,有些就是商人同业组织开设的,具有后世同业公会和交易所的性质。还有多达3 000家称为"脚店"的小酒楼。东京的贸易市场亦规模宏大,据《燕翼诒谋录》说:"东京相国寺,乃瓦市也。僧房散处,而中庭两庑可容万人。凡商旅交易,皆萃其中。四方趋京师,以货物求售,转售他物者,必由于此。"

商业繁荣带来了更大的货币需求,北宋货币以铜钱为主,杂有不少铁钱。当时全国每年铸造的铜钱是唐朝的10~20倍,约1.5万吨,仍旧满足不了日益增长的商品流通的需求,出现了"钱荒"。金属货币体积大、分量重,为满足交易需要,纸币在交通最不方便的四川应运而生。宋真宗初年,益州(今四川成都)16户富商联手发行一种称为"交子"的钱券。宋仁宗天圣元年政府收回发行纸币的权利,在益州设立"交子务",负责印刷、发行交子,改变了先前私家发行时没有固定面额和流通期限、没有资金准备与兑现保障的缺点,规定每两年一届,每届发行额为125万余贯,以铁钱为本位,备本钱36万贯铁钱,以便持交子者在取现钱时兑取。这种政府发行的纸币面额固定并盖有官印,用户纳入现钱换取交子时,要把商业字号登记入簿,兑现时按字号销账,以防伪造;用户纳入现钱兑换交子时,纳三十文钱入官以为纸墨费;有一定流通期限,有固定机构负责印刷、发行和回笼。后来交子流通范围扩大,政府便在开封设置交子务,负责面向全国的交子的发行事宜。南宋时由于铜钱大量外流,钱荒愈加严重,纸币逐渐成为主要货币,有四川钱引、湖广会子、两淮交子(以铁钱为本位)、东南会子(以铜钱为本位)。

三、南宋生产与经济的发展

五代十国时期是中国南方超越北方的历史转折点,到北宋时,"国家根本,仰给东南"已成定局,南宋江南的农业经济更是有了突飞猛进的发展。靖康之乱后北方人口南迁,是继晋代永嘉之乱、唐代安史之乱两次南迁高潮之后的第三次南迁高潮。南宋虽然仅占半壁江山,但淳熙末也曾达到1 300万户,约为北宋兴盛时期(公元1109年)2 000余万户的2/3。南宋朝廷大力提倡精耕细作、集约化经营,十分重视农业技术的总结、推广与指导,形成了历史上罕见的刊印农书与劝农文的高潮。史称"闽浙之邦,土狭人稠,田无不耕""江东、西无旷土",南迁的北方百姓与南方百姓一起,共同促进了南方经济的发展,推动了中国经济中心向江南的转移。

偏安江南的南宋,手工业生产也同样有了长足进步。南宋在苏州、杭州、成都设官营丝织机构织锦院,浙江的龙泉、江西的景德镇已成为全国著名的制瓷业中心,产品远销各地。2012年发掘的宁波上虞窑寺前与凌湖两个地区的越窑遗址,有唐宋时期的窑址50多处,以北宋中晚期窑址为主。产品质量高,制作精致,纹饰精美,釉色匀润青翠,属于高档的秘色瓷类。南宋嘉泰《会稽志》记载此处在"国初"曾设"官窑三十六所",这部分窑址当即文献所记的"官窑"。[①]

由于北方沦陷,对外交往必须通过海道,因此泉州、广州、明州迅速发展,成为三大对外贸易港口。为了加强管理,南宋在这些地方设置了市舶司。宋高宗在位的晚期,市舶司的关税收入达200万贯,超过北宋最高额一倍,占南宋政府年度财政总收入的1/20。南宋对外贸易的繁盛已超过北宋,形成了通向日本、高丽、东南亚、印度、波斯、阿拉伯的海上丝绸之路。据《岭外代答》《诸蕃志》的记载,当时来南宋通商的国家有50多个。海上丝绸之路的兴旺发达,使偏安于半壁江山的南宋依然与世界各国保持密切的经济文化交流,并且在这种交流中保留着举足轻重的地位。杭州在北宋时不过是一个39万人口的中等城市,南宋建都后临安人口很快增至124万,规模超过了北宋的首都东京开封,成为当时世界上屈指可数的大都市。

第三节 宋代的田赋与徭役

宋朝田赋和徭役都是针对民众的无偿征调。

[①] 郑建明. 21世纪以来唐宋越窑及越窑系考古的新进展[J]. 文物天地,2018(09):96-103.

一、田赋

田赋收入是宋代财政收入中的主体收入,约占 50%～60%。《文献通考》记载熙宁十年两税收入为:银 60 137 两;钱 5 585 819 贯;粮 17 887 257 石;布帛 2 672 323 匹;丝绵 5 850 356 两;草 16 754 844 束;杂色 2 200 292 两。

(一)田制

宋朝因循前朝之制,将耕地分为官田与民田。官田大多为唐末离乱无主之民田与各王公的私有地,包括屯田、营田、职田、学田、仓田等。官田由军队或官府招募的百姓耕种,国家收取地租。民田为农民私有的土地,国家课以田赋。

宋初不抑兼并,大量土地被地主豪强兼并或成为隐田,据《宋史·食货志》记载"地之垦者,十才二三,税之入者,又十无五六",全国"赋税所不加者,十居其七"。漏税既多,朝廷多次厘定田制,清理赋税。

方田均税法始于宋太祖建隆二年遣使度民田,成效未著。太宗时郭谘奉命到洺州肥乡县均平赋役,"以闲旷之田,广募游惰,诱之耕垦,未计赋租"(《宋史·食货志》),但欲框正地籍,达到均税增收的目的。后三司决定在蔡州上蔡县及陕西河北试行,遭到强烈反对而终止。宋神宗时,赋税不均现象更加普遍,熙宁五年开始,由王安石主持在全国推行方田均税法,《宋史·食货志》记载:

> 以东西南北各千步,当四十一顷六十六亩一百六十步为一方,岁以九月,县委令、佐分地计量,随陂原平泽而定其地,因赤淤黑垆而辨其色。方量毕,以地及色,参定肥瘠,而分五等,以定税则,至明年三月毕,揭以示民。一季无讼,即书户帖,连庄帐付之,以为地符……凡田方之角,立土为峰,植其野之所宜木以封表之。有方帐,有庄帐,有甲帖。其分烟析产,典卖割移,官给契,县置簿,皆以今所方之田为正。

方田均税法在一定程度上避免了税负不均,到元丰八年共丈量土地 2 484 349 顷,占当时全国耕地面积的 54%。因豪强地主的极力抵制,宣和二年方田均税法停止实施。

经界法始于绍兴十三年,朝廷准两浙转运副使李椿年推行经界法。李椿年成立转运司措置经界所,发布经界办法:其一,"措置经界,要在均平,为民除害,更不增添税额。恐民不知,妄有扇摇,至民情不安",因此"出榜晓谕民间"。

其二,隐匿耕地者,许民告发,其田赏告发人。其三,令百姓将所属耕地各制"砧基簿",簿上载有按照土地形状、四至画出的图形,登记耕地土质及所宜作物。"先要逐都耆、邻保在(伍)关集田主及佃客,逐丘计亩角押字,保正、长于图四止押字,责结罪状,申措置所,以俟差官按图核实,稍有欺隐,不实不尽,重行勘断外,追赏钱三百贯。因而乞取者,量轻重编配,仍将所隐田没入官。"(《宋会要辑稿·食货六》)凡是没有登记入簿的土地,即使有地契凭据,"亦拘没官"。各县砧基簿一式三份:留县、送州、送漕。经界查勘从平江府开始,数年内完成了40个县的土地清丈。绍熙元年,朱熹又奏行经界查勘:"打量步亩,算计精确;攒造图帐,费从官给","除二税簿外,每三年乡造一簿,县造都簿,通载田亩产钱实数,送州印押,付县收管。民有交易、对行、批凿,则版图一定,而民业有经矣"(《文献通考·历代田赋之制》)。经界法有利于国家赋税收入的稳定增加,有利于广大百姓安居乐业。但触及豪贵的根本利益,最终导致经界法停罢。

(二)田赋

两宋的田赋收入由官田的佃租和民田的田赋两部分组成。官田中的职田、学田、仓田是专款专用的土地,由官吏、官学和地方官府出租,其收入作为官俸补贴、学校经费、救灾储备,账面上并不增加财政收入,只是减少了国家财政支出的规模。屯田和营田则由政府提供耕牛、种子或贷给资金,由军队屯种或募民耕种以收取地租。军屯目的是满足国防需要,减少国家军费开支和转运粮草的支出;民屯的目的在于安抚流民和增加财政收入。史载建炎年间民屯租分三等:上田米1斗5升,中田1斗,下田7升。绍兴三年,"德安府、复州、汉阳军镇抚使陈规放古屯田,凡军士:相险隘,立堡砦,且守且耕,耕必给费,敛复给粮,依锄田法,余并入官。凡民:水田亩赋粳米一斗,陆田豆麦夏秋各五升,满二年无欠,给为永业"(《宋史·食货志》)。

《宋史》载,两宋对民田的田赋征收依唐制分夏秋两期征收,"夏输毋过六月,秋输毋过十一月"。唐代的两税法各地税率并未统一,"遣使分道按率"。宋的田赋税率也没有做过统一调整,"二十而税一者有之,三十而税一者有之"。王安石推行方田均税法后,均税才在较大范围内得以实现。北宋的田赋先是按照土质将耕地分成五等,以定税则。后改为十等,但仍因"所在地色极多,不下百数,及至均税,不过十等。第一等虽出十分之税,地土肥沃,尚以为轻;第十等只均一分,多是瘠卤,出税虽少,犹以为重",又将"十等中再分上、中、下三等,折亩均数。谓如第十等地每十亩合折第一等一亩,即十等之上,受税十一,不改元则;十等之中,数及十五亩,十等之下,数及二十亩,方比上等受一亩之税,庶几上下轻重皆均"(《宋史·食货志》)。后来由于清丈揭露了隐瞒的土地,增加了在册土地数量,平均每亩土地应纳税额才有所减轻。

宋朝田赋征收率,史籍中记载的均为区域性的数字,如江东路徽州歙县、绩溪、休宁等地,夏税每亩:上等田 200 文;中等田 150 文;下等田 100 文。秋税每亩:上等纳米 2 斗 2 升;中等纳米 1 斗 7 升 7 合;下等纳米 1 斗 3 升 3 合。而同样位于徽州的懋源县,夏税每亩:上等田仅交 42 文;中等田 40 文;下等田 38 文。秋税每亩:上等纳米 4 升 2 合;中等纳米 4 升 7 合;下等纳米 3 升 8 合。负担更轻一些的两浙路衢州开化县,夏税每亩:4 文 8 分至 7 文;秋税每亩:3 升至 4 升 4 合。夏税负担轻重悬殊超过 40 倍,秋税负担轻重悬殊超过 7 倍,有些地方甚至超过 10 倍(江东路池州青阳县上等田纳米 3 斗)。南宋初由于战乱,田赋征收困难,收入远不如北宋。淮南一些地区不再征收两税,"权纳课子二年,每亩不得过五升"(《宋会要·食货》)。福州等地两税征收率也降低到"多者钱五文,米一斗五升,最少者钱一文,米仅合勺"(《三山志·卷十》)。

(三)田赋附加

田赋附加是两税正额之外随田赋一起征收的收入,除了五代所创的省耗、雀鼠耗、省陌、农器钱、曲钱、牛皮筋角税、牛租、进际税等附加税外,两宋又创头子钱、义仓税、折纳、支移与脚钱等诸多田赋附加。

1. 折纳

折纳又称折变。为了方便农民交纳实物税和满足政府需要,宋代官府将各地夏秋两税折成指定物品,价格官定。折纳本是国家征收田赋的一种变通手段,但在执行过程中"就官不就民",使百姓徒受损失,形同附加。包拯在《请免陈州添折见钱奏书》说:"令将大小麦每斗折见钱一百文,脚钱二十文。诸般头子仓耗,又纳二十文,是每斗麦纳钱一百四十文",而当地"每斗小麦实价五十文""乃是于灾伤年份二倍诛剥贫民也"。

征收的方法,亦分为两种:正常的方法,在本地缴纳规定的物品;而各地官府的所谓折变,乃指原定纳税品不合官家需要,故使改纳价值相当的其他物品以合需要,这是后世折色的滥觞。折变初期依中价准折,其后时久弊深,即"以绢折钱,又以钱折麦;以绢较钱,钱倍于绢;以钱较麦,麦倍于钱"(《宋会要·食货》)。

2. 支移与脚钱

田赋主要征收实物,农民居住分散,税收需要集中于国家府库。因此缴纳田赋必须将所纳之物运送到官府指定地点。初"所谓支移,视地远近,递迁有无,以便边饷,内郡罕用焉"(《文献通考》)。在战争期间这种支移负担虽然沉重,"以税赋户籍在第一等、第二等者支移 300 里,第三等、第四等 200 里,第五等 100 里"(《文献通考》)。但这是国家战时采取的临时措施,是合法的支移。就制度规定而言,支移是田赋的合理运送义务。宋代的支移,主要由民户中比较富足的前五等户担当,既保证了支移任务的圆满完成,也不影响较贫困民户的生活。但是在相当长的时期内,官府既没有坚持前五等户负担支移的制度,也没有只在战争期间和边境地区采取支移的措施。史载崇宁时,京西地区的百姓既缴纳田赋又要支移,即使是九等户也不能免。为了增加收入,官府不再让百姓直接支移,而由官府定价将支移折成脚钱随田赋一并缴纳,田赋正额之外每斗加缴脚钱 56 文,超过实际所费数倍。另外,还有加耗、蚕盐钱、纳醋息钱、农器税、助军米、斛面与畸零、牛革筋角税等也随田赋征收,这无疑是对农民的额外剥夺。

(四)田赋减免

宋朝田赋减免主要灾歉减免、贫困减免和示恩减免。

1. 灾歉减免

主要是对遭受自然灾害及瘟疫灾害的地区给予减免田赋的待遇。如《宋史·食货志》记载:"宋克平诸国,每以恤民为先务,累朝相承,凡无名苛细之敛,常加划革,尺缣斗粟,未闻有所增益。一遇水旱,徭役则蠲除倚格,殆无虚岁,倚格者后或凶歉,亦辄蠲之。"

2. 贫困减免

针对贫苦百姓生活困难所进行的帮困田赋减免。《宋史·太祖纪》载,乾德二年(公元 964 年),曾"免诸道今年夏税之无苗者"。

3. 示恩减免

统治者为显示皇恩给予百姓的田赋减免。这种减免主要给予新征服的地区。《宋史·太祖纪》乾道三年正月,"乙酉,蜀主孟昶降。……丙申,赦蜀,归俘获,除管内逋赋,免夏税及沿征物色之半"。

二、徭役

徭役分一般力役和兵役两种。一般力役在唐朝早已改为征钱并入两税了。宋朝田赋虽然名义上也称"两税",但力役仍然在两税之外单独存在。宋太祖时即规定:男子 20 岁成丁,60 岁为老,此期间有义务为国家服徭役。力役包括夫役和职役。兵役改为征募。

(一)夫役和免夫钱

夫役主要承担修建道路城池、整治堤坝河渠、修葺衙门府第、运送官府公私财物等工作。因其繁杂,无统一征调时间,无固定征调地点,亦称杂徭。如《宋史·谢德权传》记述了他的前任曾征调30万民夫浚河修堤,因措施不当而失败。他上任后,派出三路人马,分段监督民夫,采用清沙固基、植树固岸的方法,保证了汴河的正常航运。唐时凡服杂徭者,可纳钱免役,政府以其钱雇人,即由差役转为雇役。北宋初规定差充之人须服实役,熙宁十年由于黄河改道泛滥成灾,须调急夫以事抢救,故神宗诏"河北、京东西、淮南等路出夫赴河役者,去役所七百里以外愿纳免夫钱者,听从便"(《续资治通鉴长编》)。至于每夫需要缴纳钱数,各地没有定制。此次仅京东路就征调民夫16 000多人,得免夫钱256 000余贯,平均每夫16贯。

南宋的杂徭非常繁重,《宋史·孝宗五》记载"凡有科差,州下之县,县下之里胥。里胥所能令者,农夫而已。修桥道、造馆舍则驱农为之工役,达官经由、监司巡历,则驱农为之丁夫",百姓不堪困扰。

(二)职役和免役法

职役是从官府中较低微的职务转化来的无偿征调,产生于五代十国时期。职役又被称为差役,北宋差役法规定:按资产多少将民户分为九等,前四等户需要担任职役。但是作为宋朝最富足的官宦之家具有免役特权,真正充任差役的一般为中小地主或城镇小业主,甚至是稍有家产的自耕农等。

宋代的职役主要包括负责管押运输官物与供给官物的衙前,负责督课赋税的里正、户长、乡书手,负责追捕盗贼,维护治安的耆长、弓手、壮丁,负责为官府跑腿做杂务的承符、人力、手力、散从。宋代的职役负担繁重且惩罚苛刻,民众困扰,致使流离饥寒而不能以自存,其中衙前役害民最重,后王安石推行募役法,将力役改为货币税。

免役法又称雇役法、募役法。役法核心是将原来由一些民户充任的职役,改由所有的民户出钱雇募人充役。各地以州县为单位,根据职役需要雇役的数量,按户等征收。当役户出钱称免役钱;其他民户出钱称助役钱;在满足雇募所需的情况下,还要多征收20%作为准备金,称为免役宽剩钱。具体如《宋史·役法》记载:"畿内乡户,计产业若家资之贫富上下分为五等,岁以夏秋随等输钱。乡户自四等、坊郭自六等以下勿输。两县有产业者,上等各随县,中等并一县输。析居者随所析而定,降其等。若官户、女户、寺观、未成丁,减半输。皆用其钱募三等以上税户代役,随役重轻制禄。"此法在开封府试行后于熙宁四年十月在全国推行。

免役法的助役钱来自过去无役的富户,输纳较乡户为多。所以实行募役法的结果是农民获益而大地主和权贵受损。哲宗元祐元年,由于强势集团的反对,当政的司马光将其改为差役法。到了南宋,不但将北宋时代的里正、户长、耆长、壮丁等职役皆由保正、保长、甲头承担,而且保正、保长、甲头均是义务差充的,他们如欲免役,同样得出免役钱。

王安石变法是中国历史上役与税的更替期,职役于熙宁四年(公元1071年)成为免役钱,熙宁十年(公元1077年),杂徭也成为免夫钱,两种役都转化为税,减弱了官府对百姓的人身控制,是古代社会重要的进步。

第四节 宋代的工商税收

宋代社会商品经济迅速发展,商品流通范围广、数量大、专业化程度高,为各类工商税收的增加奠定了基础。两宋的工商税收的税种多且税额大,除了商税、专卖、关税等还有名目繁多的杂税。

一、商税

宋代全国有1 830多个商税务、商税场负责征收商税。除茶酒税等以现钱缴纳外,其他工商税皆以实物缴纳,其实物大致有谷、帛、金属、土特产四类。宋太祖建隆元年制定《商税则例》,要求将其公布于商税务及商税场,晓谕商民。税则规定:商民凡贩运和买卖税则规定的征税物品,必须走官路,在所经商税务及亩税场缴纳物品价格2%的过税,在买卖交易地缴纳3%的住税;如果是官府所需物品,将被抽税10%。商民逃避纳税,官府捕获后,不仅要受到刑罚,还将被没收货物的1/3,以没收品的一半奖捕获者。但"行旅赍装,非有货币当算者无得发箧搜索……常税名物,令有司件析颁行天下,揭于版,置官署屋壁,俾其遵守"(《宋史·食货志》)。后来宋朝的商税税率渐次提高,课税范围也日益扩大,先是在正税之外增加附加性的市易钱和力胜钱,又准漕臣刘既济奏请在正税之上有"一分增收税钱"的征收,之后一直增加到"七分增收税钱"。对已完缴过税的商民,官府付给证明(文引、公引、关引)避免重复纳税。对长途贩运或物品繁杂者,采取始发地官府付给长引,到终点一并纳税的办法进行管理。

为提高商税收入,从太宗淳化三年开始制定预算定额,鼓励地方官员攀比。各州以端拱元年到淳化元年间实际征收税额的最高年份数额为"比额"(或称祖额)。为完成预算或超额完成预算,地方官吏不断增加税目和提高税率,致使商民负担沉重,商旅不行。北宋商税年收入较高的年份在庆历时达1 975万贯,"其取愈多,下利之不见其赢"(《乐全集》卷24)。南宋国土缩减,战事频仍,商旅难行,收入大降。为了满足财政需要,商税的征收开始崩坏,《宋史·食货志》记载"广中无名税场,在在有之。若循之浰头、梅之梅溪,皆深村山路,略通民旅,私立关津,缗钱斗米菜茹束薪,并令输免",建炎元年朝廷"诏北来归正人,两淮复业人,在路不得收税",但实际上"贪吏并缘,苛取百出,私立税场,算及缗钱、斗米、菜茹、束薪之属……虚市有税,空舟有税,以食米为酒米,以衣服为布帛,皆有税。遇士夫行李,则搜囊发箧,目以兴贩,甚者贫民贸易琐细于村落,指为漏税,辄加以罪……闻者咨嗟,则指为大小法场"。

二、市舶与边贸收入

市舶与边贸收入是宋代的关税收入。市舶收入主要指宋在沿海地区对外贸易中征收的商税收入,边贸收入是其与北方辽、西夏、金等国及西南地区各少数民族的边境贸易收入。

(一)市舶收入

太祖开宝四年始,宋先后在广州、杭州、明州(今宁波)、秀州之华亭(今上海淞江)、密州之板桥(今山东胶州)设市舶司,向来往商民征收商税,管理中外贸易。

市舶司负责检查出入港口的船只,并对货物分别禁榷、抽解和抽买。禁榷就是对舶来品全部或部分实行专卖,即限定外国商人只能与官府交易,禁止与民间交易,否则便以违法处置。抽解就是按照货物的种类征收10%以上的实物税。抽买是国家对舶来品进行部分征购。太平兴国七年,禁榷商品为玳瑁、牙、犀、镔铁、皮、珊瑚、玛瑙、乳香,后紫矿亦列为禁榷物品。抽买比例在太宗时曾高达50%,其余允许民间买卖。实行抽买的征购部分主要为朝廷自用,余下部分由官府出售获利。南宋高宗曾说:"市舶之利最厚,若措置合宜,所得动以百万计。"(《鄮溪集》卷12)

(二)边贸收入

宋与草原及西南的边贸也十分繁荣,为加强与辽国互市的边贸管理,北宋太平兴国二年在镇州(今河北正定)、易州(今易县)、雄州(今雄县)、霸州(今霸州市)等地设置榷务。后又增置安肃军、广信军榷务。榷务负责管理民间贸易和国家官府间的贸易。宋辽互市因战争时断时续,宋主要以香药、犀象、茶、苏木、缯帛、漆器、粳糯、珠宝等换取银钱、布、羊马、橐驼。景德年间,岁获40余万。宋与西夏互市主要以缯帛、罗绮换取驼马、牛羊、玉、毡毛、甘草;以香药、瓷漆器、姜桂等物换取蜜蜡、麝脐、毛褐、羱羚角、砂、柴胡、苁蓉、红花、翎毛。因两国常有战争,粮、盐作为战略物资,朝廷曾禁止出口,违者不论多少,一律处死。宋与金的互市主要集中在淮西、京西、陕西、泗州等地,其管理机构称榷场,长官称榷场官。

为了发展与西南地区少数民族的贸易,宋王朝设立称为市易司和市易场的管理机构。其主要内容是宋以茶、米换取马匹、朱砂。《宋史》中有年易朱砂二万两及岁买马七百匹的记载,可见交易量不少。

三、专卖收入

(一) 盐专卖

《宋史》记载:"宋自削平诸国,天下盐利皆归县官,官鬻、通商,随州郡所宜,然亦变革不常,而尤重私贩盐之禁",足见宋王朝统一全国后实行食盐专卖政策。官鬻是由官自卖,禁止私鬻;通商,则令商人纳银于官,领盐发卖。大致京西、陕西、河东、河北等处实行通商,京东、淮浙、广东等处实行官卖。宋初本行官鬻,后因边事紧张,始许商人发卖,这便是通商之法。

宋代食盐专卖有计口授盐、入中、盐引、钞法、变盐法等诸多具体办法。

计口授盐即配售法。官府佥散蚕盐,依限纳税,将食盐按照人丁配售给百姓,叫"丁蚕盐";按照两税配售给百姓,叫"两税盐钱"或"苗盐";按照田产配售给百姓,叫"计产敷盐"。这种配售具有强制性,盐价奇高,但百姓必须购买。宋于京东诸路实行计口授盐,在河北等处实行课归地丁,将盐税附于田赋缴纳。

入中法是太宗雍熙年间,因辽国数次犯边,戍边军队急需粮草,国家以盐的贩卖凭证作酬值,引导商人运送粮草到边境,是为"入中"。其凭证谓"交引","酌地之远近而为其直,取市价而厚增之,授以要券,谓之交引,至京师给以缗钱,又移文江、淮、荆湖给以茶及颗、末盐"(《宋史·食货志》)。此项引券,由商人持赴京师,按券面价格偿付现钱,或移文江淮及解池,以盐偿之,谓之"折中"。

端拱二年,又于京师置折中仓,听商人输粟京师,给以江淮盐;高价入粟,贱价取盐,豪商从中得利。到神宗熙宁时,为使盐商专卖,发售盐引。

崇宁时蔡京主持盐茶专卖制度改革,实行引法,按照准许贩卖盐茶的路程远近和期限长短分为长引、短引。长引运盐至距离较远之地,限期一年;短引运盐至距离较近之地,限期一季。商人交钱买引,持引领盐茶贩卖。盐茶由税务查验、封装盖章,到指定地开封出售。贩卖盐茶都有引界,商贩不得超越引界,亦不得夹带超过引证上规定数额的盐茶,否则以私贩盐茶罪论处。

钞法由太常博士范祥于庆历八年创立。《梦溪笔谈》记载:"令商人就边郡入钱四贯八百,售一钞,至解池请盐二百斤,任其私卖,得盐钱以实塞下,省数十郡搬运之劳。"克服了入中法虚增盐茶价格和后期价低于其他地区的弊端,为后世票盐法之发端。

变盐法是南宋绍兴年间四川总领赵开所行,官府不再向灶户支付本钱,而由商人和灶户直接交易。在盐产地置合同场,收引税钱,每斤输引钱25,土产税及增添9钱4分,过税钱7分,住税一钱半,提勘税钱66,其后又增贴输等钱。

北宋前期,盐收入每年不足1 000万贯;元丰时,增加到2 000万贯左右;蔡京当政时收入达4 000万贯。南宋绍兴二年,仅川盐一隅年收入即达400万缗。为确保专卖,宋代对贩卖私盐处罚严厉:贩卖食盐一两以上即"决杖十五";"持杖盗贩私盐,三人已上,持杖及头首并处死"(《宋会要辑稿·食货》)。

(二)茶专卖

茶的饮用在宋朝极为盛行,有"一日可以无盐,不可以无茶"之说,故茶收入也成为宋朝财政工商税收的主要收入之一。宋代实行茶专卖制度,《宋史》载"园户,岁课作茶输租,余则官悉市之,其售于官者,皆先受钱而后入茶,谓之本钱""官于园户名为平市,而实夺之。园户有逃而免者,有投死以免者,而其害犹及邻伍"。

商人欲贩卖茶,必须到"榷货务"购买,不得与茶农直接交易。《宋史》载:"商贾贸易,入钱若金帛京师榷货务,以射六务、十三场茶,给券随所射与之,愿就东南入钱若金帛者,听计直予茶如京师。"官府在全国各地设有19个分支机构,即6个"榷货务"和13个"山场"负责茶的专卖。而茶商须纳钱或金帛于京师榷货务,以定销山茶,榷货务即付以茶券"交引",向茶场进茶销售。如果愿意到东南地区纳钱或金帛,与在京师一样办理,计值付茶。

宋朝盐茶专卖的交引制度,官府对商人酬值的优惠幅度很大,《宋史·食货志》记载"陕西沿边所折中粮草,率皆高抬价例,倍给公钱,止如镇戎军,粟米一斗,计虚实钱七百十四。而茶一斤止易粟米一斗五升五合五勺;颗盐十八斤十一两止易粟米一斗。""草一束,计虚实钱四百八十五,而茶一斤止易草一束五分,颗盐十二斤十一两止易草一束。""定州入粟直四万五千,给茶直十万。"后京师缺粮,"端拱二年,置折中仓,听商人输粟京师,优其直,给茶盐于江、淮"。

至嘉祐中,茶的专卖改行通商法,园户种茶,官收租钱;商贾贩茶,官府征税;对于茶商与园户的交易,则听其自便。

由于茶叶专卖获利甚厚,茶收入一般每年在几百万贯。大中祥符年间每年500万贯左右;政和年间仅东南茶行年息钱就达到400万贯,川陕息钱370多万贯。

南宋末,北方少数民族嗜茶,于是朝廷设立茶马司,开展以马易茶的边境贸易。南宋孝宗乾道初,川秦八场马额9 000余匹;淳熙以来,马额12 994匹。

宋王朝为垄断茶利,对于私茶,取缔甚严。贩卖私茶一斤即杖100,贩私茶至20斤以上弃市。如有违禁,重者处死,轻者没收。《文献通考》载乾德二年诏:"民茶折税外,悉官买,民敢藏匿不送官及私贩鬻者,没入之,论罪;主吏私以官茶贸易及一贯五百,并持杖贩易为官私擒捕者,皆死。"

(三)课酒收入

《宋史》记载:"宋榷酤之法,诸州城内皆置务酿酒,县、镇、乡、闾或许民酿而定其岁课,若有遗利,所在多请官酤。三京官造曲,听民纳直以取。"可见宋代的酒税是不同地区采取不同的管理办法:州城内,采用官酿的办法,寓征于价;在县镇乡间,准许民酿,但征课酒税;其在京师,则由官卖曲,实行原料专卖制度。

北宋初期酒课每年在三四百万贯上下,天禧末年以后达到1 000多万贯,庆历年间曾达1 710万贯,超过了茶专卖年收入额。

到了南宋时期税源萎缩,朝廷加重酒课,还提倡饮酒。其课酒方法,初行隔槽、扑买之法。隔槽法始于建炎三年,赵开领四川财赋,变酒法、置隔酿、设官槽,民以米入官自酿,斛输钱30文,头子钱22文,其后普遍推行,酒课增至146 000余缗。扑买法宋初已实行,南宋推行更广。于乡村分地扑酒,任民增钱夺买。酒税既重,贩私利益必厚,于是走私极多。与盐茶相同,无论买卖曲及酒,都有疆界,同时打击私贩。"私造曲者,州、府、县、镇城郭内,一两以上不

满五斤,徒二年;五斤以上不满十斤,仍配役一年,告者赏钱十千……二十斤以上处死,告者赏钱三十千。"(《宋史·食货志》)

（四）矿冶收入

宋初,旧有坑冶由诸路转运司置场监管,或民承买,按比例卖给官府,所收矿物,归内帑贮藏。崇宁以后,"广搜利穴,榷赋益备。凡属之提举司者,谓之新坑冶,用常平息钱与剩利钱为本,金银等物往往皆积之大观库,自蔡京始。政和间数罢数复,然告发之地多坏民田,承买者立额重,或旧有今无,而额不为损。钦宗即位,诏悉罢之"(《宋史·食货志》)。

宋矿产主要是金、银、铜、铁、铅、锡、水银、朱砂、矾等。治平年间共有矿场271座,后时有兴废。"元丰元年,诸坑冶金总收万七百一十两,银二十一万五千三百八十五两,铜千四百六十万五千九百六十九斤,铁五百五十万一千九十七斤,铅九百十九万七千三百三十五斤,锡二百三十二万一千八百九十八斤,水银三千三百五十六斤,朱砂三千六百四十六斤十四两有奇"(《宋史·食货志》),直至元丰六年,矾年入三十三万七千九百缗。

矿冶为官府禁榷之物,太平兴国二年,私贩晋州矾者,一两以上不满一斤即杖脊15,配役一年,达三斤即处死,再犯皆死;私买及接受寄放或者藏匿矾达六斤者死。刑罚之重与私贩盐茶相类似。

四、契税

契税始于东晋,复盛于宋。《文献通考》记载:"宋太祖开宝二年始收民印契钱,令民典卖田宅,输钱印契,税契限两月。"仁宗庆历四年,始有每贯收税钱40文;徽宗宣和四年,浙江及福建等七路每贯增收20文,充经制移用。

宋时的契税,称为钞旁定帖钱。徽宗崇宁三年敕诸县,典卖牛畜契书并税租钞及买卖田宅契书,皆由官司印卖。凡百姓典卖土地和房产皆先自立契约,称"白契";在规定时间内到官府购买印契纸,将白契贴在钞纸上,官府盖印后才成为称为"红契"的合法契约,官府依契约载明价格征收规定税率的契税。嘉祐末税率为4％。绍兴始增为10％,而且税目也增加了耕牛、舟车、嫁资等内容。

五、杂税及其他收入

宋财政征收繁重,正税之外又有各种杂项收入。杂税有房屋税、舟车税、黄河竹索税、缣税、河渡钱、鹭祠庙、嫁妆税等;无名杂课有头子钱、经总制钱、月桩钱等；其他收入有卖官告和度牒等。

（一）经总制钱

经总制钱是经制钱与总制钱的合称。经制和总制，是宋王朝经制使和总制使的官名。此税由这两职官吏倡举征收，由于是在原有税种征收品目上略增征若干文，很难命名，于是便以官吏称谓命名。

创于北宋末年的经制钱是一种地方附加税。徽宗宣和七年为筹措军费镇压方腊起义，经制东南七路财赋的发运使陈亨伯首创此法，称经制钱。对若干旧税每笔附征少许，然后归成一科目。这其实是对商品税的附加，如商人卖酒、鬻糟、商税、牙税、头子钱、楼店务房钱等，原有税钱作为税基，略增其数，收充为另立名目的地方附加税。南宋时推行至各地，其内容有权添酒钱、量添卖糟钱、增添田宅牙税钱、官员等请俸头子钱、楼店务增添三分房钱五种。其后又增添了诸路无额钱、钞旁定帖钱两种，成为时人所称的七色。其所课税率次第提高，从而加重了东南地区百姓的负担。后总制使翁彦国创总制钱，包括转运司移用钱，勘合朱墨钱，出卖系官田钱等诸多名目。

经总制钱行于诸州，其收入不下数百万计。绍兴十九年时收入最高，岁收1 440余万缗，朝廷竟以此数立额下达任务。乾道元年又增收头子钱每贯13文充总制，每千收56文。故《文献通考》称"其当职官，既诱以厚赏，又驱以严责，额一不登，每至横敛，民受其弊"，后人曾有"宋之所以亡，自经总制钱"的评价。

（二）头子钱

头子钱是指百姓与官府发生缴纳钱物的事务时，在正项钱之外还要缴纳的手续费。北宋开宝六年令川陕人户，输纳两税钱帛时，头子钱每贯收7文，每匹收10文；丝绵一两，茶一斤，秆草一束，各1文。头子钱的使用，一半纳官，一半公用，令监司与知州通判同支使。史载熙宁七年，每缴纳役钱千文，另纳头子钱5文。如前述南宋建炎三年酒课中，民以米入官自酿，每斛输钱30文，头子钱22文。后依诸钱例，增作23文足。即从最初的0.5%增加到2.3%，南宋末又增加到5.6%。

（三）度牒

僧道登记始于南北朝，度牒为僧道身份证，政府出卖度牒则始于唐肃宗。宋代持僧道度牒者可以免除赋税，加上历朝皇帝又崇尚佛道，社会上对度牒趋之若鹜。徽宗大观（公元1107—1110年）年间售价为300贯的度牒即售出30 000多份；南宋时价格曾高达每牒700贯，甚至允许商人每牒加价至800贯作为商品售出。同时朝廷也曾将度牒作为酬值,诱使商人贩运粟米,以解决边境军粮供应及供受灾地区救灾之用。

第五节 宋代的财政支出

宋代财政支出包括军费及赔款支出,官俸及行政支出,皇室支出及赏赐支出,经济建设支出及其他支出。

一、军费及赔款支出

(一)军费支出

宋代实行募兵制,其军队数量之多历朝罕见,一方面两宋始终面临草原政权的军事威胁,战事多;另一方面则是因其募兵制度,"盖五代以前,兵寓于农,素习战斗,一呼即集。本朝兵费最多,兵力最弱,皆缘官自养兵"(《鹤林玉露·卷一》),官自养兵主要是指朝廷养兵。《文献通考·职役》称,宋所募之兵"大概有三:天子之卫兵,以守京师,备征戍,曰禁军;诸州之镇兵,以分给役使,曰厢军;选于户籍或应募,使之团结训练,以为在所防守,则曰乡兵。又有蕃兵,其法始于国初,具籍塞下,团结以为藩篱之兵;其后分队伍,给旗帜,缮营堡,备器械,一律以乡兵之制"。宋的精锐部队(禁军)集中于京师,由中央统一指挥调动,加之国家为防止天灾后百姓暴乱而养的厢军、乡兵,所有费用都由国家财政支付。

《宋史·兵志》载,宋初"祖宗以兵定天下,凡有征戍则募置,事已则并,故兵曰精而用不广"。太祖时期所蓄之兵不满20万(指禁军马步19.3万),至道兵员比之开宝年间几乎增加了一倍。其后日益增加,到庆历年间,禁军马步82.6万人,军队总人数达到125.9万人。南宋乾道年间直属朝廷的军队也在40万以上,加上戍边军队共有80万左右。

关于养兵军费,《建炎以来系年要录》记载,南宋绍兴三十二年(公元1162年),"大农之财,一岁所入,几五千万(缗),而内藏激赏不与焉……盖今天下之兵,内外何啻三十万,大农每岁养兵之费,几十之九,若更加募,何以赡之"。当时的全国财政收入近半为皇室财政,钱入内帑,若与国家财政合并计算,军费支出约占全部财政收入的1/2。

(二)战争支出与赔款支出

两宋始终处在对外战争状态,只是战争规模大小不同。仅大的战争有:公元979年和986年两次伐辽;1004年辽攻北宋;1038年和1040年的宋夏之战;1094年以后对夏的战争;1107年后对辽的战争;1125年开始的金宋之战;1140年、1161年、1206年金和南宋的战争。

宋的对外战争胜少败多,每次战争都使国家财政陷入危机,甚至即使处于优势之时也会求和赔款。数额较大的赔款有:公元1004年的"澶渊之盟",每年向辽国贡岁币银10万两,绢24万匹;1042年增加至岁币银20万两,绢30万匹。1044年"庆历和约",岁"赐"西夏银7万两,绢15万匹,茶3万斤。1126年金国兵临汴京城下,北宋朝廷不仅同意割地,而且出"犒师之费"黄金500万两、白银5 000万两,绢帛100万匹,牛马万头;汴京城破,钦宗投降,内藏库中的全部金银珠宝和绫罗锦绮被掠,献"犒师费"金100万锭,银500万锭,帛1 000万匹。1141年,南宋"绍兴和议",每年向金国进贡银25万两,绢25万匹;1207年再次和议,岁币增至每年30万两,另贡犒军费300万两。还有为实施怀柔政策而赐给外族的币帛。如宋初,太宗先后赐西夏主白金千两,帛千匹,钱百万,金器千两,银器万两,裘衣、玉带、银鞍、马锦彩3 000匹。真宗时,夏主内归,奉官赐爵,并给银万两,绢万匹,钱3万贯,茶2万斤。

二、官俸及行政支出

(一)官俸支出

宋代官吏待遇极好,但是官吏冗滥、支出浩繁,史无前例。宋初,官无定员,员无专职,分隶于三省、二十六曹、四司。《宋史·理宗纪》载真宗景德时有官10 000余员,仁宗皇祐时增至20 000余员,英宗治平年间,并幕职州县官总计共24 000员。《容斋随笔》记载南宋庆元时,官吏已达43 000多人。宋朝官俸,包括料钱、衣赐、禄粟、职田(职钱)、添支和津贴。

料钱是官俸的货币部分。《宋史·礼志》载元丰时,太师、太傅、太保、少师、少傅、少保,料钱400贯;衣赐春服罗3匹,小绫30匹,绢40匹,冬服小绫30匹,绢40匹,绵200两;禄粟150石,这是朝官最高待遇水平。

职钱是给有职事者的货币待遇,如御史大夫职钱60贯。宋代实行多职多俸制度,"如大夫为郎官,既请大夫奉,又给郎官职钱"(《宋史·职官志》),兼一职即可多一份职钱。

职田是对京外官按职务高低分配的食租土地,作为给京外官的报酬。虽然不是财政直接支出,但减少了国家的两税收入。全国19路州郡共有职田2 348 695顷。按田赋正额计算,宋初一亩税秋米8升,那么全国职田就减少税粮收入187 896万石。

添支和津贴,是朝廷对差遣和贴职官员的一种补贴。宋代按官阶发放的俸禄标准高,而按职务发放的俸禄标准低,为调动事多俸低官员的积极性,通过添支和津贴的形式进行补贴。此外,官吏的待遇还有给官吏随从的支出,出差公干及赴外上任按照职务高低付给驿券,由驿站供给沿途食宿等。总之宋代的官吏享有的待遇很丰厚,尤其是高级官吏,衣食住行都由财政负担。因此,北宋中期国家用于入品官吏方面的支出,每年不少于500万贯、石、匹、两。加之减少财政收入的损失和不入品胥吏的支出,每年不少于1 000万贯、石、匹、两。

(二)行政支出

宋代的公用钱(又称公使钱、公使库),是属于政府非工资性的行政支出,用于迎来送往、日常办公、修葺办公房屋、犒赏军队和置办必备器具等开支。公用钱有朝廷发给的正赐钱及自筹的非正赐钱之分,严禁用此钱馈送来往官员。朝廷发放的公用钱数量,按照官署级别高低、所处区位(中心区还是偏远地区)及经办事例急缓而有区别,期限有月给和岁给之分。月给者,如京师玉清昭应宫使,每月百贯。岁给者,如节度使,从三千贯到万贯,分为四个等级。另外如尚书都省、银台司、审刑院、提举诸司库务司,每次给三十贯,用完再续,不限年月。大中祥符六年"诏广州知州给添支钱,自今以七十万为添支,五十万为公用"(《续资治通鉴长编》)。州以上公使钱由朝廷发给,州以下官署由州支付公使钱。南宋时知县每月公使钱仅15贯。

公用钱名为公用,但当官吏俸禄不足时,也可以"得私入"。每年公用钱的支出,仅在京职事官,元初时即为75万贯,如果加上外埠的,颁给在百万贯以上。

三、皇室支出

皇室费用,包括宫室、园林、陵墓、饮食、服饰、娱乐、仪卫、庆典、朝觐诸项。宋初尚俭,其后日奢。宫室修建虽未有数量及花费记载,但《清波别志》记载,"元符初后苑修造所言:内中殿宇修造,用金箔16万余片"。据《宋史》和《燕翼贻谋录》载:玉清昭应宫历经七年建成,共2 610楹,仅长生崇寿殿内的三尊像,即耗金15 000多两。

宋代的18位皇帝陵寝加上僖祖的钦陵、顺祖的康陵、翼祖的定陵、宣祖的安陵共有22座,加上后妃陵墓,修建支出巨大。《宋史》载:"嘉祐八年三月晦日,仁宗崩,英宗立。丧服制度及修奉永昭陵,并用定陵故事,发诸路卒46 700人治之",在"毋过华饰"的前提下,"三司请内藏钱115万贯、绸绢255万匹、银55万两,助山陵及赏赉"。除陵墓建造的一次性费用外还有日常维护费。元祐六年曾诏京西提刑司每年拨钱物20万贯"以奉陵寝"。

皇室日常开销,包括皇帝、后宫嫔妃、宫女上万人的衣食住行,都由内藏支付,其耗费常常"动以万计"。皇室御厨"食手兵校共千六十九人";每年禁中所用橡烛13条;内官也是动以千计,内藏难以承受。另外,皇帝的仪卫开支亦是一笔不少的费用,《宋史·仪卫志》记载"徽宗政和三年,议礼局上大庆殿大朝会议卫,黄麾大仗五千二十五人"。元丰元年时大驾卤簿,仗下官一百四十六员,执仗、押引从军员,职掌诸军诸司二万二千二百二十一人。至于皇帝游幸巡视,如"天子岁时游豫,则上元幸集禧观、相国寺、御宣德门观灯;首夏,幸金明池观水嬉,琼林苑宴射;大祀礼成,则幸太一宫、集禧观、相国寺恭谢,或诣诸寺观焚香,或至近郊阅武、观稼,甚事盖一不焉"。

宋代的祭祀分为不定期进行的封禅祭山和每年进行的经常性祭祀。经常性祭祀每岁大小约百次,其中郊祀支出既包括郊祀本身的费用,也包括赏赉支出。高宗南逃中仍坚持郊祀,并向诸路征调财赋,"江浙淮南福建路都计钱二十万四千六百九十八贯,金三百七十一两八钱,银一十九万二千四百一两,绸一十四万二千六百六十二匹,绢四十万八千四百一十匹,绫一千五百四十匹,罗五万五千二百四十匹,丝六万二千三十一匹,绵七十二万五千七十九两,布二千匹"(《宋会要·礼志》)。赏赉支出在祭祀支出中占绝大部分,并有按品阶赏赉官吏和军队的惯例。不定期的封禅和祭山支出也很浩繁,真宗东封泰山,耗费银达830余万两。祀汾阴上宝册耗费银达850余万两。宋徽宗尊崇道教,多次塑造圣像、大修道观、赐田、赏钱、租、封号支出难以计数。

四、经济建设支出

经济建设包括兴修农田水利设施、治理河道、修筑城池、桥梁、道路等内容。北宋疏浚整理的运河主要有汴河、蔡河、五丈河、金水河四条河道。治河一般任务紧急,需要众多人力财力,国家支出较多。治河主要役使丁夫或兵卒,国家出一部分口粮和物料钱。《宋会要·方域》记载,仁宗天圣五年黄河在滑州决口,"发丁夫三万八千,卒二万一千,缗钱五十万";元丰时治理洪泽河,

"计工百五十九万七千,役民夫九万二千一月,兵夫二千九百两月,麦米十一万斛,钱十万缗"。

南宋偏安,靠南段的运河连贯长江,而尽漕运之利。漕米由镇江入运河供给临安(杭州)。政令及行政人员,由运河入长江而达于西南。南宋时,以诸路纲米 1/3 送在,余输京师;至于诸路现金银绢帛,并输送行在。

此外宋王朝也进行其他工程建设。《宋会要·方域》记载,政和元年至三年用"兵士八万一千余工,钱二十二万八千余贯",维修滑州浮桥。政和四年"于新税钱内支援粮米",用于修建河南府天津桥。

神宗时任用王安石改革,曾制定农田水利法。《续资治通鉴长编》载"兴农事自不费国财,但因民所利而利之,则亦因民财力而用也",因而可知,农田水利设施是不用国家从财政拨款的。熙宁五年"诏司农寺出常平粟十万石,赐南京、宿、亳、泗州,募饥人浚沟河",第二年又"赐淮南西路转运司常平米三万石,募饥民兴修水利"。这种募民兴修水利之法,实际是以工代赈的性质。

五、救灾恤民支出

救灾恤民,主要包括发生自然灾害后的救济和对贫病及鳏寡孤独者的救济。赈灾是朝廷非常重要的示恩手段,包括赈贷、赈粜和赈济。赈贷是将粮款借给灾民,灾后归还;赈粜是将官粮平价卖给灾民;赈济则是无偿提供粮物。宋朝建有常平仓、义仓、广惠仓和社仓用于赈济救灾。皇帝也会在灾年诏告赈灾。《宋会要·食货》记载大中祥符五年"令江、淮南发运司留上供米 200 万斛以备赈粜",绍圣二年"诏内藏库支钱十万贯,绢十万匹,分赐河北东、西两路提举司准备赈济"。《文献通考》载,建隆三年"杨、泗饥民多死,郡中军储尚有余万斛,倘以贷民,至秋收新粟"。

宋代重视社会保障,在京师建有福田院供"老疾孤穷丐者",每年从内藏拨钱 500 万,后增为 800 万。崇宁初,又置居养院、安济坊、漏泽园。地方上"诸城、寨、镇、市户及千人以上有知监者,依各县增置居养院、安济坊、漏泽园";宣和二年诏"居养、安济、漏泽可参考元丰旧法,裁立中制。应居养人日给粳米或粟米一升,钱十文省,十一月至正月加柴炭,五文省,小儿减半。安济坊钱米依居养法,医药如旧制。漏泽园除葬埋依见行条法外,应资给若斋醮等事悉罢"(《宋史·选举》)。

蠲贷即遭遇荒歉时,朝廷对灾区百姓的赋税积欠或钱帛上供予以减免。《文献通考》称,宋"蠲租已责之事,视前代为过之,而中兴后尤多。州郡所上水旱、盗贼、逃移、倚阁钱谷,则以诏旨径直蠲除,无岁无之,殆不胜书。……建炎以来,军兴用度不给,无名之赋稍多,故不得不时时蠲减数目,以宽民力"。

六、教育支出

宋朝教育主要以私塾为主,但国家亦有教育方面的支出。首先是地方学校的建设,崇宁元年"天下州县并置学,州置教授二员,县亦置小学。县学生选考升诸州学,州学生每三年贡太学……州给常平或系省田宅充养士费,县用地利所出及非系省钱"(《宋史·食货志》)。

其次朝廷在京师建辟雍,作为贡士学习、生活场所。国子学和太学由中央财政负担费用,元丰二年曾颁《学令》,规定每年给国学赐钱25 000贯。郡县学则以地方财政的学田租、屋课、息钱的收入,作为办学经费。宋代也有民办公助学校,《徂徕石先生文集》称:"故仆射相国沂公,初作青州学成,奏天子,天子赐学名,且颁公田三十顷。"除一般学校外,政府还办有宗教、法律、武学、算学、画学、医学专业学校,亦有相应开支。

第六节　宋代的财政管理及国家财富分配

一、财政管理体制

宋代高度集中的财政管理体制的原则是"利归于上",地方虽有一定财力使用权,但中央拥有全国财力的调动权、支配权。中央财政负责制定全国各项制度,下达政令,协调全国财力,贮藏国家财赋,供备朝廷所需。中央财政机构负责举荐、任免财政官员,并监督考核各级行政、税政官吏勤勉政务,向国家及时足额上缴赋税。

地方财政则按照国家各项制度和政令,具体负责课征各项田赋及税收,取得专卖收入,调发徭役,并按中央规定的制度向朝廷缴纳财赋,向上一级行政官府输送一部分财赋和留存一部分财赋以充官俸、政府经费及军队粮饷。

二、财政管理机构及职能

(一)中央财政管理机构及职能

宋代民政、军权、财政三权分立,宰相只管民政,三司使掌控财政。三司亦称计省,独立于政事堂、枢密院之外。因其通管盐铁、度支、户部三部分,故名三司;其长官三司使亦称计相,总理财政大计。《建炎以来朝野杂记》载,"国朝(宋)承五季之旧,置三司使,以掌天下利权,宰相不与"。《宋史·职官志》载:"三司属官有盐铁、户部、度支。盐铁,掌天下山泽之货,关市、河渠、军器之事,以资邦国之用。度支,掌天下财赋之数,每岁均其有无,制其出入,以计邦国之用。户部,掌天下户口、税赋之籍,榷酒之作,衣储之事,以供邦国之用。"

三司下设24案。兵、刑、胄、铁、商税、茶、颗盐末盐、赏给、钱帛、发运、百官、斛斗、粮料、常平、骑、夏税、秋税、东上供、西上供、修造、竹木、曲、衣粮、仓。后多次增删,但主要部门变化不大。除此之外,三司下还设有负责监督、审核、防漏、补缺事务的子司十余个,如三部勾院和磨堪司,职能是审计核准全国财赋。元丰王安石变法后,罢三司,将三司的职能大部划归尚书省之户部掌管。户部所属有户部左右曹、度支、金部、仓部五司。左曹掌管日常赋役;右曹掌管王安石变法的各项新政;度支掌管计度支出;金部掌管金帛入存;仓部负责粮食贮藏。后各司职能多有变化,尤其各司下设诸案几经变更。此后财政大权,有属于天子者,有属于宰相者,也有属于户部者。户部所掌管的为经常性支出的经费,宰相及天子所掌握的为预备费。

南宋时,左曹设户口、农田、检法三案;右曹设常平、免役、坊场、平准、左藏、右藏、钱帛、榷易、请给、掌法、知杂;仓部设仓场、上供、粜余、给纳、知杂、开拆等案。后朝廷将右曹之财亦归并于左曹,并设立总领所掌管。全国设淮东、淮西、湖广和四川四个总领所,各自管理其驻地诸军的钱粮,分割了户部的部分财权。孝宗时,宰相又兼户部。至贾似道为相,专权跋扈,天下财赋一言以决。

此外,宋代根据不同事由,朝廷还常常特设一些专门机构,如提举坑冶司,都大提举茶马司,提举市舶司;特派财政官员如转运使、发运使等到各地掌管一路财赋的储积和转送等事务,最终形成中央与地方财政之间的承转机构——各路转运司。

(二)地方财政管理机构及职能

地方财政管理机构按行政级别划分为州郡和县二级。朝廷将要求地方征收的财赋数额分派给州郡,再由州郡分派给县具体负责征收;所征财赋再由州郡转输朝廷。地方的各项支度也由州郡一级负责。州郡的行政长官知州或知府即是本级财政长官,主管州郡财政事务。

州郡每年将田赋及附加杂税,茶、盐、酒专卖收入、商税、头子钱和契税的大部分，按规定将一部分上供朝廷，上供的主要是粮、帛、钱。一部分作为地方支用：包括由本州郡负担的本路经费和本州及下属各县的经费，如军队供应、官员俸禄、公使钱和杂项支出等。南宋的州军还要定额向总领所支拨军需财赋。

《州县提纲》记载："视事之初，预计一岁所入之数与所出之数有无亏赢，有亏则公勤措画。"即州郡向各县分派的田赋及杂税的征收任务，县级官府要组织里正、户长负责催征。商税和酒专卖收入，县级除按规定留用一部分外，其余一律上缴，送至州郡，再由州郡送至朝廷或本级支用。县财政本身可支用部分只有州郡令其直接转输的军需或支付的官俸和公使钱。到了南宋末年，中央与地方收支关系日趋恶化，不少地区非但无力上供，反而要中央转移支付。

三、预决算和会计录

宋太宗时，为了"周知原委，出入有常"，以丞相兼国用使，参知政事兼知国用事，设所属两官参政国家内外财赋所入，经费所出，统核一切会计事务。淳化元年始，三司每年将"见管金银、钱帛、军储等簿以闻"。后将三司改为总计司，"左右大计分掌十道财赋。令京东西南北各以五十州为率，每州军岁计金银、钱、缯帛、刍粟等费，逐路关报总计司，总计司置簿，左右计使通计置裁给，余州亦如之"（《宋史·食货志》）。至此，从地方到中央的全国预决算制度逐步完备。

会计、统计和审计工作是预算管理的重要组成部分。咸平年间盐铁使陈恕主持编写了《咸平占额图》，运用大量统计数据，分析军、民、财三者的比例关系。景德四年，三司使丁谓又主编了《景德会计录》，分广赋、郡县、课入、岁用、禄食、杂记六项叙述，将咸平六年和景德四年的财赋数据进行比较、分析、核算。宋代各朝大部分多编有会计录，依照唐代李吉甫的《元和国计簿》编制的，有景德、祥符、庆历、皇祐、治平、熙宁、元祐、宣和、绍兴、乾道、绍熙、庆元、端平等会计录，又有元丰年间所造的中书备对。

宋朝审计监督机构在元丰前有三司下属的勾院、磨勘司和理欠司，负责勾会内外赋敛、经费出纳、逋欠等。《文献通考》记载，元丰改制后主要由比部负责，"比部掌勾稽文帐，周知百司给费之多寡。凡诸仓场库务收支，各随所隶，以时具帐籍申上，比部驱磨审复而会计其数。诸受文历，每季终取索审核，事故住支及赃罚欠债负则追索填纳，无隐昧则勾销除破"。从财政内部监督走向外部监督。另外，监察百官的御史也负有监督财政官员的责任。

宋的各级官吏都有考核制度，考绩地方官吏的其中一项，即完成的赋税征课状况。且在各种赋税征收制度中也常出现处罚条例，执法不严及执法犯法均要严处。

四、国库及漕运制度

宋代国家财政，由三司或户部直接管理的为国家财政，贮存在左藏库、元丰库、元佑库，是为外库；由皇帝直接支配的为皇室财政，贮存在内藏库和奉辰库，是为内库。

内库之产生始于宋初，当时皇帝以抵御外侮、赎回燕蓟为名开始建立内库，又称封桩库，是国家财政的剩余钱财，划拨积贮，以供非常之用。内库置于户部三司的权限以外，是天子的内帑，由宦官等内臣负责管理。在初设内库时，除积左藏库的结余外，也有指定数十州之绢而入于内库者。大中祥符五年（公元1012年）扩建为四库，金银库、珠玉香药库、锦帛库、钱币库。《群书考索》称："宋朝置朝藏、奉宸等库，其实欲蓄积以待非常之用。军兴赏赉则用之，水旱灾伤赈济则用之，三司财用乏则出以助之，诸路财用乏则出以助之。"

而实际上，内库钱帛多用于对三司户部的补充、赐予、郊祀以及王室之用。神宗时，朝廷大铸钱币，新铸钱的一部分也进入内藏，另外一些坊场商税钱也部分直接入内藏。内藏库的钱币骤增，且已超出历朝内藏为皇室私藏的范围。至神宗熙宁二年，内库有了定额，于是外库剩余移库已不能满足内库的要求，便产生了内库侵蚀外库，皇室财政影响国家财政的问题。府库的管理在三司时有仓案和衣案，户部下也有仓部、金部统领之。

宋代在地方建有常平仓、社仓、义仓，主要是为了调度财赋，平抑物价或救济灾困。诸州通判官到任后，都必须亲自审阅帐籍所列官物。主库吏三年一任，届满易人。

宋代财政收入的主要是实物，漕运是将田赋收入的粮物从全国，特别是江南等地转运到京师的重要方式。漕路的通达与否，关系到最高统治者及官吏、禁军将士及京城居民的衣食住行。《宋会要辑稿·食货》中记载宋有四排司掌漕运，分东、西、南、北司。东司掌汴河东运江淮等路纲船输纳及粮运至京师；西司领由陕西诸州菽粟入汴河达京师；南司领惠民河、蔡河入京漕粮物；北司领广济河入京漕粮物，共有近万人负责漕运事务。另外转运司、发运司设转运使和发运使，主要职责是督促地方将财赋转输朝廷。

五、宋代的国家财富分配

陈寅恪曾指出:"华夏民族之文化,历数千载之演进,造极于赵宋之世。"① 法国著名汉学家贾克·谢和耐也认为:"在蒙人入侵前夕,中国文明在许多方面正达灿烂的巅峰";"十三世纪的中国,其现代化的程度是令人吃惊的:它独特的货币经济、纸钞、流通票据,高度发展的茶、盐企业,对外贸易的重要(丝绸、瓷器),各地出产的专业化等。国家掌握了许多货物的买卖,经由专卖制度和间接税,获得了国库的主要收入。在人民日常生活方面,艺术、娱乐、制度、工艺技术各方面,中国是当时世界首屈一指的国家,其自豪足以认为世界其他各地皆为化外之邦。"②

从宋代的行政制度设置来说,为防止唐末藩镇割据的现象再度发生,宋初就开始了强化中央集权的各项改革。尤其是为避免地方截流中央财政收入,宋太祖从立朝开始就建立了税赋转运机构。乾德二年,下令地方各州每年财政收入除少量留地方支用外,其余钱帛之类全部运送京师。乾德三年,重申各州除度支经费外,地方财政收入一概送京师上交中央,同时朝廷开始在各地设置转运使,专门负责水陆两路赋税收运事务。至太平兴国中,朝廷尽罢藩镇支郡,将行政管理权悉数收归中央,各路转运使的职权迅速膨胀,"边防、盗贼、刑讼、金谷、按廉之任皆委于转运使"(《文献通考》)。元丰八年,定全国行政区,划为23路,除上述转运司路外,又有提点刑狱司路、安抚司路、提举常平司路等。诸司辖境并不一致,但始终以转运司路为主,宋代的这种财政优先的思想极大地推动了政府对国家财富的分配效率。据《通典》卷六记载,唐玄宗天宝中每年的财政税收收入约为200万贯,而北宋初期则达1 600万贯,神宗熙宁时期和高宗绍兴二十七年为6 000万贯,淳熙十四年达8 000万贯。事实上,据学者研究,宋朝财政收入最高的年份曾达到12 000万贯,即使是失去了半壁江山的南宋,常年财政收入也是高达10 000万贯。此后的元、明、清三代,显然无法与宋朝相比肩。

不止国家财政收入,即使平民的收入水平也明显优于其他历史朝代。《宋史·食货志》提到"熙、丰以前,米石不过六七百",其物价之低是历朝无法企及的。进入宋代,中国从豪族社会进入平民社会,经济、社会、文化都快速发展并

---

① 陈寅恪著;陈美延编. 金明馆丛稿二编[M]. 北京:生活·读书·新知三联书店,2001:245.
② (法)贾克·谢和耐著,马德程译. 南宋社会生活史[M]. 台北:中国文化大学出版部,1982:5.

达到了高度繁荣的状态。所有这一切的发达、繁荣,都以政府对社会的压制较轻,社会拥有一种和平雍容的环境为前提。宋代人口快速增长本身就是经济发展、人民生活安定的反映。由于官府大力改进和推广先进的农具及耕作方法,扩大水稻种植面积,粮食产量大幅度提高,庄绰在《鸡肋编》中提到"汴都数百万家尽仰石炭,无一家燃薪者",虽然有夸大之嫌,但也可以看出当时采煤业的兴盛。而活字印刷和火药的发明是手工业发达的最好证明。为推动商业发展,宋代市场无开闭时间和无固定处所限制,其自由及开放程度远远超过唐代。总之,两宋是中国历史上非常重要的朝代,在汉唐的基础上,宋代在制度设计、科学文化、物质经济上都有了创新性的巨大发展,而且在许多方面名列当时世界的前茅,对后世产生极其深远的影响。

第八章

辽、金、元时期的财政与国家财富分配制度的探索

开篇导言

辽、金、元是由北方游牧民族建立的政权，他们与两宋政权并存，既具本民族特色，又深受宋朝政治、经济和文化的影响。通过学习吸收南方的先进经验，他们迅速从奴隶制发展为封建农业经济国家，逐渐建立了深受汉族传统影响的财政制度。

辽（公元907—1125年）是契丹族在我国北方建立起来的政权，它与五代同时开始，又和北宋几乎同时结束。契丹源于东胡，北魏以降就在今辽河一带游牧。作为少数民族，虽然与中原地区常年征战，但在政治、经济、文化等方面深受中原汉文化的影响。辽在财政制度上创造性地建立了南北两院制度，以汉制治汉人，以辽制治辽人，为以后大一统多民族帝国的治理制度开创了"一国两制"的先河。

继辽之后的金（公元1115—1234年）是由女真族建立起来的国家。女真，本名为珠里真，讹为女真。女真人原居松花江、黑龙江中下游和长白山地区，灭辽后灭北宋，基本统一了中国北方。迁居中原的女真人后来融入汉族，而留居东北的女真人则成了后来满族的主要组成部分。

元朝（公元1271—1368年）是由蒙古族建立起来的全国性的统一王朝。蒙古族以其强大的武力，不仅征服了中原及长江以南地区，还将其控制范围扩张至整个西亚地区，成为中国历史上疆域最大的王朝。元朝国土广阔，经济贸易自由，与其他国家存在高度的经济、文化交流。还在宋、金发行纸币的基础上，以纸币作为财政收入和支出的形式，成为第一个由于大量发行纸币而导致通货膨胀、财政出现"赤字"的朝代。

第一节 辽、金、元时期的政治经济

一、辽的政治经济概况

公元916年,契丹首领耶律阿保机统一了契丹各部,建立契丹政权,定都上京临潢府(今内蒙古巴林左旗),938年改国号为辽。辽与东面的渤海国,西面的党项、回纥,北面的蒙古不断征战,扩大疆域,向南则是先取燕云十六州,以此为基础开始了在中原地区的扩张。太宗耶律德光数次出兵,与宋朝展开拉锯战。辽圣宗二十二年,辽攻至澶州城下,与宋真宗签订了"澶渊之盟",宋朝须年年向辽进贡"岁币"。辽圣宗依靠宋的进贡,推动了辽经济的发展,达到了历史上的鼎盛时期,辽于是成为雄踞北方与宋朝对峙的政权。辽1125年被宋、金两国联军所灭,国祚210年。

辽是由游牧民族建立起来的国家,《辽史》记载,"其富以马,其强以兵。纵马于野,弛兵于民。有事而战。旷骑介夫,卯命辰集。马逐水草,人仰重酪,挽强射生,以给日用"。辽在建国前处于奴隶制社会,随着征战四方,不断从邻国学习封建制国家的管理经验和生产力发展的经验,国力日强。辽的经济以畜牧业为主,农业生产区主要集中在燕云和渤海地区,商业贸易除了国内生产和生活品的交易外,还有同宋朝的互市。

辽是由多民族组成的国家,对不同户籍采取不同的赋税征收制度。辽代民户分隶于诸斡鲁朵(宫帐)、部族和五京州县。斡鲁朵是辽代契丹民族特有的一种制度,各帝及太后之执政者皆置斡鲁朵,有直属军队、民户及州县,构成独立的军事、经济单位,这是皇帝的私有财产,死后由家族后代继承。其户籍分为契丹正户、蕃汉转户和著帐户。契丹正户是契丹族的平民,青壮年平时守卫,战时出征;老弱则从事畜牧业。蕃汉转户包括汉人、渤海人和其他民族的平民,主要从事农业生产和手工业劳动。著帐户是犯罪的宗室、外戚、大臣等人的家属,属于罪奴、家奴。辽的赋税和劳役主要由契丹正户和蕃汉转户来承担的。

二、金的政治经济概况

金原为辽的属国,初期还处于原始氏族社会,但随着人口的增加与铁器的大量使用,迅速发展起来。阿骨打称帝后与宋朝联合灭辽,1120年金与宋签订"海上之盟"共同伐辽,1125年,辽天祚帝被俘,辽亡。自金太宗完颜晟起,金国大举发兵进攻北宋,虽然金军屡次遭遇北宋军民的强烈抵抗,但仍于1127年灭北宋,基本统一了中国北方。统治范围东至乌苏里江以东的海滨,南到淮河,西接西夏,北抵外兴安岭。

南宋王朝建立后,金国屡次南犯,南宋的抗金名将岳飞、韩世忠等人带领南宋军民对金国的顽强抵抗使得金军实力不断消耗,无力再和南宋交战,形成了长期的南北对峙局面。金国后期,北方发展起来的蒙古族成为金国的劲敌。1121年蒙古开始了灭金的战争,成吉思汗、窝阔台先后发动多次对金国的战役,金不得不南迁至黄河以南,希望依靠黄河天堑阻挡南进的蒙古军队。1233年,元太宗窝阔台攻下汴京,金哀宗逃至蔡州,次年州破,金国灭亡,国祚120年。

金国立国之初国力非常落后,处于从原始社会向奴隶制社会转换的时期。自太宗、熙宗、海陵王以来,学习吸收了宋王朝的封建制度,进行了大量的民族迁移融合活动。1126年建立了百官制度,迅速转变成一个以农耕为主的封建中央集权制国家。

三、元代的政治经济概况

元朝是中国历史上由少数民族建立的王朝,1206年成吉思汗建立蒙古政权,1227年灭西夏、1234年灭金,为统一全中国做好了准备。1271年,成吉思汗之孙忽必烈以今北京为大都,建立了版图空前宏大的元王朝,1276年攻陷南宋临安,1279年金朝降将张弘范指挥元军在崖山海战消灭了南宋最后的抵抗势力,陆秀夫背着8岁的幼帝赵昺投海殉国,南宋灭亡,元完成了全国的统一。

元朝建立后,首先面临的就是国内多民族之间的民族冲突与融合,尤其是与原来宋朝的汉人之间的民族矛盾。元初的统治者为了强化总人口仅为70万~80万的蒙古人对将近7000万汉人的统治,将百姓分成四等,即一等的"国族"为蒙古人、二等为色目人(各色名目的人:西夏、回族、西域等地人口)、三等为北方汉人(原辽、金疆域内的汉人)、四等为南方汉人(原南宋汉人)。这种人为规定的歧视性质的等级制度,极大地破坏了社会安定。不甘居于社会最底层成为蒙古人与色目人驱使对象的汉人,在整个元王朝时期都没有停止过争取平等、反抗暴政的斗争。与此同时,蒙古国原有的政治治理模式已无法适应大一统帝国的需要,统治模式急需提升。因此忽必烈创立元朝后,"变易旧章""尊用汉法",在政治上逐渐废除了蒙古国长期实行的推举制和分封制,建立了以皇帝为绝对权威的中央集权制。在中央设立了以中书省为首,下辖兵、刑、吏、户、工、礼六部的全国最高行政机构;在地方创立行省制度,在全国除京畿地区和西藏属中央外,全国设十一个行省,下设路、府、州、县。废除原蒙古族地方长官世袭的制度,由中央直接委派最高长官——达鲁花赤。

蒙古族原是以狩猎和牧养牲畜为业的民族,主要集中在燕山山脉以北的地区,其生产力远较以定居、农业为主的汉族地区落后。当时的农业区主要集中在中原、江南、陕川、辽宁、云南、吐蕃等地区。自忽必烈开始,元朝历代统治者都非常重视农业生产,至元七年(1270年),朝廷建立司农司,颁布了以50户为单位、以年高通晓农事且家有劳力者为社长的劝农立社法令,实施了一系列劝课农桑、兴办屯田、开渠浚河、安置流民的政策,农业经济得到普遍恢复和发展。到元中期,税粮即达到年1 200万石左右。

元代的交通四通八达,对内拥有众多的驿站,不仅陆路、水路的驿道将全国宏大的版图联系在一起;在沿海还通过海船将南北的重要港口紧密相连,当时仅泉州港即拥有海船15万艘,为元代海上贸易的发展奠定了坚实的基础。元时江苏太仓是"天下第一码头",是东南大港,明初郑和下西洋就是从太仓出发的。2016年1月开始抢救性发掘的太仓樊村泾元代遗址位于太仓老城区东部、致和塘南岸。目前已发现房屋、道路、河道等各类遗迹350余处,出土数以吨计的元代中晚期龙泉窑及景德镇窑瓷器、瓷片。初步推断,该遗址是一处具有官方背景的瓷器贸易集散地。

由于元朝的疆域扩展到了西亚地区,使得欧洲与中国的交往更加频繁,技术交流更加迅速。如棉花最早种植于印度,早在公元2世纪就传入中国边疆少数民族地区,但直到宋末元初,才由陆路从中亚传入陕西,通过水路从印度次大陆传入海南岛再传入广东、福建。所以到了元代,中国南方的棉花种植已非常普遍,棉纺织业也随之发展起来,出现了以黄道婆为代表的一批拥有高超技艺的手工业者,使当时的棉纺织技术达到了相当高的水平。元代中期以后出现了众多的丝织业、棉纺织业等手工作坊和技术先进的纺机、织机、轧棉籽车等机械,手工业日益繁荣。元代的瓷器、制盐、冶炼、造船等手工业生产也得到恢复和发展。

随着水陆运输的畅通及纸币的流行,便利了商品的交换和商旅的长途贩运。元代盛行各种集市,显示出商品品种买卖有向专门化发展的趋势。威尼斯商人马可·波罗的《马可·波罗游记》中详尽地记载了当时元朝大都和其他城市的繁荣景象。

第二节 辽的财政收支[①]

一、辽的财政收入

辽的财政收入包括田赋、徭役、工商税收、贡献及掠夺等。

(一)田赋

辽的土地有公田、私田之分。公田包括屯田和闲田,契丹正户"每岁农时,一夫侦候,一夫治公田,二夫给纠官之役"。即使家有四丁,也都将充役,其他畜牧劳作由妇女及家奴承担。当时"沿边各置屯田戍兵,易田积谷以给军饷。……诸屯田在官,斛粟不得擅贷;在屯者,力耕公田,不输税赋,此公田制也"。可见契丹正户的公田不交田赋,只为国家服兵役。

辽田赋主要对燕云和渤海地区的私田征收,沿袭原后唐旧制,名为"两税",税率也因地而异。官府鼓励百姓垦种闲田,"余民应募,或治闲田,或治私田,则计亩出粟以赋公上。统和十五年,募民耕滦河旷地,十年始租"。元朝初期两税每年定额为40万贯,末年因物价上涨,定额增加到每年428万贯。从"开远军故事,民岁输税,斗粟折五钱,耶律抹只守郡,表请折六钱,亦皆利民善政也"的记载中,可知辽两税实行货币税,缴钱而不交物。对被灾、新收、贫困及垦荒的百姓,皇帝巡幸,亦有减免赋役的政策。应历三年冬"以南京水,诏免今年租",重熙十七年"复南京贫户租税"。辽除按耕地征收田赋外,亦有丁税,史载从开泰四年起,元对境内女真部族户"旧无籍者,会其丁入赋役"。

(二)徭役

辽的徭役分为力役、职役和兵役三种。力役主要指建城、筑路、修河等劳役。如"(统和)二年秋,诏修诸岭路,发民夫二十万,一日毕功""时辽东雨水伤稼,北枢密院大发濑河丁壮以完堤防",都是辽政府发民夫服力役的记载。职役包括驿递、马牛、旗鼓、乡正、厅隶、仓司等,后改为民众出钱募役。兵役主要由契丹族人承担,初以年龄入籍,"辽兵制,凡民年十五以上,五十以下隶兵

[①] 本节文献均引自《辽史》,后文不再一一注释。

籍"。天庆六年后,依财产入籍,有杂畜十头以上者皆从军。契丹正户服兵役均需自备装备,由于连年征战,百姓兵役负担极重,"生业荡散,民甚苦之"。

（三）工商税收

辽实行盐铁酒专卖制度。太宗时在香河县置榷盐院,实行盐专卖。太祖时,讨伐渤海,在东部设户部司、长春州置钱帛司主管铁专卖,长泺县4 000户中有1 000户以冶铁为生,纳铁税。因辽粟绢收入有限,国用急需,故盐铁收入常折征成绢和粟缴纳。辽对私贩打击十分严厉,即使是拥有爵位者贩卖私盐也要受罚,如大康六年,张孝杰"坐私贩广济湖盐及擅改诏旨,削爵,贬安肃州,数年乃归"。

辽曾在雄州、高昌、渤海与南宋、高丽及西北诸部互市,商税主要是关市税和外贸税。征商始于太祖时,由榷务负责。史载辽曾"减关市税"和"市井之赋,各归头下"。辽也对矿冶征税,"圣宗太平间,于潢河北阴山及辽河之源,各得金、银矿,兴冶采炼。自此以讫天祚,国家皆赖其利"。

（四）贡献

辽有属国59个,战时令其出兵,助契丹军队作战;平时,令其岁贡名马、宝剑、香药、水晶、砚等物产。史载"命东北越里笃、部阿里、奥里米、蒲奴里、铁骊等五部岁贡貂皮六万五千,马三百匹","诏阻卜依旧岁贡马千七百,驼四百四十,貂鼠皮万,青鼠皮二万五千"。宋朝是辽的贡献大国,从统和二十二年起,每年令其贡纳岁币银十万两,绢二十万匹;重熙十年起,每年增至银二十万两,绢三十万匹,成为辽重要的财政收入。

（五）掠夺

辽为游牧民族,战争掠夺财物是获得财政收入的重要手段,如神册四年冬,"命皇太子将先锋军进击,破之,俘获生口万四千二百,牛马车乘、庐帐器物二十余万"。

其他的财政收入还有籍没赎罪收入、出售度牒收入、农器钱、山泽国有收入、卖官收入、马税等。

二、辽的财政支出

辽的财政支出包括军费、官俸、皇室支出、赏赐支出及其他支出。

（一）军费

辽军队建制分为二帐、十二宫、一府、五京,拥兵1 642 800余人。由于实行兵民一体的屯垦制度,平时军队屯垦自养,战时由军兵自备武器、马匹、盔甲等军事装备,国家无养兵之费,财政直接用于军费的数额不多,这与宋形成鲜明对比。取胜后的赏赐费用也是财政的一大支出,《辽史》常有"大犒军士,爵赏有差"等的记载。

(二)官俸

辽代奴隶制残余仍然存在,贵族皆有奴隶,官吏收入的一部分来源于此,如统和中,除官府发给俸禄外,"给獐鹿百数,皆取于民"。后始有朝廷给付官俸,开泰三年始,枢密使以下给月俸,包括钱和实物两部分。

(三)皇室

辽皇室支出主要取于皇室拥有的"宫分户",但大额支出如建造宫殿、皇陵,皇帝出巡等则要役使大批百姓。《辽史》载"兴宗遵遗命,建永庆陵。有望仙殿、御容殿。置蕃、汉守陵三千户,并隶大内都总管司"。

祭祀是皇室支出之一,辽礼节俭,一般以牛马祭天地,但大祀时,皇帝需要"服金文金冠、白绫袍、绛带、悬鱼、三山绛垂,饰犀玉刀错、络缝乌靴"。这在辽已经算是比较奢华的开支,但是与南朝的帝室相比,则无法望其项背。

(四)赏赐和赈济

赏赐和抢掠是游牧民族激励士气的重要手段。辽朝廷除对军队有赏赐外,亦对大臣和高龄老年人有赏赐。天显七年,"秋七月辛巳朔,赐中外官吏物有差。癸未,赐高年布帛"。会同元年,"诏群臣及高年,凡授大臣爵秩,皆赐锦袍、金带、白马、金饰鞍勒,著于令"。对功臣亦有赏赐,应历十四年,"近侍乌古者进石错,赐白金二百五十两"。还有对外国使臣的赏赐,统和二十四年,"沙州敦煌王曹寿遣使进大食马及美玉,以对衣、银器等物赐之"。另外,史籍中还记载了对百姓贫困之家的赏赐,应视同赈济。辽亦有修筑道路、桥梁、水利支出和文化教育、救济赈民支出,但所占比重甚少。

第三节　金的财政收支[①]

女真,本名为珠里真,讹为女真,原居住于松花江、黑龙江中下游和长白山地区。1114年,女真贵族完颜阿骨打誓师起义,次年阿骨打称帝,于上京会宁府(今黑龙江省哈尔滨市)立国,国号金。

---

① 本节文献均引自《金史》,后文不再一一注释。

一、金的财政收入

金国户籍分为两种,女真族的民户称为本户,其他民族的民户通称杂户,本户与杂户的税赋制度和税率都不一样。

(一)田赋

金土地有官田和私田之分。官田数量很大,中叶已达204万顷,包括屯田、职田和赐田。屯田由军队或募人耕种,军队以本户为主,以猛安(300户)和谋克(3 000户)为编制,设专门官府管理。平时屯卫,战时自备兵甲出征,其税赋负担主要是兵役。本户田赋称牛头税、牛具税。据《金史》记载,金初期"每耒牛三头为一具,限民口二十五受田四顷四亩有奇,岁输粟大约不过一石,官民占田无过四十具"。本户田赋以群体共有田数课征,且对占田数量加以限制,田赋负担较轻,每亩不足1/4升。而且在库粮充足时,朝廷还常常减半征收或减1/3征收。同时,金国仿宋朝的社仓、义仓税制度,要求本户储备粮食"以备饥馑"。职田是颁给相应职官的土地,由其出租,补给俸禄。赐田是皇帝和朝廷赏赐用田。私田则同宋、辽之制,缴纳两税,主要对杂户课征,称两税户。

金两税仍为夏、秋两次征收。"夏税亩取三合,秋税亩取五升,又纳秸一束,束十有五斤",是金本户负担的20多倍。两税户不仅税负重,还要到官府指定地点缴纳,"上户输远仓,中户次之,下户最近。然近者不下百里,远者数百里,道路之费倍于所输,而雨雪有稽违之责,遇贼有死伤之患"。鉴于转输负担沉重,故有减免:"凡输送粟麦,三百里外石减五升,以上每三百里递减五升。粟折秸百称者,百里内减三称,二百里减五称,不及三百里减八称,三百里及输本色稿草,各减十称。"两税户的纳税期限:"夏税六月止八月,秋税十月止十二月,为初、中、末三限,州三百里外,纾其期一月。"金国田赋减免的诏令很多,包括对贫困民户和受灾民户的减免,如:"熙宗天眷五年十二月,诏免民户残欠租税。皇统三年,蠲民税之未足者";"大定二年,岁歉,免租税。五年,凡遭蝗灾、水灾、旱灾之地蠲其赋税"。

(二)徭役

金国徭役也有本户和杂户之分。

本户的兵役和差役。本户是国家兵役的主要承担者。金初,男子十七为丁,六十为老。充兵役者一般在20~55岁之间,所有壮者皆兵,兵民一体。"平居则听以佃渔射猎习为劳事,有警则下令部内,及遣使诣诸孛堇征兵,凡步骑之仗,糗皆取备焉。"大定时,"南路女直户……凡成丁者签入军籍,月给钱米,山东路沿边安置",从全民皆兵转变为月给钱米的常备军。本户除服兵役外,也有一些必须由女真族本族承担的临时性差役,如充当皇帝出巡狩猎的扈从军士或宫阙卫士,官衙办事人员,群牧者、修河、养马、承担寨使等职役。

除女真族以外的民族所组成的杂户则承担力役和职役,其徭役负担亦超过本户。杂户的力役既包括一般差发,也包括层次较低的兵役。如本户服兵役一般为骑兵,而杂户所服兵役则主要是步兵,杂户兵除辅助战事外,还要从事转运粮草、挖掘壕堑等劳动强度较大的勤务。一般差发是力役,包括筑路、建城、修河和搬运官府物资等。《金史》称大定二十年修筑黄河大堤,"日役夫二万四千余,期以七十日毕工"。金国的职役沿用辽、宋之制,除辽、宋普遍存在的职役外,还有从中央到地方都存在的司吏、公使人均为职役,实行募役制。

(三) 工商税收

1. 专卖

金对盐、酒、茶和矿产品实行专卖制度。其中以盐的专卖在财政收入中占的比例最大,"国家经费惟赖盐课"。金的盐法是对盐产地实行控制:官府给本,灶户产盐,统一收购,商人运销。商人运销主要有"钞引制"和"乾办制"。与宋的盐引相似,钞引制是由商人交钱向政府购买盐引,再持盐引到盐场领盐销售,引界是指销区限制,并限销引上盐额,若跨区、超限售盐则按违禁论处。盐课每石收正课150斤,加耗22.5斤。金的盐法只对汉人征收盐税,女真族猛安户不但免征盐税,而且其所辖贫民及富人奴婢皆给食盐,距盐次远者,还可计口给值。"乾办制"主要是在官府很难实行盐专卖的产盐区及周边地区实施。由百姓自制、自食或购食,但要缴纳盐钱,一般按人口征纳,类似宋的计口授盐法。

金对酒的专卖时有变化,金初官家招酒户酿酒,禁止私酿,并设酒使司管理,后亦有许民自酿征税。总的来说有三种形式。其一,中都设有曲使司,负责曲专卖事务。在中都由官府签发酒户,规定其向官府缴纳的收入额,然后由其造曲酿酒出售或直接售曲,或批发给小酒店等出售。其二,在全国设置酒使司,负责酒专卖事务,官府自酿自卖。其三,设酒税务,负责向百姓征酒税,许民自酿自卖。

《金史》载金人所用之茶多自南宋输入,后因其"费国用而资敌",章宗承安三年遂命设官制茶,并用茶引制度。买引者纳钱及折物,各从其便。

对矿产品的征收有专卖和征税两种:对铜、铁实行专卖;对金、银征税,大定三年时税率为二十取一,泰和四年增为十分取一,允许百姓开采。另外,金还曾对醋和油实行专卖。

2. 商税

金商税主要对原来的宋地征收,依宋制包括住税、过税。对商品及金钱交易者征收交易税,大定二十年税率为"金银百分取一,诸物百分取三"。后将对金银的征收率提高至3%,但对小额交易仅收钱四分。此外对城镇出租户屋者征收的租赁税也属于商税。金有税使司院务1 616处。大定中,中都岁入164 440余贯。承安元年收入214 579贯。

3. 物力钱

物力钱是按户等征收的资产税,所计算物包括土地、奴婢和各种财产。《金史》记载:"租税之外,算其田园屋舍车马牛羊树艺之数,及其藏镪多寡,征钱曰物力。物力之征,上自公卿大夫,下逮民庶,无苟免者。近臣出使外国,归必增物力钱,以其受馈遗也。"减免规定:猛安谋克户、监户、官户所居民宅、墓田、学田"租税、物力皆免"。

(四)杂税和岁币

金国杂税有铺马、课甲、军须、输庸、司吏、河夫、桑皮故纸钱等。岁币,主要来源于宋王朝对金国的每年进贡,如"海上盟约"签订后,在将近百年中,宋朝每年进贡岁币50万,其中银20万两、绢30万匹,外加"燕京代税钱"百万贯。

(五)卖官、度牒收入

金亦有卖官鬻爵及度牒收入。"熙宗皇统三年二月,陕西旱饥,诏许富民入粟补官……五年,上谓宰臣曰:顷以边事未定,财用缺乏,自东、南两京外,命民进纳补官,及卖僧、道、尼、女冠度牒,紫、褐衣师号,寺观名额。今边鄙已宁,其悉罢之。庆寿寺、天长观岁给度牒,每道折钱二十万以赐之。"宣宗贞祐二年,纳米150石可迁官一阶,纳米700石可升两阶,纳米1 000石可升三阶。

(六)掠夺

金灭辽战争中,抢掠辽大量人、马、财物;后又与宋朝对峙,长期处于战争状态,每发动一次战争都能掠夺大量金银珠宝、布帛绫锦,取得胜利后还能从宋王朝获取犒赏军队的钱物。例如攻破汴京城后,不仅搜刮了北宋内藏库中的全部金、银、珠宝和绫罗锦绮,还限期索取宋王朝的犒军钱物:金10 000锭,银500万锭,帛1 000万匹。

二、金的财政支出

(一)军费支出

金国与辽国相同,军费支出分平时和战时两部分。女真族的初期军队是兵民合一,财政支出不多;后有正规军,由财政给付俸饷。如"熙宗天眷三年正月,诏岁给辽东戍卒绸绢有差。正隆四年,命河南、陕西统军司并虞候司顺德军,官兵并增廪给。六年,将南征,以绢万匹于京城易衣袄穿膝一万以给军。"金的官兵按职位高低和任职或从军时间赏赐钱物,著有赏赐格例,有月给例物。在试射比赛中出众者也有奖赏,这些支出以赏赐为名,实则为军饷,如《金史》载"边铺军钱五十贯、绢十匹。军匠上中等钱五十贯、绢五匹,下等钱四十贯、绢四匹……凡射粮军指挥使及黄、沁埽兵指挥使,钱粟七贯石、绢六匹,军使钱粟六贯石、绢同上,什将钱二贯、粟三石、春衣钱五贯、秋衣钱十贯"。战时军费主要是武器、粮草支出,女真族武器由兵士自备,其他军队则由官府支拨资金。

(二)官俸

继辽而起的金,在辽的基础上学习宋王朝,建立了比辽更为完善的百官制度及其俸禄标准。金的官员不但有正俸,亦可兼职增领俸钱;官吏自身有俸,其随从亦有佣钱;出公差可得驿券,享受驿站送迎待遇;官学的学生亦有俸,泰和元年"更定赡学养士法。生员给民佃官田,人六十亩,岁支粟三十石;国子生,人百八亩,岁给以所入,官为掌其数",这些都与宋制相似。

后来同样由于官俸支出过多,财政不堪重负,皇帝多次颁布减俸诏。贞佑三年将致仕官俸减掉一半;天兴二年减军俸和官俸,将原来的每人每月一斛五斗者减作一斛,又减作八斗,最后减作六斗。

(三)皇室

金皇室支出中的日常花费一般从皇室内库支给,部分由财政支出。"章宗即位,尊(显宗孝懿皇后)为皇太后,更所居仁寿宫曰隆庆宫。诏有司岁奉金千两、银五千两、重币五百端、绢二千匹、绵二万两、布五百匹、钱五万贯。他所应用,内库奉之,毋拘其数。"皇室建造宫殿支出浩大,不仅财政要支拨大量资金,更要大量役使工匠和百姓。海陵王修建燕京宫殿和汴京宫殿时,"运一木之费至二千万,牵一车之力至五百人。宫殿之饰,遍傅黄金而后间以五采,金屑飞空如落雪。一殿之费以亿万计,成而复毁,务极华丽"。

(四)水利和赈恤

金国处于黄河流域,时有黄河为患。朝廷置都水监,下设巡河官,领兵1 200人,每岁用薪材110万余车,草183万余车,以备黄河水患。

赈济支出主要包括赈济新附民、灾民、贫民。太宗天会元年"诏命给宗翰马七百匹、田种千石、米七千石,以赈新附之民"。金亦有仿宋制设立的养济院,救助贫弱乞食者。

第四节　元代的财政收支[①]

一、元代的财政收入

元代的财政收入包括田赋、徭役、科差、契税、其他杂税等。

(一)户籍、田制和田赋

1. 户籍

元代户籍,有军户与民户之别。军户分为蒙古军户(蒙古人)、探马赤军户(诸部族人)、汉军军户、新附军户。军户由民户中的中等户签发而来。军户若种田,四顷之内免地税,且享受不纳科差和不服其他佣役的优惠。

民户中除一般民户外,还有僧道户、儒户、医户、站户、匠户等特殊民户。僧道户主要指佛教、道教、基督教、伊斯兰教等宗教人士,元代称僧人为和尚,道士为先生,基督教教士为也里可温,伊斯兰教教士为答失蛮。儒户指通过科举入仕的人家。医户指专门从事医疗活动的人户。站户负责驿站的全部事务,主要在民户中签发。北方站户,从牧养牲畜多的户中签发;南方站户,则从拥有众多土地的民户中签发。站户被签后,置记入籍,世代相承,不能更改。匠户,元代指官府管理的工匠,他们一部分来源于战争时期俘虏的工匠或被迫充当工匠的俘虏,另一部分来源于从民间签发的工匠。这些特殊民户在元代的户口统计中单独登记,称为"诸色户计"。

元代经常对民户进行检括,将结果编成"鼠尾册"。"初,太宗六年甲午,灭金,得中原州郡。七年乙未,下诏籍民,自燕京、顺天等三十六路,户八十七万三千七百八十一,口四百七十五万四千九百七十五。宪宗二年壬子,又籍之,增户二十余万。世祖至元七年,又籍之,又增三十余万。十三年,平宋,全有版圆。二十七年,又籍之,得户一千一百八十四万八百有奇。于是南北之户总书于策者,一千三百一十九万六千二百有六,口五千八百八十三万四千七百一十有一,而山泽溪洞之民不与焉。"国家清查户口,是为了便于管理与征收赋税。民户增加,意味着赋税收入的增加。元代有众多"放良"人口的记载,即将被官

[①] 本节无特殊标注的文献均引自《元史》,后文不再一一注释。

宦、豪强、贵族隐匿的民户和人丁变成国家的编户齐民。在放良与刑罚威慑同时进行的情况下，才有至元二十七年的户口数据的猛增。

2. 田制

元代土地有官田、民田之分，其田赋亦因田制不同而不同。元朝民田田赋，江南江北制度不同。"元之取民，大率以唐为法。其取于内郡者，曰丁税，曰地税，此仿唐之租庸调也。取于江南者，曰秋税，曰夏税，此仿唐之两税也。"实际上，以丁税、地税为名的唐两税非租庸调，而夏税、秋税征收的是宋两税。此处"内郡"指由金朝统治的原北宋辖地，即中原地区，"江南"指原由南宋统治的地区。

3. 田赋

民田历来是国家与隐占土地的大豪强争夺的焦点，为了国家政权的稳固，元统治者不断进行清丈，并将土地清丈结果编制成"鱼鳞册"，据此征收田赋。

(1)民田。中原地区征收丁税和地税，从太宗八年始。《元史》记载：

令诸路验民户成丁之数，每丁岁科粟一石，驱丁五升，新户丁、驱各半之，老幼不与，其间有耕种者，或验其牛具之数，或验其土地之等征焉。丁税少而地税多者纳地税，地税少而丁税多者纳丁税，工匠僧道验地，官吏商贾验丁……上田每亩税三升半，中田三升，下田二升，水田五升……至元十七年，遂命户部大定诸例：全科户丁税，每丁粟三石，驱丁粟一石，地税每亩粟三升。减半科户丁税，每丁粟一石。新收交参户第一年五斗，第二年七斗五升……第六年依丁纳全税。协济户丁税，每丁粟一石，地税每亩粟三升。

这里所谓的元管户是太宗七年前入籍者，交参户是太宗七年后入籍者，漏籍户是隐逃漏籍后经查出者，协济户是老幼妇女能力贫弱者。元管户税负最重；交参户又称新收交参之户，税稍轻；漏籍户税较轻；协济户税最轻。虽然规定以户为单位，丁税和地税相比较，二者取其重者缴纳，但基层税吏常有并征现象。

江南地区的夏税秋粮始于成宗元贞二年，《元史·食货志》记载：

于是秋税止命输租，夏税则输以木绵布绢丝绵等物。其所输之数，视粮以为差。粮一石或输钞三贯、二贯、一贯，或一贯五百文、一贯七百文。输三贯者，若江浙省婺州等路、江西省龙兴等路是已。输二贯者，若福建省泉州等五路是已。输一贯五百文者，若江浙省绍兴路、福建省漳州等五路是已。皆因其地利之宜，人民之众，酌其中数而取之。其折输之物，各随时估之高下以为直，独湖广则异于是。初，阿里海牙克湖广时，罢宋夏税，依中原例，改科门摊，每户一贯二钱，盖视夏税增钞五万余锭矣。大德二年，宣慰张国纪请科夏税，于是湖、湘重罹其害。俄诏罢之。三年，又改门摊为夏税而并征之，每石计三贯四钱之上，视江浙、江西为差重云。

江南的田赋各地悬殊，并没有统一的田赋标准，而是延续宋代的旧例，不问税率是否合理，只求取得收入。

田赋除正税之外还有田赋附加，田赋一石，附加七升加钞三钱或七钱："远仓之粮，命止于沿河近仓输纳，每石带收脚钱中统钞三钱，或民户赴河仓输纳者，每石折输轻赍中统钞七钱……每石带纳鼠耗三升，分例四升"。

元初由于长年战乱，土地荒芜，国家在初步平定后，即不断诏令百姓归还故里，开垦荒地。为鼓励农业生产发展，元代对新垦种土地，给予减免田赋的优惠。"乙亥，听民自实两淮荒地，免税三年"，至元二十五年"募民能耕江南旷土及公田者，免其差役三年，其输租免三分之一"。

田赋的输纳日期亦分为三限，成宗大德六年，申明税粮条例，复定上都、河间输纳之期。上都初限次年五月，中限六月，末限七月。河间初限九月，中限十月，末限十一月，违者，初犯笞四十，再犯杖八十。

(2)官田及田租。元代官田包括食邑田、寺田、屯田、职田和学田。

食邑田即分封地，蒙古族在忽必烈之前的相当长时期内，贵族享有世袭的封地。元建国后，一些贵族仍享有原来的分封地，封地内的百姓只对封君尽义务，交纳赋税。直到大德元年，出现了《元史》中"定燕秃忽思所隶户差税，以三分之一输官"的记载，可见此时封君的征税权逐渐被削弱，只能获取原来2/3的赋税收入。

职田是在百官定俸之后开始的。世祖忽必烈之前蒙古"未置禄秩"。忽必烈始按等差定内外诸官俸秩，不论官职大小"莫不有禄"。至元三年定职田之制，"路府州县官，至元三年定之；按察司官，十四年定之；江南行省及诸司官，二十一年定之"。其职田数，上路达鲁花赤及按察使，按规定最高可得职田16顷。官吏将土地出租，收租作为俸禄。成宗大德时，以外路有司有职田为由，对无职田者又相应增加俸米。

学田是官学的土地。元代国家设有官学。北方官学由财政拨付经费，南方的学校则由政府拨给学田，以田租养学，国家免征学田田赋。

屯田是国家将无主荒地利用官兵和流民进行屯垦之田。"国初，用兵征讨，遇坚城大敌，则必屯田以守之。海内既一，于是内而各卫，外而行省，皆立屯田，以资军饷。"军屯由国家供给田土、耕牛、种子、农具，有的还发给衣服、钱钞，其收入归国家，减少国家对军队的支出。民屯则由民户自备种子、耕具，收入官民四六分成，屯民享受免除徭役的优惠。当发生水、旱、风、雹、蝗等自然灾害时，可酌情减免田租。元从 1262 年至 1331 年，全国军屯人数达 8 516 名，民屯人数达到 12 339（人丁），屯田亩数 174 855 顷。

（二）户税科差

元的一般民户要负担户税科差，名为丝料、包银、户钞、俸钞。《元文类》中记载"国家之得中原也，纳差之名有二：曰丝料，曰包银。各验其户而上下科取之。中统建元以来始有定制"。丝料的课征从太宗丙申年开始，"每二户出丝一斤，并随路丝线、颜色输于官；五户出丝一斤，并随路丝线、颜色输于本位"。课征包银从宪宗乙卯年开始，"初，汉民科纳包银六两，至是止征四两，二两输银，二两折收丝绢、颜色等物"。其中二户出丝为国家正税；五户出丝供"投下"支用，即作为封君的收入。到宪宗时又令百姓每年缴纳包银 6 两，后减为每户 4 两。在江南则令百姓纳纸钞，又叫户钞。俸钞的征收是因世祖即位初，设官分职，建立俸禄制度。中统元年规定：按照户等，全科户纳一两，减半户输五钱。至成宗大德六年，又命止输丝户，每户科俸钞中统钞一两，包银户每户科二钱五分，摊丝户，每户科摊丝五斤八两，以充官俸。

科差的征收期限，在中统时，丝料限七月前完纳，包银限九月前完纳。到成宗时，丝料改为八月前完纳。元朝有史料记载的科差收入，最多的一年为文宗天历元年（1328 年）：丝 109 万斤，绢 35 万余匹，布 21 万余匹，包银钞 989 锭，贝子 13 万余索。

诸色户计税粮则"凡儒士及军站僧道等户均须纳税"，而科差则"凡儒士及军站僧道等户皆不与"。

（三）徭役

元代徭役繁重，包括专业徭役、职役和杂泛差役。

1. 兵役

元代兵役由军户充任。

其法，家有男子，十五以上，七十以下，无众寡尽签为兵。十人为一牌，设牌子头，上马则备战斗，下马则屯聚牧养。孩幼稍长，又籍之，曰渐丁军。既平中原，发民为卒，是为汉军。或以贫富为甲乙，户出一人，曰独户军，合二三（户）而出一人，则为正军户，余为贴军户。

或以男丁论,尝以二十丁出一卒,至元七年十丁出一卒。或以户论,二十户出一卒,而限年二十以上者充。士卒之家为富商大贾,则又取一人,曰余丁军,至十五年免。或取匠为军,曰匠军。或取诸侯将校之子弟充军,曰质子军,又曰秃鲁华军。是皆多事之际,一时之制。天下既平,尝为军者,定入尺籍伍符,不可更易。

元朝军队的中坚力量是蒙古军和探马赤军,全民皆兵,平时屯垦,战时出征,连小孩稍长都要籍为"渐丁军"。控制封君、将领的手段是以质子充军,这也是建立蒙古军队中坚力量的有力措施。随着疆域不断扩大,兵力不足,元不得不签发汉人为军户,称为新附军户,只发给充军者每人每月五斗米或六斗米,一斤盐,且军户负责供备充军者的鞍马器仗。

2. 站役

元代邮驿非常发达,有"站赤",有"急递铺"。站役由站户充任,依驿路所需分为陆路、水路。陆路驿站由站户供应马、牛、车、狗及骆驼等,水路则要供船。供应运输牲畜就要供备驭夫,供应船还要供备船夫。除此之外,还要供备"首思",即提供往来者的住宿、饮食、照明、燃料等。为了保证驿路畅通,元也曾有过供应驿站马匹及饮食的记载,但马匹死后,需站户自买补上。官府支给的饮食费往往不能弥补站户所支,因此站役之苦仍使许多家庭或典卖田产,或鬻卖妻子,或逃亡他乡。

3. 急递铺役

急递铺是古代的邮政,主要传递官府的文书。"世祖时,自燕京至开平府,复自开平府至京兆,始验地理远近,人数多寡,立急递铺,每十里或十五里、二十五里则设一铺,于各州县所管民户及漏籍户内,签起铺兵。中统元年诏:随处官司,设传递铺驿,每铺置铺丁五人。"因铺兵隶兵部,故此急递铺役又似兵役。

4. 打捕鹰房之役

是专门为皇室捕猎、豢养隼鹰之户。"元制自御位及诸王,皆有昔宝赤,盖鹰人也。是故捕猎有户,使之致鲜食以荐宗庙,供天庖,而齿革羽毛,又皆足以备用,此殆不可缺焉者也……故鹰房捕猎,皆有司存。而打捕鹰房人户,多取析居、放良及漏籍孛兰奚、还俗僧道与凡旷役无赖者,乃招收亡宋旧役等户为之。其差发,除纳地税、商税,依例出军等六色宣课外,并免其杂泛差役",元代共有打捕鹰房户4万余户。

5. 匠役

由匠户承担,相当于工奴。元王朝在战争中,凡工匠被俘皆免于一死,因此俘虏工匠多达数十万户,朝廷将他们编制在各种官营手工业机构中,另立户籍,称"匠户"。匠户世袭,不许改行,但可免除赋役。

6. 职役

元代的职役主要有主首、里正。

主首原为都官,里正为乡官。都和乡是元代农村的基层行政组织,每乡设里正一名。都分三等,上等都设主首四名,中等都设三名,下等都设两名,由税粮一石以上户轮流充当,负责催办税款钱粮和杂泛差役。当催交税款和钱粮不足额时,余数由里正、主首代为完纳。因此充任都官里正者往往破家散财,人人避之不及,后来改为雇役。

其他的职役还有库子,负责保管、看守仓库;祗候,官衙的听差;曳剌,负责催督差役;勾捕,对证词讼的吏役;牢子,牢狱的看守。这些充役者都负有一定职责,一旦失职,无论主客观原因都要追究责任,需用钱财赔付。

7. 杂泛之役

指临时征发的无名杂役,包括筑城、修路、建筑宫室、私第、寺庙、造船、伐木、修治水渠、河道、运送粮草等。这种杂役有时是大规模的,如至元二十三年,黄河出现15处决堤,"调南京民夫二十二万四千三百二十三人,分筑堤防"。有时只是帮官府运送粮草,需要人数不多。对已调发的充役百姓,即免除其他徭役。有时官府会付给调用百姓一定酬劳,至元十九年,"发军民九千人,在山中伐木,官酬其值"。总之,元代杂泛并无一定制度,后来元代徭役也有所发展,实行助役、代役和雇役的制度。

(四)商税

元朝称工商各项课税为课程。从太宗开始设立十路课税所,对商品交易征收商税。至元七年"遂定三十分取一之制,以银四万五千锭为额,有溢额者别作增余……至元二十年,定上都税课六十分取一;由旧城市肆院务迁入都城者,四十分取一"。商税课征制度极为严格,对违法的征纳双方处罚都很严厉。"诸匿税者,物货一半没官,于没官物内一半付告人充赏,但犯笞五十,入门不引吊,同匿税法。诸办课官,估物收税而辄抽分本色者,禁之。其监临官吏辄于税课务求索什物者,以盗官物论,取与同坐。诸办课官所掌应税之物,并三十分中取一,辄冒估值,多收税钱,别立名色,巧取分例,及不应收税而收税者,各以其罪罪之,廉访司常加体察。"商税收入在天历年间达到 939 529 锭 44 两。

（五）契税

元朝初年即有契税，《元典章》载："诸人典卖田宅、人口、头匹、舟舡、物业，应立契据者，验立契上实值价钱，依例收办正税外，将本用印关防，每本宝钞一钱。无契本者，便用偷税究治。"到至元二十二年，契税每一道应为中统钞 3 钱。契税已纳，契本分付各业主，若有人不用契本，被告发到官，同匿税罪。

（六）海关税

元代的对外贸易实行开放政策，国家在各贸易频繁之地如泉州、上海、庆元、澉浦、温州等地，都设有市舶司，相当于现代的海关。外商每岁舶运商品而来，于次年回帆时，依例抽解，即采取抽分的方式取得收入。初期"细物十分取一，粗物十五分而取一，以市舶官主之。其发舶回帆，必著其所至之地，验其所易之物，给以公文，为之期日，大抵皆因宋旧制而为之法焉"。至元十八年，曾对国外进口的货物实行双抽制度，至元二十九年"中书省定抽分之数及漏税之法。凡商旅贩泉、福等处已抽分之物，于本省有市舶司之地卖者，细色于二十五分之中取一，粗色于三十分之中取一，免其输税。其就市舶司买者，止于卖处收税，而不再抽，漏泊货物，依例断没"。这里税和抽分并列：税指一般商税；抽分是指国家按比例无偿抽取实物。

到至元二十一年，设市舶都转运司于杭州和泉州，官方自备船只出洋贸易。其所获之息，以十分为率，官取其七，贸易商得其三。

（七）酒醋税课

元代酒醋课税始于太宗二年，税率为 1/10。三年派任酒醋务坊官，实行酒醋专卖，税额按百姓户数而定，后几次在征税与专卖间改易，并在百姓遭受灾荒的年代免纳酒醋课或罢专卖。元代酒醋课的征收面比较广，不仅以粮食作原料的酒要课税，以果实为原料的葡萄酒也要课税。私造酒醋将被责罚判刑，"杖七十，徒二年，财产一半没官"。甚至饮私酒都要笞三十七。越界销售"十瓶以下，罚中统钞一十两，笞二十；七十瓶以上，罚钞四十两，笞四十七，酒给元主，酒虽多，罚止五十两，罪止六十"。元代酒课年收入在 469 100 余锭（不包括云南），醋课 22 500 余锭。

（八）盐课

元有盐场 136 所，生产环节是民产官收，官府发给灶户工本钱，并由官府收购灶户生产的食盐。至元时，每引发给灶户中统钞三两。销售上，元代的盐法为专商运销，实行引岸制。《元史·食货志》记载，太宗元年"始行盐法，每盐一引,重四百斤,其价银一十两。世祖中统二年减银为七两。至元十三年,既取宋,而江南之盐所入尤广,每引改为中统钞九贯。二十六年增为五十贯。元贞丙申,每引又增为六十五贯。至大己酉至延祐乙卯七年之间,累增为一百五十贯"。

元代按引运盐的地区称"行盐地",与此相对应的有接近盐场的"食盐地"。由于近场各地私盐充斥,中统四年朝廷不得不在"食盐地"实行计口授盐,按户派散。至元二十一年,以行盐各地,专商垄断牟利,盐价腾贵,民有淡食,乃设立常平盐局以平抑盐价。

元代禁止贩私盐,对贩私盐者处罚严厉。"凡伪造盐引者皆斩,籍其家产,付告人充赏,犯私盐者徒二年,杖七十,止籍其财产之半,有首告者,于所籍之内以其半赏之"。专商越界销售亦惩罚严厉,"犯界者减私盐罪一等,以其盐之半没官,半赏告者"。盐课是元王朝重要工商税收,文宗天历时,年行盐2 564 000余引,盐课钞7 661 000余锭。

(九)茶课

元之茶课基本仿效宋朝,实行榷茶,官府印售茶引,实行引岸制。世祖至元十三年,定长引与短引之法。所谓长引,每引计茶120斤,收钞5钱4分2厘8毫;短引计茶90斤,收钞4钱2分8毫。至元十七年,置榷茶都转运司于江州,总辖江淮、荆湖、福广的茶税。从此废除长引,专用短引,每引收钱2两4钱5分。至元三十年,对茶的零售,官另行印售"茶由",每由给茶9斤,收钞1两;后又改为自3斤至30斤分为十等课税。犯私茶者,杖七十,茶一半没官,茶过批验去处不批验者,杖七十;伪造茶引者,斩。茶课收入在至元二十三年为4万锭,延祐七年增长至28.9万余锭。

(十)矿课

元代对金、银、珠、玉、铜、铁、朱砂、碧甸子、铅、锡、矾、硝、碱等资源实施专卖管理,收入称为矿课。对矿课的征收一般采用三种方法:其一,令民自备工具开采,获取产品官府抽分,如至元十八年"李日新自具工本,于浏阳永兴矾场煎烹,每十斤官抽其二"。其二,官府以专门矿户采矿,定每户每岁矿课。如至元五年,"益都漏籍户四千淘金,登州栖霞县,每户输金岁四钱"。其三,实行专卖。官府提供工本,令冶户开采冶炼,收入全部归官府。如"铁在河东者,太宗丙申年,立炉于西京州县,拨冶户七百六十煽焉。丁酉年,立炉于交城县,拨冶户一千煽焉。"

对于矿产品的贩运,由官府印引发售,如湖广产的铅锡,在至元八年,以每引100斤,官收300文售给商人。商人无引贩卖者,杖60,锡没官。矿课违禁惩罚严厉,"诸铁法,无引私贩者,比私盐减一等,杖六十,铁没官,内一半折价付告人充赏。伪造铁引者,同伪造省部印信论罪……客旅赴冶支铁引后,不批月日出给,引铁不相随,引外夹带,铁没官。铁已卖,十日内不赴有司批纳引目,笞四十,因而转用,同私铁法……江南铁货及生熟铁器,不得于淮、汉以北贩卖,违者以私铁论。"矿课收入,主要来源于腹里、江浙、江西、湖广、河南、四川、陕西、云南等地。

矿课种类:一是金课,以江浙、云南为最多,次为湖南、四川;二是银课,云南最多,江西次之;三是铜课,在至元中开采者,有益都、大宁、澄江等11所;四是铁课,以江浙最多,湖广、江西亦有之;五是朱砂、水银课,湖广最多,和林、北京亦有之;六是风课,以河南为多;七是硝课,仅课晋宁路;八是竹木课,多取于腹里及河南省。

(十一)竹木课

竹木课与矿课同属岁课,元代竹木课征收管理办法有专卖与征税两种。元初实行专卖,禁止私贩。在官竹园砍伐竹木,官府出售,获取收入,至元四年曾印发引券让商人贩运。或令百姓自行买卖,官府收税。至元三年辉州征竹课税,先是官取60%,后减为40%。竹木课收入:天历元年共钞13 550锭,竹269 695竿,板木58 600条。

(十二)和雇与和买

和雇是国家雇佣百姓从事某种劳务;和买是国家向百姓购买所需物品。元代的和买、和雇往往成为变相的赋税和徭役。王恽在《秋涧先生大全文集》中论和雇时说:"随路递运车仗脚钱,近者五十贯,远者不下百贯,官支钱十不及二三,其不敷数,百姓尽行出备。名为和雇,其实分着。"《元典章》记载至元二十三年合剌奴、脱脱等奏"今日和买,不随其所有而强取其所无,和买诸物,不分皂白,一例施行,分文价钞并不支给,生民受苦,典家卖产,鬻子雇妻,多方寻买,以供官司"。足见元代和雇、和买为祸之烈。

二、元代的财政支出

元代的财政支出包括军费、俸禄、行政支出、皇室支出、宗教支出以及交通水利、赈恤、文教等支出。

(一)军费支出

军费支出分为战时军费支出和常备军费支出。元朝是通过大规模战争取得史无前例的宏大版图的国家,战争经费在国家财政支出中占有十分重要的地位。灭宋之前,元朝的财政支出几乎全被开疆扩土的军费占用,统一全国后镇压各地的农民起义亦花费了巨额的财政支出。但由于蒙古族是全民皆兵,后又有军户制,军备支出的准确数字无法考证。

元代军备主要是兵器制造费和战马购养费。《新元史》记载直到元世祖时财政才有了养兵的开支,"定军户之籍,凡蒙古、探马赤、汉军,皆月给米五斗、盐一斤,别以米四斗赡其家。及收宋降兵,籍为新附军,以无贴户,月给米六斗、盐一斤,所谓军人盐粮例也"。统一全国后实行屯垦制度:"凡诸卫、诸万户,皆兴屯垦,以赡军食。"

元代初期,曾频繁对周遭国家如高丽、日本、安南、占城等发动战争,国用浩繁。为了支撑战争费用,只得在国内句剥苛急,"内用聚敛之臣,视民财如土苴;外兴无名之师,戕民命如草芥"(《廿二史札记》),"百姓罢弊,转输赋役烦重,贫民鬻子应役"(《元史纪事本末》)。武宗至大四年,北边军需达六七百万锭,占当年全部财政支出的近四成。如果再加上其他方面的军费支出,军费是元代财政支出的重要组成部分。

(二)官俸支出及行政管理经费

元初不设俸秩,文官靠赐赏,武将靠抢掠。固定的赏赐称岁赐,《续文献通考》记载武宗时岁赐总额达钞350万锭,已给170万锭,未给180万锭。除了经常性的岁赐外,还有各种非经常性的赏赐。如英宗即位时大赉诸王百官,合计其数,有金5 000两,银78万两,钞1 211 000贯,币57 360匹,帛49 322匹,木棉92 672斤,布23 398匹,衣857袭,鞍勒弓矢有差。

世祖中统时定百官俸例,在全国范围内给官员发放俸禄。"内而朝臣百司,外而路府州县,微而府吏胥徒,莫不有禄。"大德中,以外官有职田,无职田者又益之以俸米。至元二十二年详定百官俸例,各品视职事大小分为上、中、下三等,最多者从一品上等得俸钞6锭,最少者从九品上等月俸亦得35两。月俸所支的中统钞,不但币值甚低,且一再降跌,俸钞的实际收入亦随之降低。所以到至元二十三年,又增俸一次,内外官吏普遍加俸五成。后又因物价膨胀多次增俸,故元代的俸给因与日益贬值的钞券相联系,随币值波动变化无常,其发放内容又有俸钞、俸米、职田,非常混乱。

元代官员数目,据《元史》记载,至元三十年,全国路、府、州、县等2 038个,官府大小2 733处,官员18 000余人。而《元典章》中则称官吏总员26 690人,比至元三十年多出近1万人,很有可能统计数字中包括了一批无品级的国家财政供养人员。例如"儒学教授八百七十六员,医学教授二百三十二员,蒙古教授九百二十一员,阴阳教授七十三员,不系常调二千一百零六员"。

元代行中书省的行政经费由中央拨给,但没有统一标准。如至元七年,"给河西行省钞万锭以充岁费"。至元八年,"给河南行中书省岁用银五十万两"。延祐四年,"给岭北行省经费钞 90 万锭,杂彩 5 万匹"。元朝先后建行省 11 个,加上宣政院管理的"吐蕃地区",至少有 12 个行政区划需中央拨付经费,是重要的支出项目。

(三)皇室支出

元代皇室支出,既包括宫殿修建,也包括日常开支。

元朝宫殿修建支出浩大,元仅都城就有大都、上都及岭北行省治所哈剌和林城。每处都大规模修建宫殿园林,大都的皇城城墙长约 20 里,有十五门,其中大明殿作为皇帝"登极、正旦、寿节会朝之正衙",建筑极为考究,陈设极尽豪华,仅殿壁则夏季"通用绢素冒之,画以龙凤",冬季则"黄鼬皮壁障,黑貂褥;香阁则银鼠皮壁障,黑貂暖帐"。史料没有记载兴建大都的支出,但记载了至大元年的兴圣宫的兴建费用:"建兴圣宫,给钞五万锭,丝二万斤。"

皇室日常开支包括衣食住行及宗教、礼仪支出。《续文献通考》称文宗天历二年"皇后日用所需,钞十万锭,币帛五万匹,绵五千斤"。皇室的支用项目,亦是多种多样的。例如"鹰、鹘、狮、豹之食,旧(指文宗天历以前)止肉价 200 余锭,今增至 13 800 余锭;控鹤,旧止 628 户,今增至 2 400 户;又,佛事岁费,以今较旧,增多金 150 两,银 6 200 两,钞 56 200 锭,币帛 34 000 余匹"。元代后宫的日常开支花费巨大:"忽必烈皇后数人,妃嫔甚众……诸妻中四人有皇后之号,每皇后一人,有宫女三百,及侍童、阉人甚众。四后宫中役使人数由是计有万人。"①

皇室礼仪自世祖至元八年始定"自是,皇帝即位,元正、天寿节,及诸王、外国来朝,册立皇后、皇太子,群臣上尊号,进太皇太后、皇太后册宝,暨郊庙礼成,群臣朝贺,皆如朝会之仪。而大飨宗亲,赐宴大臣,犹用本俗之礼为多"。元代重视宫廷乐舞,仅为皇室奏乐的乐人即分"乐音五队""寿星队""礼乐队""说法队"等。皇室出游的费用亦相当可观。《马可·波罗游记》称"皇帝的象队达五千头,全部披用金银丝绣成鸟兽图案的富丽堂皇的象衣"。元的统治者

---

① (瑞典)多桑著. 多桑蒙古史(上)[M]. 上海:上海书店出版社,2006:334.

出身于游牧民族,喜养禽兽,喜玩鹰鸟,因此专设打扑健坊万户府,仅每年喂养各种禽兽的肉就达30万斤之巨。

元代统治者不仅信奉佛教、道教,对伊斯兰教、基督教等宗教也很推崇,甚至大都内还奉养着来自各国的星相士和占卜者5 000多人。元代的宗教支出主要包括建筑寺庙,赏赐宗教人士,举行皇家各种法事等。元朝至元二十八年共有寺宇42 318区。《元史》中有记载的建寺庙条目即有几十处,如:修万安寺,伐木动用中军4 000人,伐木58 600根。对其佛像及窗壁饰金,用金540多两,水银240斤。"为皇太后建佛寺于五台山,以前工部尚书涅只为将作院使,领工部事;燕南、河北道肃政廉访使宋德柔为工部尚书,董其役;以大都、保定、真定、平阳、太原、大同、河间、大名、顺德、广平十路,应其所需。"元代大规模书写金字经文,如《元史》载忽必烈至元二十七年,"缮写金字《藏经》,凡糜金三千二百四十四两"。皇家的宫廷祭典和法事活动亦靡费国帑,"延祐四年,宣徽使会每岁内庭佛事所供,其费以斤数者,用面四十三万九千五百,油七万九千,酥二万一千八百七十,蜜二万一千三百"。至大四年"赐大普庆寺金千两,银五千两,钞万锭,西锦、彩缎、纱、罗、布帛万端,田八万亩,邸舍四百间"。皇庆元年"遣使赐西僧金五千两,银二万五千两,币帛三万九千九百匹"。

(四)封君和赏赐支出

元代立朝前是奴隶社会性质的草原财产制度,统一后在全国划分了行政区划,但对蒙古贵族及功臣仍有大规模的分封及赏赐。

首先,分封给皇亲土地食邑,大大减少了国家财政收入。元代封国达123个,封君拥有封国内的赋税,财政收入中的五户丝和户钞即是封君享有的国家户税收入。封国内的土地及一些公田也同时无偿赐给封君及王公大臣,地租收入归其所有。据统计,元代赏赐土地共达184 527顷。

其次,在朝会及重要节日,皇帝要赏赐皇亲国戚和百官,朝会赏赐因为一年一次成为定例,称岁赐。如《元史·世祖纪》记载中统元年十二月"赐亲王穆哥银二千五百两;诸王按只带、忽剌忽儿、合丹、忽剌出、胜纳合儿银各五千两,文绮帛各三百匹,金素半之;诸王塔察、阿术鲁钞各五十九锭有奇,绵五千九十八斤,绢五千九十八匹,文绮三百匹……自是岁以为常"。至元二十六年岁赐支出达金2 000两,银252 630两,钞110 290锭,币122 800匹。

如前所述,元代财政实行低俸高赏的以赏代俸、以赏代补政策,以至于至大四年赏赐支出竟占全部财政支出的近二成,财政支出中的俸禄支出有相当一部分转移到了赏赐支出上。《新元史·食货志》说:"中叶以后,课税所入,视世祖时增二十余倍,即包银之赋亦增至十余倍,其取于民者可谓悉矣。而国用日患其不足,盖縻于佛事与诸戚之赐赍,无岁无之,而滥恩幸赏,溢出于岁例之外者为尤甚。"

(五)水利和交通

元代的水利支出以治河为最,多次大规模修治河道,花费浩繁。如大德五年修治滦河水患,"东西二堤,计用工三十一万一千五百,钞八千八十七锭十五两,糙粳米三千一百一十石五斗,桩木等价钞二百七十四锭二十六两四钱"。至正十一年,工部尚书贾鲁为总治河防使修治黄河,从四月开始到十一月完工,共役民夫 15 万,军卒 2 万,花费计物折中统钞 1 845 636 锭,是为黄河治理史上著名的"贾鲁治河"。

元朝的道路建设包括道路的修建维护和驿站的一切费用。道路修建分中央与地方两级,各由本级财政支付。元的交通发达,水陆驿道遍布全国,仅大都和上都之间就有四条驿道。驿道沿线设有馆舍齐全,且备有马匹、船只、车辆等交通工具的驿站。元代有驿站 1 400 个,拥有驿马 44 301 匹,驿驴 5 953 头,驿牛 8 888 头,驿羊 1 150 只,驿狗 218 条,驿车 4 037 辆,驿轿 353 乘,驿船 5 921 只;另外步站 11 处,梯运夫 3 032 户。建站之初国家给付一定财物支持建成,损耗后由站户补充,当发生困难时,国家也给予帮助。驿站属兵部管辖,《元史·兵志》记载很多驿站的支出:至元十四年"立永昌路山丹城等驿,仍给钞千锭为本,俾取息以给驿传之需","泰定元年三月遣官赈给帖里干、木怜、纳怜等一百一十九站,钞二十一万三千三百锭,粮七万六千二百四十四石八斗。北方站赤,每加津济,至此为最盛"。

元朝水站也相当发达,共有 424 处。除内河不断疏浚,使其畅通无阻,且有巨型海船进行海路运输,十分快捷。"当舟行风信有时,自浙西至京师不过旬日而已。"(《元史纪事本末》)

元代在前朝的基础上修复、新建了很多大都市。元以市区方圆 50 里以上作为大城市的标志,像北方的大都,西方的成都,南方的杭州、苏州、扬州、南京,以及中原的开封等都属于当时的大城市。新建的大都绕城的东西城墙长 1 666 丈,南北宽 1 000 丈,街道分大小,大街宽 24 步,小街宽 12 步,另有 384 火巷,29 衢通,城建支出巨大。

(六)赈恤

元代救民济困包括蠲免和赈贷。《元文类》记载:"我国家每下诏,必以鳏寡孤独不能自存为念,特加优恤,官为廪赡;或不幸而遇水旱虫螟之灾,即遣使存问安抚,戒饬官吏,廪粟库币,不吝其出。"《元史》对元朝自中统元年到至顺元年70年间的蠲免状况进行了统计,较大规模的有47年,灾免29年(余为恩免),如世祖"至元十年,诸路虫蝻灾五分,霖雨害稼九分,赈米凡五十四万五千五百九十石"。至元二十七年,以粟582 889石救济江阴、宁国等地遭受水灾的百姓。武宗至大元年"江浙行省管内饥,赈米五十三万六千石,钞十五万四千锭,面四万斤。又,流民户百三十三万九百五十有奇,赈米五十三万六千石,钞十九万七千锭,盐折直为引五千。令行省、行台遣官临视"。对赤贫者的救济如"诸路鳏寡孤独疾病不能自存者,官给庐舍、薪米",至元十九年"各路立养济院一所"等。

(七)文教卫生

元代有国子学、蒙古国子学、回回国子学、儒学、蒙古字学、医学、阴阳学等官学。元初,"时学舍未备,野密请御史台,乞出帑藏所积,大建学舍以广教育"。到至元二十五年,全国学校共24 400所,设教授、学正、学录等职,国家发给俸禄,并负担学校支出。至元二十四年学校教育人员月俸标准:教授,米5石,钞5两;学正,米3石,钞3两;学录,米2石,钞2两;教谕,米1石5斗,钞1两5钱;直学,米1石,钞1两。至元二十九年,北方儒学各路教授支12两,府和上州教授支11两,中州教授支10两,由国家发给。南方的路、府、州、县学由政府拨给学田,以田租收入解决学校生员的费用开支,无论是教授、学正还是生员都免除徭役,国家还发给部分生员生活津贴及学习用品,"世祖至元八年春正月,始下诏立京师蒙古国子学……成宗大德十年春二月,增生员廪膳,通前三十员为六十员。……元置蒙古人二十人,汉人三十人,其生员纸札笔墨止给三十人,岁凡二次给之"。

元朝还有一些与教育有关的支出,如科举考试、修史、印书、进行天文地理的测验等。

卫生防疫支出。元朝设有医药局——惠民药局。太宗九年"于燕京等十路置局,以奉御田阔阔、太医王璧、齐楫等为局官,给银五百锭为规运之本。世祖中统二年,又命王祐开局。四年,复置局于上都,每中统钞一百两,收息钱一两五钱。……凡局皆以各路正官提调,所设良医,上路二名,下路府州各一名,其所给钞本,亦验民户多寡以为等差",多者3 000余锭,少者百锭。

第五节　辽、金、元时期的财政管理及国家财富分配制度的探索

辽、金、元时期是我国多民族融合的历史阶段,草原民族、农耕民族在不断的冲突、统一中互相学习,推动中华民族的历史发展,故而这个时期的财富分配制度出现明显的民族色彩,辽、金、元的统治者在原有的草原财产制度的基础上,吸收汉族封建财产制度的要素,进行了新的分配制度的探索。

一、辽的财政管理

辽初,国家管理机构以坐落在皇帝帐殿的北面还是南面,划分为北院、南院。以辽制治契丹,以汉制治汉人的制度可以视为"一国两制",是对财富分配的一次革命性的创新:"北面治宫帐、部族、属国之政,南面治汉人州县租赋、军马之事。"北、南两院各设大王、宰相、枢密、宣徽、林牙,下至郎君护卫,皆分北、南。其中北枢密专掌兵机,不理民政,因其牙帐居大帐殿北,故名北院。南枢密相当于吏部,掌文铨、部族、丁赋之政。北、南二王,相当于户部,分掌部族军民之政;宣徽相当于工部。北、南府均各由宰相总之。财政管理则集中于南枢密与北、南二王。后来学习汉族,辽在中央设户部统一管理全国财政;在上、东、中、南、西五京分别设上京盐铁使司、东京户部使司、中京度支使司、南京三司使司、南京转运使司和西京计司;国库则设内藏库、内库等;在各路设钱帛司、转运司,负责督课赋税和转运赋税。

二、金的财政管理

《金史》载,金国于太宗天会四年建尚书省,后在尚书省之下,设院、台、府、司、寺、监、局、署、所,各有专职,职有定员,员有常数。户部尚书一员,侍郎二员,郎中三员,员外郎三员;郎中而下,皆以一员掌户籍、物力、婚姻、继嗣、田宅、财业、盐铁、酒曲、香茶、凤、锡、丹粉、坑冶、榷场、市易等事;一员掌度支、国用、俸禄、恩赐、钱帛、宝货、贡赋、租税、府库、仓廪、积贮、权衡度量、法式、给授职田、拘收官物并照磨计账等事。金国兴定三年置京东、京西、京南三路行三司,负责劝农催租、军须科差及盐铁酒榷等事,在中京由三司使执掌全国财政事务,并在各路设转运使。

另外,金还根据具体事务设官司,如商税征收由税使司负责,并于明昌元

年定商税课额。海陵王时置金钞库,并设使管理。

三、元的财政管理

(一)财政管理机构

元的中央机构是皇帝以下设大司农、枢密院、中书省、御史台、宣政院、通政院。其中大司农负责籍田署、供膳司、永平屯田总管府。主要财政管理机关隶属中书省之下,由左右司掌管。左司掌礼部、户部、吏部;右司掌兵部、刑部、工部。六部都负责一部分财政职责,其中以户部作为主管国家财政的中枢,"掌天下户口、钱粮、土地之政令。凡贡赋出纳之经,金帛转运之法,府库委积之实,物价贵贱之值,敛散准驳之宜,悉以任之"。户部设尚书3人,侍郎2人。在户部的管辖下,税收征收机构有大都宣课提举司,掌诸色课程,并领京城各市提举。其下属官负责各国库及赋税、专卖、矿冶、漕运等,包括:都提举万亿宝源库,都提举万亿广源库,都提举万亿绮源库,都提举万亿赋源库,四库照磨兼架阁库,提举富宁库,诸路宝钞都提举司,宝钞总库,印钞宝钞库,烧钞东西二库,行用六库,大都宣课提举司(掌马市、猪羊市、牛驴市、果木市、鱼蟹市、煤木所)。大都酒课提举司,抄纸坊,印造盐茶等引局,京畿都漕运使司(掌新运粮提举司、京师仓、通惠河运粮千户所),都漕运使司(掌河西务14仓、河仓17仓、直沽户通仓、荥阳等纲),檀景等处采金铁冶都提举司,大都河间等路都转运盐使司,山东东路转运盐使司,河东、陕西等处转运盐铁使司(掌河东等解盐管民提领所、安邑等处解盐管民提领所)。

皇室收支由内宰司、储政院(掌管太子收支等)、中政院(掌管中宫收支等)、太禧宗禋院(掌管皇家寺院收支等)、宣徽院(掌管帝室收支等)等机构负责,各机构有各自的收支,名目繁杂,互不统辖。

元代延伸到地方的财政管理机构由两方面组成:直接隶属皇帝的有上都留守司兼本路都总管府和大都路都总管府。前者掌管平盈库、万盈库、广积库、万亿库、行用库、税课提举司、的康司,后者掌管左右警巡二院。直接隶属于中央各机构的有行枢密院、行中书省、行御史台。行中书省不仅掌管两浙都转运盐使司、两淮都转运盐使司、福建等处都转运盐使司、广东盐课提举司、四川茶盐转运司、广海盐课提举司、隶属广东的市舶提举司、海道运粮万户府,还统辖诸路掌管税务、府仓、平准行用库等。这些机构纵横交错,甚至互有牵制。地方行政机构一般都负有财政职责,督征税赋则是对地方行政长官政绩考核的重要内容。

（二）预算制度和国库管理

元王朝重视预决算制度和库藏管理。对财政收支要求各级进行会计记账。年初有定额,年终必须进行决算。无论诸路、行省,还是诸王、漕运,只要有钱粮收支,必须设账簿。各行省岁支钱粮,由正官按季核查,年终汇总,上报行省,按程序进行考核,由御史台审核。皇室的收支亦需要先进行预决算,再由宣徽院进行汇总,廉访司考核。

元朝国库有宝源、广源、绮源、赋源四库,其中宝源库贮藏宝钞、玉器,广源库贮藏香药、纸札诸物,绮源库贮藏诸色缎匹,赋源库贮藏丝绵、布帛等。至元二十七年增设富宁库,将原宝源库的金银由其贮藏。元在发行纸币后又增加了印造纸币的府库,如宝钞总库,印造宝钞库,烧钞东西二库,行用六库（光熙、文明、顺承、健德、和义、崇仁）。皇室库藏分内藏、右藏、左藏三库。

四、元代滥发纸币与财富分配

中国历史上首次发行纸币始于北宋,而大规模由国家发行纸币则始于元代。太宗时曾少量发行,到世祖中统元年"始造交钞,以丝为本。每银五十两易丝钞一千两,诸物之直,并从丝例。是年十月,又造中统元宝钞"。其面额：十文、二十文、三十文、五十文、一百文、二百文、五百文和一贯文、二贯文九种。每一贯同交钞一两,两贯同白银一两。又以文绫织为中统银货。分为一两、二两、三两、五两、十两五种,每一两同白银一两。元代纸币以国家权力通令发行,无论民间还是官府收支强制使用,成为唯一流通的法币,"永为定例,并无添减"。到至元二十四年,"更造元宝钞颁行天下……以至元宝钞一贯文当中统交钞五贯文,子母相权,要在新者无冗,旧者无废。凡岁赐、周乏、饷军,皆以中统钞为准"。

元代纸币的发行是在宋金纸币的基础上发展而来的,既推动了商品经济的发展,也促使实物财政向货币财政转变,是一种社会进步。元初汲取南宋滥发纸币而带来恶性通货膨胀的教训,但后来竟企图以"通货膨胀税"来解决财政困境,从至元十三年起"置宣慰司于济宁路,掌印造交钞,供给江南军储",可以视为财富分配新尝试的失败。

元钞在初发之时,纸币可换丝钞本,用以丝和银为本位的钞本来维持纸币信用；允许民间以银向政府储备库换钞或以钞向政府兑银,同时严禁私自买卖金银。确立交钞的法偿地位,所有钞券均可完税纳粮；明令白银和铜钱退出流通,初步完成了银本位制度的创立。但之后逐渐失控,纸币越发越多,先后所发之钞,其名称有中统钞、至元钞、至大银钞、至正交钞,皆以发行当年皇帝的年号命名。并且常以新钞收换旧钞,结果面额越发越大,而实际价值却越来越小,再加上久用的旧币又不能等值调换,激起了鼎沸民怨。

元代企图以印钞来解决财政困难注定了纸钞必然贬值的命运。从中统元年至天历二年的69年间,全国共发行纸钞8 450万余锭。其中至元十二年前的16年间只发行纸钞175万余锭,而从至元十三年到至元二十八年的后16年却发行了1 452万余锭,是前16年的8倍多。至正十年底,顺帝再度滥发纸币,造成物价飞腾,元末米价竟比元初上涨六七万倍。这种利用纸币超发,疯狂掠夺民财的做法无疑给本已因民族歧视、政治黑暗、赋税严苛等问题而暗流汹涌的社会火上浇油,最终导致了元帝国的败亡。

第九章 明代财政与新经济模式的碰撞

开篇导言

明代也是中国历史上一个由汉族建立的大一统王朝，其很多影响一直延续到现在。明代初期的财政经济措施，为以后经济的发展、资本主义生产关系的萌芽奠定了经济基础。黄册和鱼鳞图册制度对赋税的征收起到了有力的保障作用。在这个时期，实物税迅速向货币税演化，徭役亦演化成货币税解放了劳动力。

发展经济学研究表明人类的农业发展经历了两个阶段。首先是生产扩张，每个生产者的平均生产能力不变，由于人口和耕地的不断增长而使生产扩张；其次是农业的商业化和技术进步，以及农产品加工业的建立；再次是人类进入工业化阶段。明中叶后，随着社会的日益稳定和经济的迅速恢复，农业经济的商品化倾向以引人注目的态势向前发展。纺织业等农家副业逐渐取代种植粮食作物的农家正业，出现新趋势。尤其在江浙地区，这一趋势为市镇的发展提供了极大的推动力。而市镇的发展又反过来促进了农业经济商品化程度的加深。明代中叶出现的资本主义萌芽为什么最终没能发展壮大，一直是学界思考研究的课题。

明代的财政制度设计与以前的朝代是有较大变化的，但这种变化面对幅员辽阔的疆域内各区域发展的不均衡性显得力不从心。尤其是面对快速发展的江南地区的商品经济，明政府完全没有提出更合适的管理方案，最终由于财政收支失衡而亡国，而新经济模式也被扼杀，中国重新回到传统的农业经济，这是非常令人扼腕的。这个时期的西方国家处于大航海探索时代，中国并没有参与其中，并由此开始了逐步落后于西方的历史进程。

第一节　明代的社会经济时代背景

元末,灾害频繁,朝政腐败,钞法为祸,国库空虚。至正十一年(公元1351年),元顺帝征调农民和兵士十几万人治理黄河水患。"变钞"和"治河"成为民变的导火线,导致以红巾军为主的农民大起义。明朝的开国皇帝朱元璋出身赤贫,1351年参加红巾军,至正十六年朱元璋占集庆(今南京),改名为应天府。1363年灭陈友谅,1367年灭张士诚、方国珍势力。1368年正月,朱元璋在应天称帝,国号明。同年,北伐和西征大都(今北京),元朝势力退入草原,称北元;消灭四川的明玉珍势力和据守云南的元朝梁王。明是统一的多民族的封建国家,中叶以后出现了白银货币化趋势,商品经济空前繁荣,在江南地区诞生了资本主义萌芽。但正是由于封建皇权制度的固化,明王朝错过了海洋经济带来的机遇,最终在内忧外患中灭亡,国祚276年(公元1368—1644年)。

一、明初的经济恢复

朱元璋平定天下后,大兴"党狱",涉及财政领域的空印、郭桓两案,连坐被诛的有数万人之多。通过打击功臣、废除中书省、罢丞相、特务监视和文字狱等一系列措施强化皇权,打击贵族势力,大大加强了封建专制主义的中央集权制度。朱元璋制定了一系列的指导政府活动与规范社会生活的法律,发布在唐律的基础上发展而来的《大明律令》,恢复传统的科举考试,最重要的还是发布恢复经济的各项政策。

(一)恢复农业

经过元末的动乱之后,"兵革连年,道路皆榛塞,人烟断绝","人皆流亡,地多荒秽"(《明太祖实录·卷二十九》)。朱元璋建国后立即着手调整土地所有关系,奖励开垦土地,减轻赋役负担。

1. 移民

明初为了调整农业人口,将人口稠密的地区的农民迁移至久经战乱、土旷人稀地区。官府验丁给田、官给牛种、减免田赋,下令户部统计浙江等九个布政司(大都在南方各省)辖下的富户,推行强制性的扶助贫弱、抑制豪强的政策,把江浙一带的豪富强徙至北方。在太祖时期大小移民几十次,规模较大的移民垦荒有五次。洪武三年将苏、松、嘉、湖、杭五郡无地耕种的贫民4 000户,移迁到地广人稀的临濠开垦,由官府发给耕牛、种子和食粮,所垦之田即为己业,三年之内免征赋税;洪武四年先后将北平山后之民及沙漠地近7万户迁于北平附近各州县;洪武五年徙江南民14万于凤阳;洪武二十一年八月迁山西、泽潞两州之民于河北、河南的闲旷之地;洪武二十二年四月迁杭、湖、温、台、苏、松诸郡无田少田之民于滁、和二州垦耕。

移民垦荒一方面使流民归农,大批荒田得到开垦,另一方面使人民安定也有利于社会稳定,经济恢复。《明史》载从洪武元年到洪武十六年间,各地新垦田地达180多万顷,为当时全国耕地总数的一半。到洪武二十六年,全国垦田总数已达850万顷,是洪武元年田地数量的5倍。

2. 屯田

明代的屯田包括军屯和民屯。明初规定,驻防在边境的守军,三分戍守,七分屯种;驻扎在内地的军队,二分戍守,八分屯种,所收获的农耕产品供作军需。民屯是招募、组织、调配无田的农民及一部分降民和罪囚到宽乡屯垦。屯民实质上是官府的佃户,其屯田收入,要按规定比例向官府缴纳地租。凡使用官府的耕牛和种子的十税五;自备耕牛和种子的十税三。明代的盐法鼓励商屯,由盐商在边地募人屯田,所收粮食就地缴纳官府,换取政府发放的盐引,持引到盐场领盐贩卖。

明初的屯田效果显著,屯田总面积达903 000余顷,占洪武二十八年全国耕地总面积850万余顷的一成多;洪武二十一年军屯收粮就达500多万石。到宣宗宣德年间,屯田收入已经基本上解决了边境地区军队的粮食和草料供应,改变了自古从内地调运粮草供应边军的困境。

3. 水利

元末水利失修,河患成灾。明初即开始在全国范围内大力兴修水利、发展灌溉事业。洪武二十八年共疏浚河道、修筑陂渠堤岸等农田水利灌溉工程多达4万余处。陕西的洪渠堰、广西的灵渠、四川的都江堰、安徽的铜城渠等古代水利工程都先后得到整修疏浚。

4. 提倡农副产业

明初鼓励农民种桑、种棉、种麻及其他作物。洪武元年农民有田5亩至10亩的,要种桑或棉、麻半亩;如不种桑则要罚绢1匹,不种棉、麻的要罚棉布或麻布1匹。洪武二十七年各地农民如有余力开地种棉者,免征其税,并下令山东、河南地区的农民,凡在洪武二十六年后栽种桑枣果树的土地,不论多少俱不征税。

5. 发展工商业

降低工商税率(三十税一);农具、军民婚丧祭祀用品及舟车丝布之类不纳税;取消山林竹木征税机构;在京城郊区设塌房(堆货仓)供商人寄存货物;对匠役进行适当调整,以发挥工匠的生产积极性;发行"大明宝钞",以便利商货流通。

(二)整理户籍与地籍

明代的户口分为三等,即民户、军户、匠户。最主要的是民户,他们是赋役负担的基本队伍。十六岁为中,二十一岁为丁,六十岁为老,从中到老须轮充差役,老以上免役,不及中者不服役。明初的户籍称为"黄册",是在户帖的基础上发展起来的。洪武十三年以110户为"一里",推丁多者10户为"轮值"里长,每年轮流由1户为里长,管摄一里之事,余100户分为10甲,每甲10户。每一里编成户籍一册,上面记载各户丁口、田地、山塘、畜产、税粮,每十年重新编造一次,以显示人丁、田地、税粮的变化。由于这种户籍簿册封面是黄色的,故称为黄册。军户有军户图籍,于洪武二十一年编制。军户在指定的卫所,世代为军,归兵部管辖。匠户则归工部管辖,即匠隶工部。

与户籍黄册同时编制的还有地籍鱼鳞图册。"洪武二十年,命国子生武淳等分州县,随粮定区,区设粮长四人,量度田亩方圆,次以字号,悉书主名及田之丈尺,编类为册,状如鱼鳞,号曰鱼鳞图册。"(《明史·食货志》)黄册在事产目下有田地山塘一项,其面积大小由各户自行填报。鱼鳞图册则由官府派员对田地、山塘实地踏勘清丈,绘成有田地的形状、面积、四至、业主内容的总图和有土名、业主、四至的分图,两者总分契合,以田地编号相对照。各级官府绘制鱼鳞总图册,把辖境内耕地,逐段绘制、排列。总图之外,还绘制逐段田土分图,写明土质、税则等级,注明土号,由官府逐一按次编号,填写业主姓名、所在都、(里)、甲及土地买卖过割情况。民间土地契约都以鱼鳍图册为准,凡提及田亩,大都按照图册的编号、税则、税额转抄,作为土地所有权让渡的依据。鱼鳞图册的编制程序十分复杂,由地方政府保存,黄册上交中央黄册库收藏。

(三)粮长制征缴赋税

明初建立了"民收民解"征缴田赋的粮长制。洪武四年,令江浙一带凡纳税粮10 000石(也有数千石)的地方划为一区,每区推税粮最多者为粮长,次之为副粮长,粮长负责主持区内田粮的征收和解运事宜。后拟订田赋科则,编制鱼鳞册,申报灾荒场免成数,检举逃避赋役人户和劝导农民努力耕种、按期纳粮当差等任务也由粮长负责。粮长制"民收民解",减轻了政府的税收征管成本。后来,由于欠缴税粮户日益增多,粮长按规定要代为缴纳,无法维持,不得不转变为官收官解。明英宗正统元年开始实行金花银折征办法,即以米麦1石,定为银2钱5分。折征金花银之后,推行于全国,永为定例,遂以银两完纳田赋。

通过上述一系列措施的实施,明初经济开始恢复和发展,取得了显著成效。《明史·食货志》中记载,洪武二十六年全国"民户一千零六十万余户,五千六百七十七万余口",接近元代的最高户口水平;财政收入"夏税,米麦四百七十一万七千余石,钱钞三万九千余锭,绢二十八万八千余匹;秋粮,米二千四百七十二万九千余石,钱钞五千余锭",几近元代财政收入的两倍。

永乐年间交趾、广东、琼州黎人,肇庆瑶人内附,国力更强,富庶到地方政府遇到灾年直接先发粮食赈灾再上报的程度。"宇内富庶,赋入盈羡,米粟自输京师数百万石外,府县仓廪蓄积甚丰,至红腐不可食。岁歉,有司往往先发粟振贷,然后以闻。"(《明史·食货志》)由于桑、棉、麻、果等的广泛种植,到永乐年间,布帛、丝绢、棉花绒等的缴纳成为明代财政收入的重要来源。在永乐初年一年便征收布帛120多万匹,丝棉246万多斤。

二、明代中后期的政治、经济概况

明自宪宗成化以后日渐腐败,豪贵兼并土地,失地农民或卖儿鬻女以充债,或逃亡他乡。福建、浙江、江西等地均爆发了农民起义。明世宗朱厚熜勘察皇庄及勋戚庄田,退地与农、减轻赋役、租银、裁撤锦衣校尉等政策取得一定成效,但其后期宠信严嵩等人,导致朝政腐败。神宗初年张居正大力整顿和改革,裁撤冗员、巩固边防、大兴屯田、兴修水利,社会进入一个短暂的发展时期。但到神宗后期,政治腐败,民不聊生,外有清兵压境,内有水旱为灾,明王朝迅即败亡。

(一)农业经济商品化

明中叶后,随着社会的日益稳定和经济的迅速恢复,农业经济的商品化倾向迅速发展,植棉、纺纱、织布或栽桑、养蚕、缫丝等农家副业逐渐取代种植粮食作物的农家正业。在江浙地区,这一趋势极大地推动了市镇的发展,而市镇的发展又反过来促进了农业经济商品化程度的加深。

据《农政全书》记载,在耕耘、选种、灌溉、施肥、园艺等各方面,粮食生产都积累了丰富的经验,一般稻田亩产均有2~3石,有些地区高达5~6石。棉花种植遍布河北、山东、河南、两淮之间,松江(今上海松江区)的200万亩土地中有上百万亩都种植了棉花。烟草在此时期传入并迅速推广到福建、广东及长江流域,一亩之收可敌农田十亩。此外,太湖地区的蚕桑业,江南、闽、广地区的甘蔗、蓝靛、生漆以及油料作物等经济作物,种植面积日益扩大,且产量也有很大提高。

这一时期的手工业,如冶铁、铸铁业等也蓬勃发展。河北遵化、山西阳城、广东佛山、福建尤溪等地,都出现了规模较大的铁冶场。江西景德镇的制瓷业,有官窑58座,而民窑已超过900座,其技术水平不逊官窑。嘉兴的丝纺织机匠在万历年间使用新式"纱绸机";到明末,苏州市场上的织机有绫、绢、纱、罗、绸、布六种,所织绸布,巧变百出;棉纺业已普遍成为农村家庭副业,在松江地区,每人每天可织布一匹,明人歌谣称"买不尽松江布,收不尽魏塘(今浙江嘉善)纱"。

由于家庭纺织业的发展,江南嘉兴、吴江等地的一些乡镇居民多脱离农业,专门从事丝棉纺织;而浙江湖州和山东、河南等地农村,不少人专门从事蚕桑或棉花种植,以适应纺织工业的需要。此外,还出现了许多个体手工业者,如铁匠、木匠、染匠、鞋匠、铜匠、石匠、窑匠等"百工杂作"。万历年间随着民营工矿业的发展,还出现了手工业工人,如染工、矿工、炉工等。

(二)资本主义萌芽的出现

随着江浙地区商品经济的高度成长,手工业、商业迅猛发展,促使农家经营的商品化倾向日益加剧。明代的农业生产格局发生了历史性的变化。15世纪中叶,湖广作为天下的粮仓,所产粮食沿江而下,供应苏南、浙北各地,"湖广熟,天下足"的格局取代了先前的"苏湖熟,天下足"的格局。这一时期农民和手工业工人生产的粮食、棉花、纸、生丝、烟草、绸、布、铜、铁、瓷器等,都是市场上的主要商品,松江所产绫、布之多,号称"衣被天下",徽商、晋商、江右商、闽商、粤商流布全国。苏、松、杭、嘉、湖江南五府,有许多从事小商品生产的机户,由于工艺技术不断提高,商品市场日益扩大,有的机户有织机20余张或40余张,并雇有一定数量的工人,《中国史纲要》载,"以机杼起家致富",有"富致数万金"或"百万金"者;而受雇工人则"计日受值""得业则生,失业则死"。从机户同雇工之间这种生产关系看,明中叶,资本主义已经萌芽。弘治时工商税收课钞4 618万余贯,嘉靖时课钞增至5 206万余贯,前者折银138 000两,工商税收收入快速增长。

(三)白银货币化

明中叶以降,白银作为货币,开始在市场上广泛流通。政府的财政收支,大都改用折纳银两来计算。以米、钞支出的官俸,逐步改用银两,本色俸米 1 石以银 2 钱 5 分支给。税收缴纳也做了相应改变,田赋、商税、手工业税、关税大多折成银两征收,出现了金花银,后来又把徭役也折成役银,实物税迅速向货币税演进。

在长江三角洲、珠江三角洲等发达地区,农业、手工业与商业雇工,普遍用白银来支付工价。而隆庆以后海禁开放,海外贸易迅猛发展,不仅日本的白银流入,美洲的白银也大量流入。哥伦布发现新大陆后,墨西哥开采的白银经马尼拉大量流入中国,从而满足了明中叶以来因普遍用银作为货币而对银的大量需求,进一步推动了白银的货币化进程。

(四)张居正改革与"一条鞭法"

张居正,湖广江陵(今湖北江陵)人,万历初年任首辅,前后当国 10 年,实行了一系列称为万历新政的改革措施。

明代的财政在嘉靖、隆庆年间国库已是年年亏空,到了万历年间更是捉襟见肘,难以维持。为了摆脱困境,张居正提出"惩贪污以足民","理逋负以足国",通过整治贪污与欠税两大漏洞来增加财政收入。

张居正大力削减宫廷开支,削减南京官司编制以节减财政支出。为了增加财政收入,大规模整理赋税征收簿册,实地调查,制定合理的边饷政策,严格对边镇的钱粮与屯田进行管理。要求地方政府定期向户部汇报,提高户部对全国财政的管控力。此外,张居正在经济方面最重大的改革是清丈田粮,推广一条鞭法。

1. 土地清丈

万历六年十一月,当国的张居正以神宗皇帝名义下令在福建省试点清丈田粮。两年后,福建清丈完毕,查出隐瞒逃税田地 2 315 顷。随即从万历八年到十一年,全国各地相继完成土地清丈;山东清丈后纳税耕地较原额增加四成;江西清丈后纳税耕地较原额增加一成三,浙江衢州府西安县,清丈后不但改变了原先田地缺额、税粮无着的状况,而且查出了大量的隐匿田地,除了补足原额外,还多出了 113 顷 28 亩。全国清丈后耕地增加了 1 828 542.73 顷,比清丈前的万历六年增加了 35.28%。北方地区在清丈中还统一亩制,改变了先前存在的面积不一的大小亩,确定以 240 步为 1 亩。南方地区在清丈中统一税粮科则,改变了先前存在的官田、民田科则轻重悬殊的不合理现象,达到了公平税负的目的。这是一次继明初清丈之后的又一次全国性的清丈工作,对明中后期财政收入的增加和政权的稳定起到了重要作用。

2. 一条鞭法

一条鞭法把赋税与徭役简化为一次编审,即一条鞭编审,故称条编法,后俗称"一条鞭"。

万历九年,张居正在全国范围推广并统一实施一条鞭法,使之成为全国统一的赋役制度。《明史·食货志》记载:"一条鞭法者,总括一州之赋役,量地计丁,丁粮毕输于官,一岁之役,官为佥募,力差则计其工食之货,量为增减,银差则计其交纳之费,加以增耗。凡额办、派办、京库岁需与存留、供亿诸费,以及土贡方物,悉并为一条,皆计亩征银,折办于官,故谓之一条鞭法。"总体来说,一条鞭法赋役合一,按亩计税,以银缴纳,手续简化。

第一,把明初以来分别征收的田赋和徭役,包括甲役、力役、杂役、力差、银差等项目,合并为一,总编为一条,并入田赋的夏、秋二税中一起征收;

第二,将每一州县每年需要的力役,由官府从税款中出钱雇募、不再无偿调发平民;

第三,土贡方物,以及上缴京库备作岁需和留在地方备作供应的费用,都并在一条鞭中课征;

第四,一条鞭法课征对象为田亩,纳税形态是以银折办,即所谓"计亩征银",赋、役、土贡等合并后,虽国家的课税总额不变、百姓税负不变,但财政收入得到了保证。

一条鞭法有利于均平赋役,推动税收公平;纳钱免役,使农民有了更多的人身自由;计亩征银,无地商人得以免除赋役,从而促进了社会分工的发展和商品经济的繁荣。一条鞭法实施后,取得了明显成效,国家财政赤字消失,"十年海内肃清,四夷詟服,太仓粟可支数年,囧寺积金至四百余万"(《明神宗实录》)。户部管辖的太仓收入,从嘉靖、隆庆年间每年 200 万两白银,到万历初期增至 300 万—400 万两之间。京师仓库贮存的粮食 700 万石,可支给京营各卫官军两年饷粮,万历五年京师仓库贮存的粮食增加了 3 倍,可供 6 年之用,万历年间成为明王朝最为富庶的历史时期。

第二节 明代的财政收入

明代的财政收入包括田赋、徭役、专卖收入、商税等。

一、田赋与加派

明代的土地分为官田和民田两种，土地兼并十分严重。《明史·食货志》记载："明土田之制，凡二等：曰官田，曰民田。初，官田皆宋、元时入官田地。厥后有还官田，没官田，断入官田，学田，皇庄，牧马草场，城壖苜蓿地，牲地，园陵坟地，公占隙地，诸王、公主、勋戚、大臣、内监、寺观赐乞庄田，百官职田，边臣养廉田，军、民、商屯田，通谓之官田。其余为民田"，明孝宗"弘治十五年，天下土田止四百二十二万八千五十八顷，官田视民田得七之一"。官田中相当大的比重是借官势而非法侵占的民地，如皇庄、宗室等的庄田不断扩大，明中后期大量逃亡的流民就主要来源于失地农民。

（一）田赋

明初的田赋制度沿用唐、宋以来的两税法。《明史·食货志》记载明代的田赋号称十一税，"丁有役，田有租""赋税十取一，役法计田出夫"，分官田与民田，征不同税率。"太祖定天下官、民田赋，凡官田亩税五升三合五勺，民田减二升，重租田八升五合五勺，没官田一斗二升。惟苏、松、嘉、湖，怒其为张士诚守，乃籍诸豪族及富民田以为官田，按私租簿为税额。而司农卿杨宪又以浙西地膏腴，增其赋，亩加二倍。"田赋征收时期分夏秋两税，"夏税无过八月，秋粮无过明年二月……洪武时，夏税曰米麦，曰钱钞，曰绢。秋粮曰米，曰钱钞，曰绢"。后又有变化但大略以米麦为主，而丝绢与钞次之。用米麦缴纳的称"本色"，用钞绢折价缴粮的称"折色"。

如前述，明代的私人土地"民田"其实多为地主官僚所有，少有自耕农，而无地少地的农民多为官田佃户，所以明初的田赋税率看起来似乎是民田税轻，官田税重，实际上其税负是累退的，收入低的农民反而税负重。按亩计征的田赋实际各地负担悬殊。如苏松五府因是张士诚旧域，就执行惩罚性高税，而浙西仅因土地肥沃就要加倍课税，"故浙西官、民田视他方倍蓰，亩税有二三石者"（《明史·食货志》）。朱元璋故乡凤阳，田赋最轻。因人而改税的还有《续文献通考·田赋考二》的记载："洪武元年，有司奏，定处州七县田赋，亩税一升。帝以刘基故，命青田县止征其半"，税率的确定完全没有公平、明确、固定等原则。

明初田赋的课征，由县官负责，实行粮长制，以防止逃税和官吏额外掠索。明朝田赋实行折征办法，"洪武九年，天下税粮，令民以银、钞、钱、绢代输。银一两、钱千文、钞一贯，皆折输米一石，小麦则减值十之二。棉苎一匹，折米六斗,麦七斗。麻布一匹,折米四斗,麦五斗。丝绢等各以轻重为损益,愿人粟者听"(《明史·食货志》)。洪武二十年制定鱼鳞册后,明朝田赋课征标准已基本规范。洪武二十六年的收入情况:官民田总 8 507 000 余顷,夏税米麦 4 712 900 石,钱钞 39 800 锭,绢 284 487 尺;秋粮,米 24 739 450 石,钱钞 5 730 锭。英宗正统元年将江南各省的田赋改为折征银两,称为"金花银",以米麦一石折银二钱五分,金花银折征之后,永为定例,遂以银两缴纳田赋,但折率不断变化。到宪宗成化后,每石米麦折价增至 1 两,农民负担增加了 3 倍。

明代中叶以后,豪猾奸民与吏胥里甲相勾结,涂抹改篡鱼鳞图册和黄册,而官吏则乘机任意加派,"吏书夤缘为奸,洒派增减,弊端百出"(《明史·葛守礼传》)。"一条鞭法"执行后,地主豪绅勾结官吏逃避赋役,诡计田亩,时日既久,地亩失实,税负偏畸,富者免役,而贫民及孤寡老幼却不能免差。加上皇室支出、军费支出等不断增加,到嘉靖末年,太仓存银不到 10 万两,岁出常超支 140 万两,明王朝的财政到了山穷水尽的地步。

2017 年考古发掘的江口明末战场遗址是明末农民起义领袖张献忠与明军发生战争的战场遗址,位于四川省眉山市彭山区江口镇岷江河道内,出水各类文物 3 万余件。其中出水重五十两的大银锭 18 件。其中 15 件来自四川布政司,另外 3 件分别来自湖广布政司的石门县、蒲圻县和通城县。根据锭面刻字可知,皆为税收的库银,涉及的税收种类包括四司银、粮银和辽饷等。大银锭形制基本相同。弧首,束腰,两端起翅。底部大多呈弧形,密布蜂窝状气孔。锭面多中心低,四周略高,可见因吹铸而形成的水波纹。张献忠为明末农民起义领袖,曾攻占过襄、荆、楚、荣、吉、蜀等藩王府,其行军路线在长江流域主要涉及南京和江西、湖广、四川、广西等布政司的诸多州县。金册、库银这类属于藩王府和官府的器物出现在彭山江口的岷江河道内,可能与顺治三年(1646年)张献忠与前明参将杨展在此地发生过的一场战斗有关。[①]

(二)加派

明代的田赋,于正赋之外,常有加派。《续文献通考》说:"正统时,天下岁征人数,共二百四十三万两,出数一百余万两。自正德后,出多入少,国用尽不支矣。"加派始于武宗正德九年,为建造乾清宫加赋 100 万两。嘉靖二十九年,俺答汗(明代鞑靼首长)犯京师。三十年,京边岁用至 595 万,乃议于南畿、浙江等州县增赋 120 万。正式大规模的加派则起于万历四十六年为抵御外族入

---

① 刘志岩等.四川眉山彭山江口明末战场遗址ⅡT0767 发掘简报[J].文物,2018(10):26—58+1.

侵的辽饷加派,加上后来的剿饷加派、练饷加派,即为导致明王朝灭亡的"三饷"加派。

1. 辽饷

辽饷是用于辽东防御边境所需的兵费。万历末年因辽东军费共有三次加派:万历四十六年(1618年)加派直省正赋,每亩加三厘五趣,共派银二百万三十一两有奇;四十七年于旧额外,复加三厘五毫,增二百万两有奇;四十八年,亩加二厘,连前两次共增九厘,后清人称"九厘银"。这三次加派,除畿内八府及贵州不征外,总计增银520万两,并被立为定额。崇祯二年议于每亩加派九厘之外,再增三厘,于是增165万有奇。辽饷后来共增至白银900万两。

2. 剿饷

崇祯十年,为镇压农民起义,乃有剿饷之议,以一年为期,先后加派增赋333万两。

3. 练饷

崇祯十二年,为增练额兵73万及在郡县专练民兵,加征练饷,亩增一分,共增730万。以上三饷合计约为2 000万两。

《明史·食货志》记载御史郝晋的质问:"自古有一年而括二千万以输京师,又括京师二千万以输边者乎?"三饷加派极尽搜括,"农怒于野,商叹于途",社会经济趋于破产,"徒增饷七百余万,为民累耳"。

二、徭役

《明史》载:"民始生,籍其名,曰不成丁。年十六曰成丁,成丁而役,六十而免。"明代徭役以黄册为基础课征,分为里甲、均徭和杂役三种,由户部管理。"以户计曰甲役,以丁计曰徭役,上命非时曰杂役,皆有力役,有雇役。府州县验册丁口多寡,事产厚薄,以均适其力。"(《明史》)此外还有工匠役。至于军役,则由于明代行卫所制度,不包括在徭役之内。

1. 里甲

里甲是按户计征的职役,负责督促完粮,追摄公事,传达官府命令,编排各种差徭(经常性的差役),每110户为一里,每岁由一个里长并一甲十户当差,十年一轮,排比应役。凡编入里甲之户,必有丁有产;如无丁无产的鳏寡孤独之类,则列入册后为畸零。故里甲之役,虽以户为对象,而丁、产却是其基础。

2. 均徭

均徭是官府指令的经常性职役,亦称常役。以丁为单位,验丁力资产之厚薄,分别定其户则(分三等,或三等九则),户则高者役重,低者役轻,由里甲编第均输,故曰均徭。包括祇候、禁子、弓兵、巡拦、厨役、粮长、解户、库子、斗级、仓脚夫、长失、铺司、铺兵、馆夫等,皆应亲身充役。或雇人充役,名曰力差。其他如岁员、马匹、车船、草料、盘缠、柴薪、厨料、历纸等公用之物,由民户供给,或以货币代输,则名之曰银差。后力差中亦多以银代输,故银差范围日广。

3. 杂役

凡职役以外,一切非经常性质的使役科派,皆属临时编签,总称杂役。包括兴修水利和建造道路;工事建筑和运输,如造陵、修宫殿、运粮、修筑边防、修城墙等;地方官衙的差遣,如皂隶、马夫、儒学斋膳夫、门子等。

4. 工匠役

工匠役则属工部管理,工匠分二等,一为轮班,三岁一役,每次不过三月,实际上常有半年或一年的;一为坐班,月役一旬,有稍食。处理罪人的工役,又分为两种,一叫正工,一叫杂工。正工一日,杂工二日,皆视役的大小而调拨。

明初的徭役制度实行较为正常,后来伴随着土地兼并的加剧,赋役制度日益混乱,至中期,一些地方官为均平赋役不得不从实际出发,做了区域性的局部改革,全国性的改革则始于万历九年,直至内阁首辅张居正所推行的一条鞭法完成。

三、盐法

盐的生产民户称灶户,明代灶户生产的盐有正盐和余盐两种。正盐是政府所派定额之内的盐,余盐是灶户额外生产的盐。灶户每年有生产定额,由国家收购,每熬一引盐给工本米一石,"兼支钱钞……淮、浙引二贯五百文,河间、广东、海北、山东、福建、四川引二贯"(《明史·食货志》)。明初未统一全国以前,为了解决军费急需,对盐采取课税政策,设置课税机构和官员,进行征税,税率按二十取一,统一全国以后改由国家专卖。洪武年间,为了调动灶户生产盐的积极性,允许灶户额外生产,但规定余盐只准贮于盐场,禁止运出场外,政府尽量发卖盐引,当正盐不够支给时,以余盐作为补充。盐的生产以两淮为最多,其次为两浙、长芦,全国总计产盐117万余引。

从英宗正统二年起,国家开始收买余盐,于是正盐和余盐都成了官盐。官盐的销售形式主要有引岸法、开中法、计口配盐法、纲法和票法等。

(一)引岸法

引岸法是一种特许制度,规定了引商和引岸。引商是经官府批准运输和贩卖官盐的商人,引岸是指引商销售官盐的地区。引商从官府买得盐引(一引400斤)后,在国家指定的地点领盐,到引地销售,不准越界售盐。

(二)开中法

所谓开中,即"开边报中",盐课成为交易中介。明代开中法仿宋制设立,边境粮饷不足或某地发生灾荒时,招募商人运粮或物资到指定地区,由官府发给相应的盐引,商人凭引到盐产地领盐,销往指定地区,以盐利作为补偿。

1. 纳米中盐

明代的开中法,最早始于洪武三年,因当时陕西及河南等地,军食需粮,乃募商人输粮而与之以盐:凡河南省一石五斗,开封府及陈桥仓二石四斗,西安府一石三斗,各给淮浙盐一引。纳米中盐"转运费省,而边储充……其后各行省边境,多召商中盐以为军储。盐法边计,相辅而行"(《明史·食货志》)。

2. 纳马中盐

明英宗正统三年,宁夏总兵官以边军缺马,而延庆平凉官吏军民多养马,乃奏请纳马中盐。每上等马一匹,给盐一百引;中等马一匹,八十引;寻行于定边等卫,每等马各递增二十引。景泰元年又"许令军民纳马中盐。上马一匹,给淮盐五十引;中马一匹,四十引。共收一千四百匹"。"中马之始,验马乃掣盐,既而纳银于官以市马,银入布政司,宗禄、屯粮、修边、振济,展转支销,银尽而马不至,而边储亦自此告匮矣。"(《明史·食货志》)

3. 纳布中盐法

明英宗正统时,行于山东,每引折纳绵布一匹,运赴登州,备辽东支用。

4. 纳铁中盐法

成化九年以"山西阳城县产铁甚贱,而河东盐不费煎熬,往年泽州人每以铁一百斤至曲沃县易盐二百斤,从此陕西铁价少贱"(《明宪宗实录》),遂以盐五十万引,中铁五百万斤,运至藩库收贮支销。

(三)计口配盐

计口配盐法,是由有司开出所辖州、县的户口人数,派人赴盐使司,领盐回县,然后配盐于各户,令其输纳米粮,以充军饷,"洪武三年,令民于河南开封等处,输米以佐军食,官给盐偿之,每户大口月一斤,小口半之"(《明史·食货志》)。

(四)纲法

到明后期因开中法用得太滥,产盐少而中盐多,而又无盐可支,盐政遂坏。导致官收场盐不足,商人久候无盐,致积引日多。万历四十五年,两淮盐法疏理道袁世振创行"纲法",借以疏销积引。即将商人所颁盐引编设纲册,分为十纲,每年以一纲行积引,九纲行现引。从此官不收盐,令盐商将应纳盐课,按引缴银,谓之"仓盐折价"。商人即持此项折价赴场购盐,同盐户直接交易。由于纲法规定收购、运销均归商办,并许世袭,形成了盐商专卖。

明朝盐课是仅次于田赋而占第二位的大收入。"国家财赋所称盐法居半者,盖岁计所入止四百万,半属民赋,其半则取给于盐策。"(《两淮盐法志》)

四、茶课

明代茶分为官茶、商茶两种。洪武初年,制定茶法,发布茶引茶由条例,实行茶专卖:"有官茶,有商茶,皆贮边易马;官茶间征课钞。商茶输课,略如盐制"(《明史·食货志》)。太祖令商人于产地买茶,须纳钱请引,方许运茶贩卖。其法:每引茶百斤,纳引钱二百文;不及引者曰畸零,别置由贴给之。无由贴及茶引,或有引而与茶分离者,便成私茶,可以告捕。犯私茶与犯私盐同罪。茶税寓于引票之中,购 100 斤茶引须纳引钱 200 文,此 200 文即为茶税。后来定茶引一道,输钱千文,即茶 100 斤课钱 1 000 文;茶由一道,输钱 600 文,即茶 60 斤课钱 600 文。明代的茶引制度在各时期有不同的形式。

1. 以茶易马

行于川、陕一带,河州、秦州、跳州、甘肃等地设立茶马司主其事,从明初至明末,推行不废。"茶马互市"的比例,按《续文献通考》所载是:上马一匹,得茶四十斤,中马三十斤,下马二十斤;但亦有马一匹,给茶一百斤者。

2. 以茶易米

洪武三十年及弘治七年,皆以米易茶,"洪武末,置成都、重庆、保宁、播州茶仓四所,令商人纳米中茶"(《明史·食货志》)。

3. 以茶易盐

宣德七年,准开中茶盐,于四川成都、保宁等处官仓支官茶,运赴甘州,给官盐八引;运赴西宁,给盐六引。

明代茶税的征课,以川陕为最重,史载明初陕西茶税 26 862 斤,四川 100 万斤;万历时,陕西 51 384 斤,四川本色 158 850 余斤,折色 336 963 斤。

五、酒醋税

明初行酒禁,不准民间种植糯米,以塞造酒之源。却定有酒醋之税,摊其税于其他税收之中。英宗正统七年才令各处酒课收贮于州县,以备其用。明代酒税的税法,通常是课酒类;景泰二年每十块酒曲收税钞、牙钱钞、塌房钞各340文或准曲投税,每百分取二。醋税,醋自来无禁,但亦有税。至洪武十八年改为折收金银钱钞。

六、矿税

坑冶之课,指对金、银、铜、铁、铅、汞、朱砂、青绿等矿产品课税。明初禁采矿,坑冶少,矿税并不重要。"徐达下山东,近臣请开银场。太祖谓银场之弊,利于官者少,损于民者多,不可开。"(《明史·食货志》)明代的采矿事业,除银矿外,其他如铜、铁、水银、朱砂等的采掘并不发达。但明代税课中,矿税的影响很大。洪武十九年,福建尤溪县银屏山银场局炉冶42座,浙江温处、丽水等7县亦有场局。洪武年间福建各场岁课为2 670余两,浙江税课为2 800余两。明代的矿税以银课为主,银的课税为定额税,洪武年间为5 000余两,永乐年间增至11万余两,宣德年间又增至13万余两,为洪武时的27倍。

万历时,大开金银铜铁诸矿,铁课收入有1 847.5万斤。万历后期,随着商品货币经济的发展,对于金银财货的追求亦日益强烈。万历二十四年,诏开各处矿冶,派宦官为矿监,到处勘察,勒索钱财。过了两年,又设税监,此外还有盐监(两淮)与珠监(广东),或者专任,或者兼任,均以勒索为能事。矿监与税监遍布全国,到处作恶,"富家巨族则诬以盗矿,良田美宅则指以为下有矿脉,率役围捕,辱及妇女,甚至断人手足投之江,其酷虐如此。帝纵不问。自二十五年至三十三年,诸珰所进矿税银几及三百万两,群小借势诛索,不啻倍蓰,民不聊生"(《明史·食货志》)。"税监马堂每年抽取各项税银不下二十五六万两,而一岁所进才七万八千两耳,约计七年之内所隐匿税银一百三十余万……大略以十分为率,入于内帑者一,克于中使者二,瓜分于参随者三,指骗于土棍者四。"(《明神宗实录》)

明代后期,征收矿税,得不偿失。《明史纪事本末》说,世宗"嘉靖二十五年七月命采矿,自十月至三十六年,委官四十余,防兵千一百八十人,费三万余金,得矿银二万八千五百,得不偿失"。此时的矿税冲突从税收问题演变为宦官税吏罗掘民财、强取豪夺的政治问题了。

七、渔税

明初,在水网地带产鱼区设河泊所,征收渔税,以米、钞为本色,也准给其他折色。洪武十四年,曾许以兽皮输渔课,制裘以给边卒。十八年以金银钱折输。

八、商税

明初,商税简约,只规定了三十取一,书籍、农具及不售于市场的货物一律免税。洪武十三年又规定:凡军民嫁娶丧祭之物,车船丝帛之类皆勿税。到成祖永乐年间,为避免官吏勒索,特别将征税货物榜示于官署门口。至景帝时,更就货物时价规定税额,造具税册,依册所列税额征收。明朝征收商税的机构,设有都税使、宣课司、宣课局、分局,置于全国十三布政司之下,分管各区域的商税。据《大明会典》所载:全国各地共设有380局,于局之下设税所,万历时减为112局。由于没有明确规定课税货物品目,反而造成各地税官任意征敛。

1. 塌房税

相当于近代的堆栈收费。洪武初年,以商货至京无栈房可以贮货,皆贮货于船内或城外,太祖乃命于水滨筑屋,名叫"塌房",以贮商货,货主出税钱三十分之一,免牙钱三十分之一,房钱三十分之一。迁都北京后,又于北京仿行。明代塌房税只在南、北两京征收。

2. 门摊税

明初推行纸币,因民间犹存对元末恶性通货膨胀的恐惧,故"钞法阻滞"。洪武二十七年,"诏禁用铜钱","令有司悉收其钱归官,依数换钞,不许更用铜钱行使。限半月内,凡军民商贾所有铜钱悉送赴官,敢有私自行使及埋藏弃毁者罪之"(《明史·食货志》),后增立"户口食盐"等制,"以重钞法"。明仁宗洪熙元年为施行钞法,开征属于营业税性质的市肆门摊税。规定各店铺按时向都税宣课司、税课司局交纳门摊税,官府给予由帖执照,每月点视查考一次,如违期不交或隐瞒不报者,罚钞千贯。宣德四年五倍其税,正式在全国推行,市肆门摊税的征税目的本为推行钞法,理应在钞法通行后废止,实际上却以国用不足为由征收至明亡。

3. 钞关税

宣宗宣德四年开始设钞关,凡舟船受雇装载者,按所载多少及路途远近纳钞,是为钞关,征收钞关税。税率按舟的大小、修广而差其额,叫船料。钞关初设于北京至南京运河沿岸的漷县、临清等7处,后于景泰元年及嘉靖四年屡有增设,有湖广金沙州、江西九江、苏州、杭州、凤阳府等前后82处,至万历年间又减为7处。

钞关收入,嘉靖八年许以银完纳。并规定每钞一贯,折银五厘,每钱七文,折银一分,依限解部送承运库。明末崇祯二年,钞关税每两增1钱,三年后增3钱,十三年增税额高达20万两。

4. 工关税

明初,设抽分竹木局于各处,对竹、木材与薪炭课税。宪宗成化七年于芜湖、沙市、杭州设三抽分竹木局,改由工部派官管理征税事务,其收入主要用为工部缮造船舶的经费,故名工关税。

九、其他杂税和附加税

明代除田赋加派的辽饷、剿饷、练饷三饷之外,还有其他各种附加和杂税。如盐税附加。天启五年,每引盐价五钱三,加以余盐八钱,辽饷一钱,还有割没银、挑河、募兵、赈济种种名目,每引合计收银三两八钱,因官盐课税繁重,商人不贩卖官盐,私盐盛行。崇祯年间,每引加征银两,以充边饷。

除盐加派外,其他有"天津店租、广州珠榷、两淮余盐、京口供用、浙江市舶、成都盐茶、重庆名木、湖口、长江船税、荆州店税、宝坻鱼苇及门摊商税、油布杂税、中官遍天下,非领税即领矿、驱胁官吏,务朘削焉"(《明神宗实录》),可见明末税法之败坏。

第三节 明代的财政支出

明朝财政,最大的支出有三项:军费、俸饷与行政费用。明前期自洪武至正统年间,财政收支处于良性状态:"正统时,天下岁征入数,共二百四十三万两,出数一百余万两。自正德后,出多入少,国用尽不支矣。"(《续文献通考·国用考一》)到万历二十八年,国家岁入仅有400万两,而岁出450万两,收不抵支,国家财政出现危机。

一、军费

明代的军费包括饷银、武器装备以及战后赏赐等支出。明初定天下卫所制,自京师至郡县,立内外卫327,以5 600人为卫,1 120人为千户所,112人为百户所,全国军队共约180万人。如前述,明初的屯田收入已完全可以支给军饷,"一军之田,足以赡一军之用"(《古今图书集成·食货典》)。如遇边事,屯田收入锐减,则由政府以"开中"办法增收盐税以资挹注。故边饷自洪武、永乐以来向无年例,年例始自正统。年例总额在弘治、正德年间不过43万两,至嘉靖年间增为270万两,万历年间增至380万两,为弘治、正德时的9倍。明中叶以后,卫所废弛,又因主兵不足,增以客兵,募民为兵。募兵越来越多,兵费则越来越重。

明代对军队的武器装备十分重视,中央设置兵仗局和军器局管理武器的制造和供应。从永乐到崇祯的200多年中,武器不断更新,其中炮有多种,铳更多达数十种。明代的军器,除火炮、大炮之外,还有战车、海船等的制造和装备。明代尚有对立有战功的官兵的奖赏开支,故其军费支出是财政支出中的重要项目。

二、俸饷

明代官制,文、武均行九品正从十八级,不及九品者称未入流。洪武十年制赐百官公田,以其租入充俸禄之数,公侯省台部都司内外卫官760人,凡田4 688顷93亩,岁入米267 780石。其后令还田给禄,规定文武官禄俸米之数。洪武二十五年,复位文武官吏禄俸之制,正一品1 044石,递减至从九品为60石,未入流36石。

明俸饷制度十分庞杂,支出形式有实物与货币两种。实物之中,有米、锦、丝、纱、罗、绢、布、绵、盐、茶等项,货币支出包括钞与银,实物支出又可折为货币,因此官俸之中又有本色与折色之分。

明代俸饷之中还有一项繁重的支出项目,即宗藩俸禄。明初朱元璋大封宗藩,有明诸藩,分封而不赐土,列爵而不临民,食禄而不治事。再加上子孙繁衍,食口日多,而民赋有限。所以起初禄米尽支本色,后来也不得不本钞兼支。嘉靖四十一年天下岁供京师粮400万石,而诸府禄米开支却要853万石,如《明史》所述,"天下之事极弊而大可虑者,莫甚于宗藩禄廪"。

明代财政供养人数庞大,"自正德以来,亲王三十,郡王二百一十五,镇国将军中尉二千七百,文职二万四百余员,武职十万余员,卫所七百七十二,旗军八十九万六千余名,廪膳生员三万五千八百二十名,吏五万五千余名,各项俸禄粮约数千万"。当时"浙江等十三布政司并南北直隶额派夏税秋粮,大约二千六百六十八万四千五百五十石,出多入少,故王府久缺禄米,卫所缺月粮,各边缺军饷,各省缺廪俸"(《古今图书集成·食货典》),以至于《明史》称:"国家经费,莫大于禄饷。"

三、皇室支出

明代的皇室费用，主要是生活费、奢侈品采办费以及宫室建筑和皇陵建造支出。

明代皇室支出中，贵妃、妃嫔、内监宫女等都规定有俸禄的品级，如管理皇帝皇后穿衣吃饭的女官是四品官衔。其宫内编制人数，据胡若愚《明宫史》记载，有12监8司8局24衙门，具体从役人数无确实数字。《明史·食货志》记载仅光禄寺的厨役人数"当仁宗时仅六千三百余名，及宪宗增四之一。世宗初，减至四千一百名，岁额银撙节至十三万两。中年复增至四十万。额派不足，借支太仓。太仓又不足，乃令原供司府依数增派。"负责筹备皇室生活用物的光禄寺每年的实物需求不断增大。如天顺八年，光禄果品物料就有1 268 000斤，较旧额增加1/4。正统年间鸡鹅羊豕岁费不过三四万；而天顺以来，比正统年间增加了4倍，其他费用亦如此。内外宫吏厨役等通同侵盗，不可数计。皇室支出中，帝后的生活费用为最多。如崇祯十五年三月，光禄寺揭报帝后一月的膳食费用：皇帝膳，每日三十六两，每月一千四十六两，厨料在外，又有药房灵露饮用、粳米、老米、黍米在外。皇后膳，每日十一两五钱，每月三百三十五两，厨料二十五两八钱，光禄寺每月册奉一切内外消费约2万两。明代皇室奢侈品的上供及采造糜于英宗，继于宪宗、武宗，至世宗、神宗而极。宪宗时除搜取珍玩还抑卖盐引、私买禽鸟，糜官币，纳私赂，动以万计。内府物料，有至五六倍者。世宗中年，营造斋醮，吏民奔命不暇。神宗末年，"内使杂出，采造益繁，内府告匮，至移济边银以供之"（《明史·食货志》）。

皇室费用中还包括婚嫁及赏赐支出。《续文献通考》称，万历九年十二月，以皇女生，命太仓光禄各进银10万两，以备宫中赏赐。十六年八月诏太仓银20万，充阅陵赏费。明内承运库储银专供宫廷费用，其收入以由漕粮改折之金花银100万两为大宗，除给武臣禄10余万两外，尽供御用。由于边赏首功，没有进入国家经常性预算，亦由内承运库列支。

明代皇室营建宫殿与陵园费用亦是重要支出。《明会要》载，明洪武八年改建奉天、华盖、谨身三殿。永乐十八年始建北京皇宫，有皇极（即奉天）、中极（即华盖）、建极（即谨身）等86殿；乾清、坤宁等48宫；文渊、东阁等23楼阁；曲池、玉食等22馆。此外还有斋、室、堂、轩、台观等，豪华宏丽，所费不赀。如乾清宫的修建用银2 000余万两，役匠3 000余人，岁支工食米13 000余石。永乐年间，遣工部侍郎刘伯跃采办大木于川湖、贵州。仅湖广一省，费至339

万余两。此外,又以临濠(今安徽凤阳)为中都,营建城郭宫殿,如京师制度。至于宗王、公主等的府邸,也是耗财无数。明代营建祖陵、皇陵、孝陵、长陵及北京十三陵等17处山陵,除修建费用外,守陵支出亦十分可观。

四、水利及漕运支出

明代防御黄河水患、整理漕运、疏浚运河故道,以及开渠作塘、兴修水利事业等方面均是国家重要的工程支出。水利工程中,以治河为最。史载洪武年间,黄河数次决口,诏发民夫堵塞。永乐八年,黄河又决开封,坏城200余丈,受灾之民达数千余户,没田7 000余顷,发民丁10万人治河。此后黄河又数次决堤为灾,动辄数十万民工参加修浚。工部尚书潘季驯谓"役夫三十万,旷日持久,骚动三省……大役踵兴,工费数百万,一有不继,前功尽隳。"(《明史·河渠一》)

治理黄河外,疏通运河以运漕粮也是明代水利工程的重点。明代各地征收下来的税粮,除一部分留存以供当地需要外,其余大部分须通过河运至京师,以供皇室、官员和军队的需要。漕运是明代财政不可缺少的支出。《明史》载,明代漕米之额,在洪武元年定年额为300万石,成化八年改增年额为400万石。

由于明初京杭大运河尚未全线开通,故只能继元代行海运之法。尤其是成祖朱棣迁都北京,粮食仰给江南,运道3 000余里,不得不将苏、松、浙江等处岁粮输纳至苏州太仓,由平江刘家港用海船运出,越登莱、大洋,以达直沽。海运为官运,因当时航海技术落后,海上多险,岁运不过五六十万石。永乐四年行海陆兼运,每岁运粮100万石,建百万仓于直沽尹儿湾城、天津卫,籍兵万人戍守。永乐九年浚会通河。河长385里(由济宁至临清)。永乐十三年,会通河和江淮河道修通后,即停止漕粮海运,而改用河运。各地人民只需将漕粮运交就近仓口,然后由官军分为淮安至徐州、徐州至德州、德州到通州等段,节节接运。每年4次,运粮300余万石,称支运。成化年间,改为由粮户在水次兑与军船,由官军长运,遂为定制。随着白银货币化进程的加速,至英宗正统元年,朝廷规定可将部分漕粮实物改折为货币缴纳,每岁以百万为额。孝宗弘治年间更定折漕之制。《明史·食货志》记载:时苏松诸府连年荒歉,民买漕米,每石费银2两,故权宜折银缴纳;灾重者每石折7钱,稍轻者1两,而自后岁灾,辄权宜折银,以水次仓支运之粮充其数,而折价以六七钱为率,无复至一两者。

除治河外,明代尚有许多其他的水利工程,如洪武二十二年,25万人修江南崇明海门堤。二十五年,40万人修江南溧阳银墅河道4 000丈。到二十八年冬,开塘堰49 087处,河4 162处,坡渠堤岸5 048处,水利既兴,田畴日辟,一时称为富庶。

五、航海与国际贸易支出

明朝建立初期,在国际贸易方面处于矛盾状态。立国之初曾在宁波、广州、泉州三地设立市舶司,但洪武三年下令关闭太仓黄渡市舶司,洪武七年关闭拥有很长历史的福建泉州的市舶司、浙江明州的市舶司、广东广州的市舶司,实行海禁,对外贸易完全断绝。永乐年间,增设云南市舶司,接待各国商人。外国使臣和商人来华者很多,如永乐二十一年,古里、忽鲁漠斯等16国使臣和商人来中国,到南京的就达1 200余人。成祖永乐三年,命郑和及其副使王景弘等,通使西洋(指今加里曼丹至非洲之间的海洋),"三保太监"郑和在永乐至宣德的30余年,经历三朝,8次出航,船只最多时达66艘,士卒最多时达2 700余人,经历亚非30多国,是世界航海史上的壮举。郑和所到之处,与当地国家政府进行贸易。郑和下西洋,孳达使西域,侯显五使西番,都促进了中国人民与亚非各国的经济文化交流,增进了政府间与人民间的友谊,很多国家,都在他去后,派使臣来中国建立邦交和进行贸易。但由于外患海盗侵扰,且贸易项目多专用宫廷奢侈品,一方面出于国家安全的需要,另一方面官府主导的海外贸易耗费巨大而于民无用,故而自宣德而后,限制各国使节往来,各国遂无复至者。

六、织造支出

明制,两京织染,内局以应上供,外局以备公用;南京有神帛堂,供应机房;苏杭等府亦各有织染局,岁造有定数。万历中,添织渐多,苏、松、杭、嘉、湖五府岁造之外,又令浙江、福建、常、镇、徽、宁、扬、广德诸府州分造,增万余匹。陕西织造羊绒七万四千有奇,南直、浙江纻丝、纱罗、绫绸、绢帛,山西潞绸,皆视旧制加丈尺。两三年间,费至百万,取给户、工二部,搜刮库藏,扣留军国之需,岁至十五万匹。

七、文教支出

明代的教育支出包括人才培养支出及人才选拔支出。

（一）官学

明初在全国建立官学，府立府学，州立州学，县立县学，《明史》记载，"洪武元年，令品官子弟及民俊秀通文义者，并充学生"。府学、州学、县学，并无统率关系，进太学的叫监生；入地方各级官学的都是生员，或叫秀才。洪武二年，统一全国后，下令全国府、州、县的优秀生员，可保送入太学。明代进入太学读书的生员，有时多达千人，少时也有一二百人。各级学校皆设儒学教官，国学设祭酒、司业及监承、博士、助教、学业典籍等官，府设教授，州设学正，县设教谕各一人，府、州、县学俱设训导。生员之数，府学40人，州学30人，县学20人，全国有教官4 200余人，在学的廪膳生员35 800人。师生每人食米6斗以及各种补助，学官月俸有差。

（二）科举

科举的经费，包括每届乡试、会试和殿试的费用。据万历十九年宛平县乡试材料推算，一县一年的乡试费用，当在1 700～1 800两左右。以万历二十年宛署一县支付的费用计算，会试场各杂费，共银406两余，总计登科系纸张等共银533两余。上述只记录了乡试、会试、殿试一两县的费用，至于院试，还未计算在内。

在文化事业方面，永乐初年曾调集2 100余人，广收各类图书7 000～8 000部，历时6年辑成22 872卷，共12 000册的《永乐大典》。

八、蠲免与赈济

明朝在抚恤老弱死伤，救济灾难民方面，并无一定制度，因天灾免缴田赋一年或两年的叫做"灾蠲"；因田赋畸轻畸重，田赋逋欠甚多，经地方呈请予以减免的，叫做"蠲免"；至于地瘠民贫者，予以"优免"；因皇室庆典、国家庆典、高年优恤，均称"恩恤"，但方法并不统一，历代并不相同，支出并不太大。

在抚恤救济方面支出较多，如洪武十九年"诏赎河南饥民所鬻子女。六月甲辰，诏有司存问高年。贫民年八十以上，月给米五斗，酒三斗，肉五斤；九十以上，岁加帛一匹，絮一斤，有田产者罢给米。应天、凤阳富民年八十以上赐爵社士，九十以上乡士；天下富民八十以上里士，九十以上社士。皆与县官均礼，复其家。鳏寡孤独不能自存者，岁给米六石"（《明史·太祖纪》）。成化时，曾对岁饥坐视民患不予赈济者，给以惩处。此外，太祖时设养济院收无告者，属于官办的社会救助机构。

第四节　明代的财政管理与新经济模式的碰撞

一、明代的财政管理机构

明初承袭元制,以中书省总理政务,下辖六部。洪武十三年,因胡惟庸案黜中书省,废丞相,提高六部权限,统率于皇帝。六部之中,户部主管财政。洪武十五年,设内阁大学士备顾问。内阁大学士为首之人称首辅,嘉靖、万历时,严嵩、张居正均以内阁首辅行使宰相职务。户部设尚书一人,左右侍郎各一人,掌全国户口田粮之政令与稽查,岁会赋役实征之数。《明史·职官志》载户部的职责包括:

> 十年攒黄册,差其户上下畸零之等,以周知其登耗。凡田土之侵占、投献、诡寄、影射有禁,人户之隐漏、逃亡、朋充、花分有禁,继嗣、婚姻不如令有禁。皆综核而纠正之。天子耕耤,则尚书进耒耜。以垦荒业贫民,以占籍附流民,以限田裁异端之民,以图帐抑兼并之民,以树艺课农官,以刍牧给马牧,以召佃尽地利,以销豁清赔累,以拨给广恩泽,以给除差优复,以钞锭节赏赉,以读法训吏民,以权量和市籴,以时估平物价,以积贮之政恤民困,以山泽、陂池、关市、坑冶之政佐邦国,赡军输,以支兑、改兑之规利漕运,以蠲减、振贷、均籴、捕蝗之令悯灾荒,以输转、屯种、籴买、召纳之法实边储,以禄廪之制驭贵贱。

洪武二十三年,以天下度支事务浩繁,改为十二部,各令清理一省;至二十九年,为十三清吏司(浙江、江西、湖广、陕西、广东、山东、福建、河南、山西、四川、广西、桂林、云南),各掌相应省份之事,兼领两京直隶贡赋及诸司卫所禄俸、边镇粮饷,并各仓场盐课、钞关。又有都转运盐使司,掌管盐的产运等事;宝钞提举司,掌管钱钞的铸制;总督仓场,掌管在京及通州等处仓场粮储。

地方财政机构是省承宣布政使司,其长官为省承宣布政使。其负责一省之户口、田地、贡献、差役诸事。知府掌管一府之民情赋役。知县掌管一县之政。洪武时于各地设都税使、宣课司、税课局、分局、税所等税务机构四百余处。府称税课司,县叫税课局,两者皆主收商、杂诸税,河泊所掌收渔税,批验所掌验茶、盐引,仓大使主管仓储。

二、明代国库管理

明代国库分内库、里库和外库。

内库,凡十二库:承运库,贮缎匹、金银、宝玉、齿角、羽毛,而金花银最大,岁进百万两有奇。广积库,贮硫磺、硝石等。甲字库,贮布匹、颜料。乙字库,贮胖袄、战鞋、军士裘帽。丙字库,贮棉花、丝纱。丁字库,贮铜、铁、兽皮、苏木。戊字库,贮军器、赃罚款。赃罚库,贮没官物。广惠库,贮钱钞。广盈库,贮纻、丝、纱、罗、绫、锦、䌷、绢。天财库又叫司钥库,贮备衙门管钥,亦贮钱钞。供用库,贮粳稻熟米及上供物。其中乙字库属兵部;戊字、广积、广盈库属工部,天财库和供用库属内务府管辖,其余六库皆属户部。

里库,在宫内,有两库。即内东裕库与宝藏库。里库不属于有司管,专属皇帝支存。

外库,设在会归门、宝善门迤东,以及东城瓷器诸库等库房皆称外库。

正统七年,设户部太仓库,各直省派运麦米。十库中的地方州、府亦皆有库,以管储甲杖、丝、纱、罗、贮金银、钱钞、丝帛、赃罚诸物。各运司皆有库贮银。凡府、州、县税课司局、河泊所,岁课商税、鱼税、引由、契本等各种征课,均令所司解州、县府司,然后转解于部。明初,全国府库都有储积,边饷不借支于内,京师不收括于外。到明武宗时,大太监刘瑾用事,令各省库藏及输京师,内外库存逐渐耗竭。

三、预算会计制度

明代,户部每年汇总全国财政收支进呈皇帝,再由天子诏令,后行征收。明代预算始于神宗万历九年,户部进万历会计录,"(邱浚)欲仿唐人国计录、宋人会计录,令掌财计之臣,将洪武、永乐以来,凡天下秋粮夏税、户口课程等,每岁起运若干,存留若干,供给边方若干,一一开具,仍查历年内府亲藩及文武官吏卫所旗军并内外在官食粮人数,与每岁祭祀修造供给等费,共若干,通以一年岁计出入最多者为准。每朝为一卷,通为一书,以备参考,并呈御览,使计大纲,了然在目,庶乎量入为出,国计不亏"(《大学衍义补·制国用》)。虽然后来邱浚每朝一卷的设想没有实现,但明代的预算会计制度也得到了很大发展。《明史·艺文志》中记载汪鲸《大明会计录类要》十二卷,张学颜《万历会计录》四十三卷,刘斯洁《太仓考》十卷。可见在明朝,会计记录已经常编制。

四、新经济模式的碰撞

明王朝(1368—1644年)存续276年,是中国传统社会中汉民族建立的最后一个封建王朝。在明朝,中国首次被全球经济发展深刻影响,从闭关锁国到开放海禁,市场商品经济发展活跃,并数次出现资本主义萌芽。这段时间私人财富迅速积聚,对社会阶层的流动、国家宏观政策等产生了重大影响,而明政府也因为国家财政困境,从多渠道尝试对私人财富进行再分配。这些尝试有的因符合中华民族财富伦理观念产生了良好的效果,有的因制度设计缺陷或执行偏差而彻底失败。明代中后期是一个活跃的市场经济与高度中央集权并行的社会,新经济模式在社会各阶层与传统模式发生了碰撞,最后归于失败。

明代从1402年到1626年的经济水平总体处于增长缓慢、人均极低的状态,经济的平均年增长率为0.29%,基本是农业主导的经济结构,农业产值在整个经济中的占比平均值高达88%。明代中后期,被认为是中国市场、商品经济的一个高潮期,但由于商业资本对土地的高投入,使得手工业和商业在最高时也没有突破20%。由于人口爆发性增长,使得经济总量增长有限的同时人均收入却徘徊在极低的水平,仅仅能达到工业革命前英国人的1/3。[1]

明中叶以后的货币白银化进程导致人民对白银本身有巨大需求,使得中国成为当时重要的白银输入国。从1540年至1644年,中国平均每年通过东南亚输入的日本白银约为75吨,合计7 500吨左右;通过欧洲输入的白银共约5 000吨;通过菲律宾输入的美洲白银共约7 620吨。[2] 一方面政府对货币完全失去了控制能力,另一方面白银成为财富的等价物引起了中国国内上至皇室贵族、官员,下至商帮、宗族、平民的竞争。

明代"厚宗藩"的政策如前所述,值得一提的是明代的官员贪腐。从明初立国时就被高度重视的政府清廉风气,发展到后来却变成了从上至下,包括文武、勋贵甚至上至皇帝,无一不贪的普遍现象。明代海瑞巡历松江时,曾出现了几万小民"告乡官夺产"的情况。[3] 基层吏治腐化最终彻底破坏了里甲制度,人户大规模流动逃亡,难以控制,使得明中期不得不进行赋役制度改革。高级官员的贪腐以嘉靖首辅严嵩为代表。严嵩幼年家境赤贫,从1507年入翰林院入仕,至1562年罢相回乡,50余年时间,积累家产号称400万两,其中田

---

[1] 管汉晖,李稻葵.明代GDP及结构试探[J].经济学(季刊),2010,9(03):787—828.
[2] 万明.明代白银货币化:中国与世界连接的新视角[J].河北学刊,2004(3).
[3] (明)海瑞.海瑞集[M].北京:中华书局,1962.

产 100 万余亩,房产遍布京城、江西、南京等地,不完全统计有 8 000 多间。明末农民军将领李自成占领北京后,曾"追赃助饷"白银 7 000 万两,当时晚明的一年政府税收收入才 320 万两。7 000 万两"赃银"中,贵族勋戚百官太监所缴占 80%,商人所缴占 20%。

16 世纪前后,中国的私人商业资本已经相当雄厚,商人阶级有些通过购置土地保持与农村社会的关系,有些通过金融信贷甚至国际贸易完全脱离农业,但是无论在哪个行业,这些商人都拥有巨大的能力。明代以地域性商帮形式出现的徽商、晋商、粤商、苏商、浙商、山东商等商帮中的商人们在全国各地建立会馆、公所,保护同乡利益,还有以行业商联形式出现的组织保护同行的权益,二者也时有交集。如徽商资本遍及全国的盐业、粮食、木材、药材、茶叶、文具等,也卷入海外贸易中。晋商以北部地区为基地,最初经营与西北屯田相关的粮食和食盐,后期则开拓金融领域,开始经营山西票号。富民商人的财富非常重要的一个来源是官商一体的获益。明代商人在早期就通过与官员体系的合作,先是通过非法手段谋求国家专卖的垄断利润,后来更通过他们在政府的代言人影响政策制定,将之合法化。

另外一个和财富无法割断的是明代商农一体的现象。明中叶以后,民间庄园经济开始出现了较强的发展势头,一些有财力、有地位的富民竞相购置田地,地产的集中程度逐渐提高。除了贵族、官员,各地富民中也出现了相当多的大地产所有者。如常州府无锡县东亭地方的华氏"田跨三州",每年收租即可达 48 万之巨。[①] 明代的富民兼具商人与地主二重身份是普遍现象,商人们获取商业利润后都有购置土地、收取地租的投资倾向。贯穿整个明代,商业资本长期活跃在土地贸易市场,土地资本成了商业资本的不完全归宿。

同西方资产阶级革命的早期驱动一样,明朝中期开始,拥有巨额财富的富民阶层开始需求社会地位与政治话语权。前述明代财政困境导致的税赋过度索取,深深伤害了作为主要纳税人的富民利益,如万历时期的江南"宦祸",实质上是皇室与江南富民阶层对财富的争夺。富民作为一个拥有资源却没有话语权的阶层,通过影响政府决策等多角度与王朝政府进行了对财富分配的博弈,"一条鞭法"革新、"三饷加派"的征收等重大政策都存在着这些博弈的影响,并最终导致了明政府无法解决的"党争"和王朝的灭亡。

钱穆曾指出:"现代中国大体是由明开始的",明代作为中国历史上的拐

[①] 洪焕椿编.明清苏州农村经济资料[M].南京:江苏古籍出版社,1988:87.

点,中国古代社会开始被全球经济嵌入,或主动或被动地进行了深刻的转型与变革,呈现出了近现代社会的诸多现象,之后的清代大体是继承了明代的社会经济结构。明代社会财富从宏观层次看:一是通过赋税及各种法外征收从民间流向政府,由于明代以货币税为主体,所以这部分资源流动主要以货币完成;二是通过财政开支从政府流向民间,但是明代,尤其是晚明,在军费开支及行政开支占据了财政支出绝大份额的情况下,实际上用于民间的资源是极其有限;三是通过市场商业、手工业、服务业、国际贸易等交换实现的多向度流动,当然,在这部分流动中,农业的土地交易也参与其中。由于货币白银化的影响,中国不仅本国内的财富流动开始加速,并且也极大地受到了海外市场的影响。①

---

① 黄燕.明代社会财富结构及其对我国历史发展的影响[J].投资与合作,2021(09):229－231.

第十章 清代财政与国家财富分配

开篇导言

满族的前身是女真族,起源于3 000多年前的"肃慎",汉晋时期称"挹娄",南北朝时期称"勿吉",隋唐称"黑水靺鞨",其中一支粟沫靺鞨部落曾建"渤海国"。辽金时期靺鞨称为"女真",《辽书》中也作"女直",与宋长期对抗的金朝就是女真族建立起来的政权。元朝以来,女真族一直居住在东北地区。明初,女真族按部落划分为建州女真、海西女真、野人女真三大部。后来按地域划分则为建州、长白、东海、扈伦四大部。明万历四十四年(1616年),努尔哈赤称汗,国号曰大金,史称后金,年号天命,定都赫图阿拉(后改称兴京,今辽宁新宾)。1636年皇太极称帝,改国号为大清。1644年,清军入关,20余年完成了全国的统一,康、雍、乾三朝走向鼎盛,在此期间,中国的传统社会取得了前所未有的发展成就。土地增垦,物产盈丰,小农经济的社会生活繁荣稳定,综合国力强盛。

清代后期,由于战争不断,且签订了一系列不平等条约,财政收支平衡急剧恶化,除了维持政府运转的财政支出外,更增加了战争赔款、外债本息等支出,同时丧失了海关税等部分税收管辖权。清政府在巨大的社会变革面前,无力回天,最终以《清帝逊位诏书》结束了中国封建制度,古老的中国开始进入一个波澜壮阔的历史新篇章。

第一节　清代的政治经济背景

清代(公元1636—1911年)是由满族建立的中国最后一个封建王朝,也是中国历史上继蒙古族建立元朝之后,第二个由少数民族建立起来的全国性政权。清代作为古代封建社会对中央集权与地方分权进行了最后的尝试,建立了以中央集权为核心的纵向分权与横向分权。适度的纵向分权可以促进技术的扩散与经济的发展,但过度的分权不利于技术的扩散,容易导致地方的失控。地方政府的横向分权需要本身具有较高水平的垂直管理能力,中央政府也需要激励、充分调动地方政府的积极性,加大监管,促进地方政府横向分权的效率。[①] 清代前期,中央与地方的协调在满汉融合中逐步完善,但后期伴随着内部阶级矛盾、民族矛盾与外来列强的侵略,这种尝试最终全面崩溃。

清前期国力鼎盛,1840年鸦片战争后,中国受到了以英、美为首的帝国主义列强的欺凌,不仅工农经济遭到严重破坏,国民经济结构被扭曲,领土主权和财政主权遭到破坏,社会性质也发生了变化。为了救亡图存,清廷进行了洋务运动和戊戌变法等近代化的探索和改革,但封建的政治经济制度已沉疴难返。1911年辛亥革命爆发,受到了社会各界的广泛响应,1912年2月12日,清帝溥仪逊位,颁布了《清帝退位诏书》,清朝从此结束,国祚276年。

一、清代前期的政治经济背景

顺治元年(1644年),清军入关,打败李自成的军队;九月清世祖福临入京,十月即位。大清国迁都北京后,建立了以满洲贵族为核心的各族地主阶级的联合政权。在福临及以后的百余年中(1644—1795年),清王朝一方面强化了封建专制中央集权的国家机构,加强了国内各民族的政治和经济的联系;另一方面积极恢复经济,发展生产,资本主义经济因素在中国缓慢发展;同时,面对西方殖民主义者对中国的欺凌,清王朝抵御西方的强盗行径,维护本国的权益。

清代前期,指从清军入关后的顺治、康熙、雍正、乾隆时期。明末吏治腐

---

① 宋英杰,刘俊岐.条块并存的环境分权对环保技术扩散的影响[J].中国人口·资源与环境,2019,29(05):108-117.

败,天灾不断,百姓民不聊生,被迫揭竿而起。清入关后,摄政王多尔衮提出前朝弊政最著者就是辽饷、剿饷、练饷的三饷加派,应尽行蠲免,于是新朝赋役按加派前的万历原额征税。但清廷实施了强迫剃发,强制东南沿海居民内迁等政策,导致社会经济凋敝,人口锐减。全国人口在明末有 5 000 余万人,到清顺治十年,人口减至 1 391 万余人,社会生产力破坏严重。入京后,以原有游牧民族的以赏代饷为由,大肆圈占土地。"本朝八旗禁旅,带甲数百万,制于近畿四百里内,圈地以代饷。"(《皇朝经世文编·圈地记》)从顺治元年(1644 年)到康熙八年(1669 年),先后圈占民田 17 万余顷。这种圈占良田的行为极大地破坏了社会秩序与农业生产。清廷很快认识到原有的统治方式已经不能适应新的国家治理的需要,开始整顿前朝旧制,摄政王多尔衮以及顺治、康熙皇帝开创了清初长达半个多世纪的轻徭薄赋之风,"蠲者蠲、革者革,庶几轻徭薄赋,与民休息"(《清世祖实录》),废除前朝苛政,恢复经济,发展生产。

顺治六年,清世祖下诏,"察本地方无主荒田,州、县官给以印信执照,开垦耕种,永准为业。俟耕至六年之后,有司官司亲察成熟亩数,抚按勘实,奏请奉指,方议征收钱粮,其六年以前不许开征,明令给耕种无主荒地者,减免六年钱粮"(《清实录·顺治朝实录》)。康熙十二年,改新垦荒田为 10 年后起科,大大激发了农民开垦荒田的积极性,耕地面积迅速增加。康熙八年废止"圈田令",实施更名地政策,"废藩田产,差部员会同各该督抚,将荒熟田地酌量变价。今思既以地易价,复征额赋,重为民累,著免其变价,撤回所差部员,将见在未变价田地交与该督抚,给与原种之人,令其耕种,照常纳粮"(《清实录·顺治朝实录》)。把直隶、山西、山东、河南、湖广、陕西、甘肃等地的废藩田地改为民地,前明藩王庄田的佃农,可以不必支付田价,照常耕种,成为自耕农。使明末土地兼并的状况有所改观,自耕农大为增加。康熙五十一年(1712 年),提出"海宇承平日久,户口日增,地未加广,应以现在丁册定为常额。自后所生人丁,不征收钱粮。编审时,正将实数查明造报"(《清史稿·食货二》),以康熙五十年的全国丁数 24 621 324 口和应征丁银 335 万余两作为定额,以后增加的丁口不再加赋。雍正元年(1723 年)直隶巡抚李维钧在雍正帝的支持下,将直隶地银 203 万余两,丁银 42 万余两,统为核算,把丁银均摊于地银之内,每地银 1 两,摊丁银 2 钱 7 厘。从雍正二年至七年,全国各省大体完成了摊丁入地的改革。实行摊丁入地,是中国史上的一大进步。负担丁银者必有田地,田地多者分摊到的丁银也多。在法律上宣布取消官僚豪绅优免特权,推动了税收公平。徭役负担彻底转移至土地产出,百姓对封建政权的人身依附也从此获得了彻底松解。中国人口从此进入飞速增长时期,康熙五十年(1711年)的人丁为2 462万;乾隆六年(1741年)人口为14 341.15万;乾隆二十七年(1762年)突破2亿;乾隆五十五年(1790年)突破3亿。从乾隆二十七年到五十五年的28年里,中国人增加了1亿多。

清初积极兴修水利、治理黄河、淮河等大江大河,明代从海外引进的玉米、番薯、花生和烟草,在全国各地广泛种植,既丰富了农业种植,也为手工业提供了丰富原料。全国耕地面积不断扩大,田赋收入从雍正二年(1724年)到乾隆十八年(1753年)的30年间,增加了324万多两,增征粮食372万余石。江南数省及四川等地成了著名的粮食高产区,一般水稻亩产2~3石,个别地区甚至高达五六石。

清初至乾隆年间的手工业有了很大发展。自顺治二年废匠籍、康熙五十年摊丁入地后,匠班银也并入田亩征收,工匠的负担明显减轻,促进了手工业的进一步发展。到乾隆年间,中国的棉纺织、丝织、制瓷、制茶、制糖、造纸、冶铁、造船等行业,其产品的数量和质量多已超过前代。丝织业中心苏州和杭州,均比户习织,以纺织为业者不啻万家,机杼之声,比户相闻;棉纺中心松江的大布、飞花布、绒布、三梭布,享誉内外,一年的交易,不下数十百万;瓷都景德镇,乾隆时有民窑二三百区,终年烟火相望,工匠人夫不下数十余万;冶铁中心之一的广东佛山,乾隆时已有炒铁炉数十,铸铁炉百余,昼夜烹炼,火光烛天。

在农业和手工业发展的基础上,商业也日渐繁荣。北京的正阳门外西面的几条街是著名的商业区,店铺林立,百货竞陈;苏州城阊门内外,居货山积,行人水流;汉口镇号称"九省通衢",云、贵、川、湘、赣、豫、陕、桂等省货物多在此集散;江宁、苏州、扬州、杭州、广州、成都等城市,其商业活动亦超过明代;新兴的草原城市库伦、归化、乌鲁木齐、伊犁、西宁等"商旅满关",发展迅速。商业繁荣的重要标志之一是粮价直线下降,从崇祯时的斗米银2两3钱,降至顺治时的斗米银2钱,再降至康熙时的斗米银0.5~0.6钱银。粮价的大幅下跌是"农桑遍野,户口蕃殖"后的市场反映,清在康雍乾时期达到鼎盛。

二、清代中后期的政治经济背景

道光二十年(1840年)的第一次中英鸦片战争常被作为划分清代前后期的分界线。这一年,英国侵略者在其他西方资本主义列强的支持下,向古老封建的中国发动了一次侵略战争。鸦片战争以后,中国开始由独立的封建国家逐步变成半殖民地半封建的国家，中华民族开始了 100 多年屈辱、苦难、探索、斗争的历程。

乾隆年间时，随着经济繁荣和财力充裕，奢靡腐败之风越演越烈。乾隆皇帝六巡江南，游山玩水，沿途接驾送驾、进贡上奉、大兴土木，排场空前，靡费特甚。上至皇帝，下至地方官吏极尽奢华，贪腐成风。官僚、贵族、地主、富商不择手段地大量兼并土地，当时全国的耕地面积，从乾隆至同治（1736—1874年）的百余年间，约为 700 万顷，大官僚、地主所占土地，为民田的 50%～60%。土地的高度集中，使大批自耕农因失去土地而成为佃农或四处流浪成为"流民"。清代的地租十分苛重，地租率高达 50% 以上，土地出产物难以维持全家正常生活，个体家庭只能扩大家庭副业和家庭手工业生产，如纺织、编织等，"以织助耕"。

清代的家庭手工业，随着社会的向前推进，资本主义因素已植根其中，城乡手工业生产在逐渐向专业生产发展，农业中的商品作物的种植，也日渐扩大。当时，棉花、桑树、烟草、茶叶等被大量种植；江苏、山东、浙江、河北、河南、湖北等省，已成为棉花生产和输出地区；湖广、江西等省的粮食，也源源不断地销往浙江和江南苏、松等府，以满足这些工商业比较发达地区对粮食的需要。但是，如晚明一样，富商大贾、手工工场业主没有扩大工商业生产规模，而是把资本投入农村土地市场，用于兼并土地，剥夺农民。嘉庆元年（1796 年）二月，一场历时九年、席卷湖北、四川等五省的白莲教起义爆发。清朝调动 16 个省的兵力，耗银 2 亿两才勉强胜利。白莲教起义剥开了清王朝繁荣升平的盛世外衣，暴露了其腐朽和虚弱的本质，清王朝由盛转衰初露端倪。

随着道光二十年（1840 年）鸦片战争的失败，西方列强迫使清政府先后签订了《南京条约》《天津条约》《北京条约》等一系列不平等条约。根据这些条约，清政府被迫割地赔款、开放通商口岸，中国逐步沦为半殖民地半封建社会，中国的主权受到严重损害。外国列强全力展开对中国的商品输出，除了鸦片外，棉织品、煤油、钢材、棉花、粮食、糖类，以及装饰品和奢侈品等大量输入中国。郑观应在《盛世危言》中写道："迄今通商大埠及内地市镇、城乡，衣大(土)布者十之二三，衣洋布者十之七八。"中国的家庭手工纺织业在洋纱、洋布的倾销中衰落，洋纱、洋布取代了土纱、土布，洋铁取代土铁，洋货逐渐替代中国土货，正如郑观应所说："洋布、洋纱、洋花边、洋袜、洋巾入中国，而女红失业；煤油、洋烛、洋电灯入中国，而东南数省之柏树皆弃为不材；洋铁、洋针、洋钉入中国，而业冶者多无事投闲，此其大者。尚有小者，不胜枚举。……华人生计，皆为所夺矣。"

原材料方面,茶、甘蔗、蓝靛等产品由于国际市场竞争而日益衰落,桑蚕、烟草、棉花、小豆、花生、桐油等产品则因资本主义市场需要而不断扩展。中国农村经济、手工业、商业都在列强商品入侵下而变形和萎缩,清王朝日渐陷入财政失控和货币紊乱的局面。嘉庆十九年,财政积余1 200余万两;道光时,收支相抵,尚有积余;至咸丰、同治时,既有农民起义,又有外国列强相侵、巨额军费和赔款,财用告匮。

为挽救自身命运并增强国力,清政府内部开展维新运动,试图革新图强,其中最为著名的是自19世纪60年代开始的洋务运动。随着洋务运动的开展,全国各地开始先后引入国外科学技术,开设矿业、工厂,建设铁路,架设电报网,修建新式学校,培训技术人才;同时也成立了新的军事工业,逐步改进清军的武器装备和作战方法。洋务运动使得清朝的国力有了一定程度的恢复和增强,到同治年间一度出现了较安定的局面,史称"同治中兴"。其间清廷成功平定太平军、捻军之乱,并收复新疆,在国际上的地位和形象也有较大的改善。至19世纪80年代,清朝军队的装备和洋务运动之前相比已有了明显的提高;中法战争后,清朝设立了海军衙门,并建成了号称亚洲第一、世界第六的近代海军舰队——北洋水师。但先进的武器无法拯救中国,光绪二十年(1894年)甲午战争中国惨败,并签订了《马关条约》。

甲午战争后,各帝国主义在中国获取了开设工厂、矿山和建筑铁路的权利,获取了"租借地",并划定了"势力范围"。外国资本在中国兴建厂矿,操纵国际贸易,进行工商投资。在甲午战争以前,外商工厂不过十几家,至1913年,较有规模的外国工厂有166家。据吴承明的统计,在中国的外国贸易商:1882年为440家,1892年为579家,1901年为1 102家,1913年为3 805家。修建控制铁路和开发矿山亦是列强在中国获取的权力。1903年,中国有铁路4 360公里,1913年为9 744公里,几乎全部受外国资本控制。重要的外资矿山亦都是从中国人手中兼并或强夺来的。更重要的是,列强在中国大力开设银行,控制清朝的借款与财政。从1895年至1910年,各帝国主义国家供给清王朝的财政借款约合27亿美元。[1] 这些外债以中国的关税、盐税以及后来的内地税收作抵押,中国丧失了部分财政主权。

---

[1] 吴承明:帝国主义在旧中国资本的扩张[M]//中国近代国民经济史参考资料(二).北京:中国人民大学出版社,1962:124-136.

随着帝国主义的侵入，他们在输出资本的同时，也给中国带来了西方先进的科学技术和管理方法，对中国资本主义工业的发展起到了促进作用。不仅官僚资本工业有所发展，民族资本工业也获得了发展机会。在1895年至1898年之间，万元以上的新设厂矿每年即有10个以上；1895年新设厂15个；1904年后，每年建厂20个以上；1906年为52个，资本额为2 290万元。[①] 经济的发展，也促使中国金融业的产生和发展，光绪二十三年（1897年）中国通商银行建立，到1911年，共建银行17所。

宣统三年（1911年）四月，清廷宣布路权国有，与铁路干线国有直接相关的湖北、湖南、广东、四川等省掀起了轰轰烈烈的保路运动。1911年9月，四川总督赵尔丰在成都逮捕保路同志会和川路股东会的负责人，并枪杀请愿群众数十名，造成流血惨案。同盟会员龙鸣剑等和哥老会组成保路同志军进军成都，转战各地，攻城夺地，猛烈冲击清政府在四川的统治。在清政府从湖北等地调集军队全力应付四川保路运动的时候，10月10日，湖北新军中文学社、共进会等革命团体发动武昌起义，揭开了辛亥革命轰轰烈烈的一幕。11月，湖北军政府公布《中华民国鄂州约法》，它是全国第一个按照资产阶级民主原则拟定的地方宪法。武昌起义的胜利，在全国得到了连锁反应，各省革命党人纷纷行动起来。至11月底，全国宣告独立、脱离清政府的有14个省。武昌起义之后，立宪派纷纷表示赞成革命，这也加速了清政府的崩溃。

第二节　清代前期的财政收支

一、清代前期的财政收入

清代前期的财政收入以田赋为主，盐课、关税、杂赋等为辅，田赋占比2/3以上，仍然是典型的农业经济。

（一）田赋

1. 田制

清代田制，据《大清会典》载：凡田地之别，有民田（民间恒产，听其买卖者为民田），有更名地（前明分给各藩之地，国朝编入所在州

[①] 严中平.中国近代经济史统计资料选辑[M].北京：科学出版社，1984：93.

县,与民田一体给民为业,曰更名地),有屯田(卫所军田钱粮,有由卫所官经征者,有改归州县官经征者,皆曰屯田;其屯田有续垦者,亦曰赡军地;新疆科布多等处,有绿营兵及遣犯所种屯田;懋功有番民所种屯田),有灶地(长芦、山东、两淮、浙江、福建、广东灶丁之地,曰灶地),有旗地(盛京十四城旗人所种之地,及近京圈地征收旗租者,皆曰旗地;奉天、山西有先系旗地后给民垦种者,曰退圈地),有恩赏地(国初于近京州县分给八旗马厂之地,后因坐落较远,弃置不用,历次清丈给民垦种,改名恩赏地),有牧地(直隶、山西边外牧厂余地召种升科者,及各驻防马厂召种征租者,皆曰牧地),有监地(国初,沿明制,于甘肃设苑马七监,后经停止,以其地给民垦种,为监地),有公田(各省有为墓地、园地、养廉地者;又吉林、黑龙江给壮丁所种之地,亦曰公田),有学田(各省皆设有学田,以为学中公费,直隶、山东、江苏、安徽、江西、福建、浙江、湖北、湖南、四川、云南所设学田,即在民田数内;其山西、河南、陕西、甘肃、广东、广西、贵州,则于民田之外另设学田,免其民田科则),有赈田(贵州有之),有芦田(江苏、安徽、江西、湖北、湖南、滨江随时坍涨之地,曰芦田),皆丈而实其亩之数,以书于册。

按清代土地归属情况,清代田地分为官田和民田两大类,其中民田有19种:

民赋田:为田主(包括地主和自耕农)占有,按制度规定向国家缴纳赋税之田;

更名田(地):系明代藩王庄地,清初命归佃耕者所有;

归并卫所田:明末清初为卫所种用之地,后改归民有;

官占田园地:明代没入之官田和废寺田,折价归民用;

退圈地:清初圈占近京五百里内州县的民田,后退还给农民耕种的土地;

农桑地:养蚕植桑土地;

蒿草籽粒地:指土质瘠薄的旱地;

芦课地沮洳:即苇地;

河淤地、灶地:山荡、水滩地、草地、池塘、泥沟车池地;

土司田:苗族土司所有;

番地:甘肃循化、庄浪、贵德、洮州,四川杂谷、懋功、打箭炉,云南维西、中甸等番人地;

壮田:壮族土地;

回地;瑶地。

官田分官庄和官田两类。官田包括牧地、籍田、祭田、学田、屯田和开垦地等数种，一方面调剂土地余缺，另一方面以其收入供国家用做专项经费。

据《皇朝政典内纂》所载，官庄分为皇室官庄、宗室官庄、畿辅官兵官庄（八旗官兵官庄）、盛京驻防官兵官庄、直省官兵驻防官庄和旗田 6 种。皇室庄田为皇室所有，其由内务府管理，称内务府庄田，还有户部庄田、礼部庄田、工部庄田及三陵庄田等数种，约有 12 788 顷。宗室庄田为清王朝赐给王公、宗室子弟及将军之田，设于近京各州及奉天、山海关、喜峰口等地。据粗略统计，八旗宗室庄田合计达 23 338 顷。八旗官兵（畿辅官兵）庄田，约有 14 万顷，此田为世业，不归州县管理。驻防官兵庄田指八旗驻防畿辅、盛京及各省的驻军占有之田，约计 3 000 顷，系旗产，不归州县管辖。

2. 田赋

清入关初，以尚存的明万历赋役旧册为征收田赋的依据，虽"直省丁徭多寡不等"，然"率沿明代之旧，有三等九则者，有一条鞭者，有丁随地派者，有丁随丁派者"（《清朝文献通考·户口考》）。田赋征收物品以银为主，粮、钱、银都有，分夏秋两季征收；夏征二月至五月，为上忙；秋征八月至十一月，为下忙。顺治三年，户部开始汇编《赋役全书》，详列土地、丁额原数，亡失人丁数，新开垦荒地数，赋税、徭役实征、实派数及留存数。康熙二十四年编成《简明赋役全书》，以备百姓核查，在总结明代赋役征收经验的基础上，推行"田赋催科四法"，即分限法、输催法、印票法和亲输法，以防止吏胥作弊，提高征税效率。

分限法是指各州县按照《赋役全书》所规定数额，分成夏、秋两限，到征纳期限，官府张贴榜文晓谕农户，二月开征，四月纳全额之半，五月停征，八月续征，十一月纳完。各地督抚可根据本地情况，按收成早晚调整征纳期限。

输催法是指按黄册所记里甲户口，按五户或十户编为一组，共一滚单，单上注有纳税户姓名，应纳税数额，按姓名排列顺序向后滚催。

印票法即三联单，一票三联，上写的纳户所完纳赋额，编号盖印后，一联留县，二联附簿册，三联给纳税户作为完纳凭证。

亲输法指在衙署放置箱柜，让百姓用官府标准权衡器具称量后，亲自投入柜内。如有零星数额，百姓要纳钱者，每 10 钱当银 1 分。

清初田赋制度虽有全国统一规定，但各地征收办法和税率多有不同，税率少者每丁 1 分，多者每丁八九两；有赋役合并征收，有并未完全并征等情况。进入康熙后期，人口迅速增加而土地增辟有限，为防止丁役加重，而使民户逃亡，便推行"摊丁入地"制度。康熙五十一年（1712 年）谕："海宇承平日久，户口日增,地未加广,应以现在丁册定为常额。自后所生人丁,不征收钱粮。编审时,正将实数查明造报。"(《清史稿·食货二》)固定全国钱粮册中的成丁数,以康熙五十年的丁数(24 621 324 人)和应征丁银(335 万余两)作为定额,以后增加的丁口不再加赋。丁额、丁银的固定不变,有利于减轻农民负担,但具体执行中仍有不足之处,如因"额丁子孙,多寡不同,或数十百丁承纳一丁;其故绝者,或一丁承一二十丁,或无其户,势难完纳"(《皇朝经世文续编·户政六·赋役一》)。康熙五十三年,御史董之燧请统计丁粮,按亩均派,即"摊丁入地"。初在广东、四川两省先期实行,到雍正元年后,遂全面铺开。摊丁入地从康熙五十五年直至乾隆四十二年才基本完成,前后历时 50 多年。

摊丁入地的基本做法是,将康熙五十年各省应征丁银数与各省应征田赋数相除,得出每田赋银一两应摊丁银若干(或粮石若干)。各省也以此计算各州负担地丁银数。据《清文献通考·户口考》记载,各地因原有丁银和田赋银税额不同,分摊丁银数亦不同,如江苏、贵州等省摊丁银入田亩,江苏每亩摊 0.011~0.629 钱,贵州每亩摊 0.054 钱;直隶、福建等省摊丁银入田赋,每田赋银 1 两,摊丁银 2~3 钱。

摊丁入地是明代"一条鞭法"的继续与发展,也是我国赋税史上的一次重大改革。它的进步意义在于:第一,基本上结束了我国赋役史上赋、役分征的局面,无地农民(包括工商业者)不再负担丁银;第二,丁银并入田亩后,使税负与负担能力挂钩,田多者田赋多,田少者田赋少,赋役负担较以前均平;第三,纳地丁银的人名义上不再服徭役,国家对农民的人身束缚削弱了;第四,将丁银固定摊入地亩,有利于财政收入的稳定,也简化了征收手续。摊丁入地制度的局限性在于:第一,摊丁入地是出于保证田赋收入的目的,以田亩作为课征对象,有利于田赋收入的稳定和提高;第二,"永不加赋"是对人口而言,随着耕地的扩大,所摊丁银也随着增长,农民负担仍在不断增加。

随着社会的稳定,生产的发展以及"盛世滋丁永不加赋"的承诺,中国人口的增长速度实现了历史性的突破。据统计,康熙五十年的人丁为 2 462 万,乾隆六年人口(包括男、女老幼)为 14 341.15 万;乾隆二十七年突破 2 亿;乾隆五十五年突破 3 亿。[1]

清代田赋包括银、物两部分,其实物征收部分包括粮食、麦、豆和草料等。如康熙二十四年田赋收入白银 2 444.9 万两,米、麦、豆 430 万石,草料 9.8 万

---

[1] 中国财政历史资料选编(第九辑)[M].北京:中国财经出版社,1990:46—49.

束;雍正二年收入白银2 636.2万两,米、麦、豆473万石,草料10万束;乾隆三十一年收入白银2 991.7万两,米、麦、豆831万石,草料514万束。可见虽然"不加赋",但田赋收入还是在上升。

3. 田赋附加

清的田赋加派主要有耗羡和平余。

耗羡(火耗)。耗羡是地方政府为弥补碎银熔化上解时的损耗而加征的附加税,税率为1%,但实际征收往往超过此数,如康熙六十一年,甘肃已每两加至四五钱,几近一半。《清实录》记载:"历来火耗,皆州县经收而加派横征,侵蚀国帑,亏空之数,不下数百余万。原其所由,州县征收火耗,分送上司,各上司日用之资,皆取给于州县,以致耗羡之外,种种馈送,名色繁多。故州县有所借口而肆其贪婪,上司有所瞻徇而曲为容隐,此从来之积弊,所当剔除者也。"因火耗屡禁不止,雍正二年山西巡抚疏请通省耗羡归公,除留一部分弥补无着亏空外,其余归做官员养廉以及支应各项公费之用。

平余。平余是耗羡加派之外再加之税,以充衙门杂事之用,四川于火耗税羡外每银百两提六钱,乾隆二年下令革除。

4. 漕粮附加

漕粮是由水路运送北京,供京城官兵食用的粮食,为田赋的组成部分。因漕粮在运输中有损耗,故有加收。漕粮加征名目很多:为补偿漕粮转运损耗的加征称正耗;在辗转解运中,还要加征漕项,包括轻赍、席木、正耗、加耗、船耗、官军行军月粮以及贴赠杂费等。此外,旗丁运粮时索要"帮费",地方官吏索要"漕规"等浮收名目,有时竟超过漕粮正额一倍有余。

(二)徭役

清自摊丁入地后,徭役并入地丁银征收,农民名义上已无徭役负担。但实际上从京城到地方都有临时调派。如直隶的徭役,主要是为皇帝巡幸、谒陵或官员过境等服务。由于州县趁机生事,使其成为扰民之役,人称"差外之差"。此种差役的摊派,或按户出差夫;或按村平均分摊;或按牛、驴等牲畜头数出钱;或按土地亩数出钱等。

(三)专卖

1. 盐课

清代对盐利十分重视,因"皇朝受命,戎衣初定,滇黔闽粤,未尽削平,所需兵饷,半资盐课"(《皇朝经世文编·户政·盐法》)。清代的盐法沿用明制,有官督商销、官运商销、官运官销、包课四种。

官督商销(引岸制),亦称纲法,乃招商认窝(引窝),领引纳课。"引"由户部印发,故称部引。商人领得引票后,成为专商,其中主行盐者曰运商,主收盐者曰场商。每引运盐多则 800 斤(两浙),少则 225 斤(山东),一般为 300～400 斤。

官运商销,系政府自购盐场之盐,运之于官设之盐栈,规模大一点的盐栈称督销局,小一点的叫盐公堂。

官运官销,即政府运盐到栈,自行发卖。

包课,偏僻省份的产盐地,由于运销不便允许民间自制自用,课以税银。

清代前期的盐税,包括场课与引课。场课是生产环节课税,在滩、灶、锅、井课之;流通环节课引课,又分为正课、包课、杂课。引课税率,各地不一:长芦盐每引(300 斤)银 0.2675 两,两淮盐每引(200 斤)银 0.6754 两。清前期的盐税收入,每年约在 600 万～700 万两之间。

盐商除了缴纳税收外,尚有报效,报效之例,始于雍正元年的芦商捐银十万两,即盐商按规定纳税之外,在国家有重大事件发生或清王朝的重大节日,要向朝廷捐款。史载,从雍正五年到乾隆五十五年 80 大寿(1727 年—1790 年)为止,淮商捐输的生辰礼物、进贡、报效,大的捐输有 15 次,总额 950 万两;从乾隆十三年征大金川到乾隆六十年镇压湖南农民石保三起义为止,前后 8 次军需捐款 1 310 万两。报效直接加重了盐商负担,虽然"报效"后,朝廷也给予豁免积欠、展缓征期、食盐"加价""加耗(增加夹带)"等优待,但盐商拖欠盐税之事,还是时有发生。

2. 茶课(税)

清代茶法沿袭明制,官茶储边易马,商茶给引征课,贡茶供皇室用及陵寝内廷用(黄茶)。清初定陕西茶马事例,设巡视茶马御史专管茶马交换:上马给茶 12 篦(茶 10 斤为 1 篦,10 篦为 1 引),中马给 9 篦,下马给 7 篦。并于关隘处所拨官军巡守,不许私茶出境。官茶只为中马之用,称"茶斤中马"。所有中马,牡者给边兵作军用,牝马付所司牧养繁殖。康熙三十四年,茶斤中马 10 000 匹。后茶马事例渐衰,官茶之需随之减少,对商茶征税则渐有定制。

雍正八年定川茶征税例。其法由户部颁发茶引,每引一道运茶 100 斤,每茶 1 000 斤准带附茶 140 斤,耗茶 14 斤。然后以斤为基础,按引课税。川省行茶(引)85 344 道,纳税银 424 两,每斤纳税银 4 丝 9 忽;后又增至 1 厘 2 毫 5 丝,令商人于茶价内扣存,随引赴地方官照数完解。其后各省推行茶引制度,产茶日旺,茶引日增,茶税收入亦随之增加。

对有茶引者所征之税称为茶课,对无茶引者所征之税称为茶税。如盛京、直隶、河南、山东、山西、福建、广东、广西等地不行茶引制度,官府不发引,故无引课。这些无茶引省份,只于茶商过境课税,或略收落地税,附于关税报销,或汇入其他税收报部。

3. 榷酤

清代前期,烧酒之禁,严于歉收之年,稍宽于丰裕之岁;本地酿酒与零星造曲,只要不运输出境,亦不在禁止之列。边区地寒,兵民借酒御寒,禁亦不严。因恐造酒靡费米粮,康熙三十年畿辅谷价翔贵,禁用粮食酿酒;三十七年禁造烧酒。乾隆六十年则谕"民间酿酒种烟等事,所在皆有,官为势难禁止。……若似此种烟蒸酒等细事,纷纷劝禁,并令胥役等前往查察,必致借端讹索,滋扰民夷。是名为劝谕撙节,适以扰累地方。"(《清实录·乾隆朝实录》)

所征酒税,乾隆时或按产量收"酒十缸,约计二百斤,税银二分",或按户等收"通湾酒铺户,上户每月税银一钱五分,中户一钱,下户八分"(《清文献通考·征榷考·榷酤》),税率甚轻。

4. 矿税

清前期对矿山开采,以有利于社会安定为目标,时禁时弛。如清世祖初,开山东临朐、招远银矿,十四年开古北口、喜峰口等铁矿。康熙十八年,《大清会典》户部课征中规定:凡铜、铅、锡课,康熙十八年复准,采铜铅处任民采取,征税二分,按季造报,八分听民发卖;得税多者,道、厅、州、县官议叙;上司诛求逼勒者,查出议处;遣官监采山东应州、陕西临潼、山东莱阳银矿。康熙二十二年,又悉行停止。

矿税征收办法,其铜、铅、铁矿以二八抽收为主,个别地方也有三七抽收和一九抽收的。如《清史稿·食货五》记载,金银矿在康熙十九年,各省开采所得金银,四分解部,六分抵还工本;雍正以后,大半按"二八"定例征收,即官税十分之二,其余四分发价官收,四分听其流通贩运。矿税收入亦不高,如康熙四十四年冬季起至翌年秋季止,一年之间,共收税额银80 152两,金84两。

(四)商税

1. 常关税

中国古代在国内水陆交通要道或商品集散地所设的税关称常关。清前期,在常关征收的关税分为两种:由户部主管的户关和工部主管的工关。

户关关税有正项,有杂课。正项包括正税、商税和船料三种,是内地关税的主要部分。正税在出产地对货物征收,商税是对货物征收的通过税,船料是对商船按船梁头的大小征收的税。正课之外有盈余,系正税附加。杂课则是指各地巧立名目的征收,如楼费、饭食、陋规索银、客费等名目。

工关主要设在长江等主要河道,对通过的竹木等收税。其关税收入供建造船只及修缮诸费之用。有的工关,如盛京浑河、直隶大河口和山西杀虎口等关,由户关兼管。常关税率,按雍正、乾隆年间户部则例,从价征5%,抽分实物。但各关在执行时,一般多自定税率。

2. 海关税

清顺治时禁海,至康熙二十二年(1683年)台湾平定,才于次年开江浙、闽广海禁,设云台山、宁波、漳州、澳门四海关,开征海关税。清早期的海关税,包括货税、船钞和渔税三类。

货税是对进出口货物征收的进出口税。康熙二十三年制定福建、广东海关征税则例,康熙二十八年制定江、浙、闽、广四省海关征税则例,将进出口货物分为食物、衣物、用物和杂物四类;列名者征税,未列名的不征税。进口税率为4%,出口税率为1.6%,从价征收。

海关对商船则按梁头征收船钞,每船征银2 000两左右;有时也征实物,如对外商所运铜、铅,则折征铜斤。

渔税是对出海渔船所征之税,因渔船常捎带货物往返,并在海关征货物税。一般按渔船大小,分上中下三等征税,其税款归地方海关支用。

清前期的海关关税收入,在国家财政收入中占比不高,如直隶天津关税仅74 560两,山海关关税仅32 200两,江苏关税也只有77 509两。

3. 落地税(货物税)

以商品流通为基础的货物税,称为落地税。落地税依明末习惯,在乡镇集市内课征,多附于常关税征收,留作地方公费,不入国税正额。雍正时"各处地方官征收落地税银,交公者甚少,所有盈余,皆入私囊"(《清文献通考·征榷考》)。雍正十三年下令取缔额外苛索及重复征收,规定只许在州府县城内,人烟凑集、贸易众多之处征收,严格禁止在乡镇村落征收落地税。

(五)其他商杂税

1. 牙税

牙税,系向牙价、牙行等从事中介业务的商人所课之税。清初牙税有两种:一是具有营业牌照(牙帖)税性质的帖费,一是按年分季缴纳的、有营业税性质的牙税。雍正十一年,因州县滥发牙帖,市井奸牙苦累商民,令各藩司因地制宜,定出定额,报部存案,不许任意增加。后来改由部发,各省转给,而以其税解部,成为彻底的中央收入。

牙税税率因地区而异,如江西牙税,上则纳银3两,中则2两,下则1两;湖北酌定上则2两,中则1两,下则5钱;其余僻邑村镇,上则1两,中则5钱,下则3钱。因牙行人员数量不等、营业金额不等,故各地税银亦不一。

2. 当税

当税,即当铺营业税,为清初所创设。其性质与牙税中之牙帖费相近,牙帖与当帖,均为营业许可证。顺治三年题准当铺每年纳税银五两;宛、大二县,大行店铺照当税例,每年征银五两,不许混派小铺。九年,定直省典铺税例:在外当铺,每年定税银五两,在京当铺并各铺,仍令顺天府查照铺面酌量征收。康熙十五年,定京城当铺税例:上等每年五两,余则二两五钱。康熙十六年,题准直省当税每年增银五两,连旧额十两,加了一倍。雍正六年设典当引帖,凡民间开设典当,均须请帖,按年纳税。

3. 契税

契税,又称田房契税,主要是对买卖房屋、土地等不动产的契约所征的税。顺治四年规定:凡买田地房屋,增用契尾,按财产价额每两输银三分(税率3%)。雍正七年,契税每两三分之外加征一分科场经费,合征四分(即税率4%)。乾隆十二年,申定契税则例,布政司印发契尾。契尾前半部分登记买卖双方姓名、数量、价格及纳税数额,后半部在百姓交税后,填契价银数,并盖有布政司印。其前半部作回执,贴于契约上。编列字号,于骑缝处加盖官印,用以杜绝文书的伪造,称为红契。

(六)捐纳、捐输

卖官鬻爵在清代成为捐纳、捐输。其中经常性的卖官鬻爵和封典称为捐纳,临时性的报效称为捐输。

捐纳始于顺治六年,起初是监生、吏典、承差等非实官的捐纳;后为平三藩之乱,康熙年间方开捐纳实官之门;嗣后又开捐纳保举之例。雍正朝开始作为常例捐纳,范围扩大到文武生员、内外官吏以及普通百姓的职衔、加级、记录、封典等。

捐输,就是遇有国家庆典、筹集军饷、皇帝巡幸、工程建设等开支巨大的事项时,准许巨商富民捐款报效,给予空头官衔,以示皇帝恩宠。如顺治二年,豫亲王多铎南征,安徽祁门商人汪文德、汪文健兄弟捐银30万两"犒师"。著名皇商介休范氏,在康、雍、乾三朝,出私财支援军需,并输送大批军粮到西征准噶尔前线。盐商亦有大量捐输:乾隆帝六次南巡江浙,两淮盐商承办差务,每次捐银百万两;两浙、长芦盐商亦捐献数十万两。乾隆帝为酬答输诚,命将盐商中原有职衔已至三品者,皆加"奉宸院卿"衔;未至三品者加"按察使"衔,加顶戴一级。日益商品化的捐纳、捐输成了国家财政的一大来源。其捐纳的金额,除一部分留本省外,余均送京,上缴于捐纳房,以供中央开支。每年捐纳、捐输收入,多则 1 480 余万两,少则 100 万～200 万两。

(七)贡献

清代之贡,包括地方向中央贡本土物产和外国使者来往之贡。

清代前期,凡官府内外需用物料,由户、工两部"于各直省原产处所,令有司支款置办,造册报销"(《清文献通考·土贡考》)。《清会典》称,有盛京额办物产,直省额办户部物产,直省额办工部物产。额办者,即按规定数量上解,无特殊情况不许少解。额办之外,又有加征。

境外民族和邻国之间的通使来贡称"外夷职贡",根据路途远近,或一年,或三年、五年一贡。当时,朝鲜、琉球、荷兰、安南(越南)、暹罗(泰国)、西洋意达里亚国(意大利)、博尔都噶尔国、苏禄国、南掌国(老挝)、缅甸国等国,都同清朝有通使关系。朝鲜每当清朝的万寿圣节、冬至、年贡、庆贺,或请封、陈奏等,均有贡礼。其他国家或地区,有两年一贡,或三年、五年、六年、十年一贡者,意达里亚、博尔都噶尔和缅甸,则无定期定额。实际上,南亚和西南各国,主要是来做生意的,贡品有限,而作为天朝上国的清王朝,为体现来远之意,"薄来厚往,赏赉有加"。各国贡物所值,远不如赏赐所获。

二、清代前期的财政支出

清代前期的财政支出包括军费、官俸、皇室、工程、文教支出等。

(一)军费支出

清入关前有满洲八旗和蒙古八旗、汉军八旗;入关后,分为京营和驻防两部分,《清朝续文献通考》载,旗、绿等经制之兵,在未裁减以前,"兵饷增至二千四百万两,地丁亦至二千五百余万两",军费几乎耗费了清代前期财政收入的一半之多。

八旗兵始创于清太祖明万历四十三年,康熙中、后期,直省兵额合计 60 万左右,兵饷合计银 1 363 万余两。官兵赏赐抚恤不在其内。雍正、乾隆时,绿营兵取代满洲八旗,成为国家主要军事力量。满洲骑兵用马亦是经常性支出,乾隆十六年,奏准八旗牧养官马共 2 万余匹,每匹月给马乾银三两;而步兵的装备费、水军的战船建造费,按定额计算,也是个不小的数字。再有国防设施费,清代疆域扩大,国防设施的建设、维修任务很大,加上清前期有三藩之乱、噶尔丹之乱、大小金川之役、收复台湾等多次大规模战争,耗费更大。据《清史稿·食货六》所载:"初次金川之役,二千余万两。准回之役,三千三百余万两。缅甸之役,九百余万两。二次金川之役,七千余万两。廓尔喀之役一千有五十二万两。台湾之役,八百余万两。""国用不敷之故,皆由于养兵。以岁费言之,杂项居其二,兵饷居其八。以兵饷言之,驻防之禁兵、藩兵居其二,绿旗兵又居其八。"(《清实录·康熙朝实录》)

(二)官俸支出

清代实行中央集权统治,其中央机构分为军机处、内阁、六部三个部分。军机处受皇帝指挥,处理军政大事,内阁大臣执行军机处的命令,设大学士,满汉各一人。六部设有尚书及左右侍郎,均满汉各一人。此外,还设置都察院、翰林院、光禄寺、太常寺等机构。地方上,则有总督、巡抚、学政、布政使、按察使、盐运使、道、府、州、县及州县佐杂等职官。对满洲贵族,则有封爵,以封功臣及外戚。其等级有公、侯、伯、子、男以及四尉,共九等。皇室设有近卫武装,在各省设有驻防将军。

清代官制非常繁复,内外官僚满汉参用,以满员为多,而且由于开例捐输,《清史稿》所载的"一职数官、一官数职"的现象十分普遍。《清朝文献通考》记载了各种爵官俸禄:

宗室王公之俸。共20等,最高为亲王,岁给银万两;以下至宗室云骑尉80两,每银一两,给米一斛。

公主以下及额驸之俸。计14等,其俸银从400两(固伦公主)至乡君额驸150两,每银一两,给米一斛。

世爵之俸。按公、侯、伯、子、男等共分20等。最高一等公,岁给银700两,米350石;最低至恩骑尉,岁给银45两,米22.5石。

外藩、蒙古之俸。从喀尔、喀汗、科尔沁亲王(各银2 500两,缎40匹)、各亲王银2 000两、缎25匹,至贝勒之婿银40两、缎4匹,各有等差。对回都(住京)之人,亦给俸米有差。

百官之俸。文武官一品俸银180两,依次递减至从九品31两5钱。自一品至九品,恩俸如其正俸之数;俸米视其俸银,每银1两,给米1斛。在外文官,银与在京同,但不给禄米;武官俸银,低于文官。

后又有养廉银,雍正时"于外省督抚,以及州县亲民之官,各赐养廉,较正禄数十百倍。其在京师卿二则赐双俸,司旅并给饭费。虽闲曹职官,亦准俸银之数,赐之廪谷"(《清通考》卷一百五十二)。各直省官员养廉银,因地而异,例如:总督一职,江南总督最高30 000两,四川总督最低13 000两;巡抚一般为10 000两,也有12 000两、15 000两的。

正俸之外有恩赏,乾隆年间,除按品支给俸银外,还按期给八旗驻防官兵口粮,有时一月数次,每次用银35万~36万两。

清初,因机构设置较简,官员不多,每年官俸支出约银200万两,随着机构日益庞大,官员日多,乾隆三十一年时,官俸支出达银543万余两,约占国家财政支出的18%。

(三)皇室支出

清初皇室开支尚称俭约,《清朝文献通考》曾将康熙年间清宫所费与明末宫廷所费做过对比:"明宫中每年用金花银共九十六万九千四百余两,今悉已充饷。……明光禄寺每年送内用各项钱粮二十四万余两,今每年止用三万余两","明朝费用甚奢,兴作亦广,一日之费,可抵今一年之用……明季宫女至九千人,内监至十万人,饭食不能遍及,日有饿死者;今则宫中不过四五百人。"按照这样估算,清初宫殿建筑不及明朝3/10,生活费用不及1/10。

其后随着国力增强,宫廷费用也随之提高。清皇室支出,包括日用生活费、冠服车驾制造、宴飨、婚礼、恩赐和巡狩诸费。

冠服车驾制造。如皇帝冠(朝冠、吉服冠、常服冠)、服(衮服、朝服、龙袍、常服褂、常服袍),均为名贵物料制成,据雍正九年七月至十二月奏销档所记,为置备黄狐皮帽6 000顶,大毛羊皮大襟袄6 000件,黄狐皮领6 000条,小羊皮五指6 000副,暖靴6 000双,共用银3.3万余两。

节庆费用。除夕、元旦、万寿节、千叟宴(康熙五十二年、乾隆五十年、乾隆六十年举行),均举行庆典,十分铺张。康熙五十二年,皇帝六旬圣诞,谕查官民年65岁以上至90岁以上(33人)共4 000余人,赐宴畅春园,"有不能来者,贫乏则协助车马,疾病则按分颁给"(《四库全书·圣祖仁皇帝制御文第四集》卷二)。乾隆五十年,征年60岁以上者凡3 000人,赐宴乾清宫,并准其子孙扶掖入宴。

巡狩。顺治十年冬,"上幸南海,逾月费四万缗"。康熙在位61年,曾多次巡视赤城、沿边、近畿、五台山、多伦诺尔,多次南巡至江宁、杭州,西至镇江等地。康熙称:"朕巡历所至,凡御用器物,皆系所司由京城供办,毫无取于地方。"(《清实录·康熙朝实录》卷三十一)乾隆的数次巡幸,诸驻跸处的帐殿周庐或行宫的建造、维修,道路桥梁的修筑,其费有案款销算,恐定额公帑不敷应用,又对途经各省的公帑钱粮内进行补助,少则一两万,多则数十万,如四十三年南巡,恩赏用库银30万两;四十五年,又"于运库恩赏银三十万两,为办理南巡差务之用"(《钦定南巡盛典》卷二十九)。

恩赏。清王朝每逢重大节庆、婚丧嫁娶、使节朝贡等活动时,都有各种形式的不同赏赐。如顺治八年正月,福临亲政,赐和硕亲王银万两、缎百匹;以下郡王、公主以及在京城(包括北京和盛京)内的一品至六品官都赏赐20两白银。同年二月加尊皇太后徽号,赐和硕亲王银10 000两、缎200匹,以下至在京什库拜牙喇各骑兵每人4两、步兵2两、外兵1两,被赏者之众,赏赐银两数目之多,远远超过亲政大典。顺治十一年八月,例赐黄缎约6 400匹,金355 000余两,"时户部告绌,赏未行"。

(四)工程支出

工程,包括河工、海塘、城垣、祠庙、陵墓以及内廷等工程建设。河工则是指各主要河道的堤防工程,以黄河防治开支为最。清初,诸河防工程主要由沿河州县征发徭役,自行筹款治理。康熙五十五年,国家财政出银6万两,以助民工。雍正元年,以山东连岁荒歉,免挑浚运河岁夫,动帑雇募,以工代赈;六年拨银6万两以资补贴。乾隆年间,方由国家财政全额拨款,"谕各处岁修工程,如直隶、山东运河、江南海塘、四川堤堰、河南沁河、孟县小金堤等工,向于民田按亩派捐者,悉令动用帑金。时用帑十余万,而省百姓数倍之累"(《石渠余记》)。

除黄河外,还有很多其他治河工程。"自乾隆十八年,以南河高邮、邵伯、车逻坝之决,拨银二百万两;四十四年,仪封决河之塞,拨银五百六十万两;四十七年,兰阳决河之塞,自例需工料外,加价至九百四十五万三千两。……荆州江堤之修,则拨银二百万两。大率兴一次大工,多者千余万,少亦数百万"(《清史稿·河渠》)。

乾隆年间,还有永定河的抢修、疏浚,山东运河的修浚工程,各用银50余万。清廷还以兴修水利作为救荒之政:京畿兴水利,官开水田数万顷,而束淮漱黄,使数百里地方受益。海塘工程多集中于江浙一带,顺治时,曾两次修整钱塘县石塘,筑堤81丈;康熙三年,海水决堤,筑石堤数千丈,垒石一纵一横,熔铁嵌石缝;康熙六十一年,修海宁海塘,筑石塘3 397丈,土塘5 606丈,草塘1 055丈,用银2万余两;乾隆四十四年,浙江海堤之修,拨银600余万两。

其他如内廷工程费用,每月需银不到1 000两,但杂项工程,每月辄用数万两。顺治八年亲政,筑城用银250余万两,原定于九省加派,后令发还。

(五)交通支出

清王朝除修治京城道路外,又以京师为中心,于各省险要之处设驿站。东北至黑龙江。东路从山东分为两路,一路从江宁、安徽、江西至广东;另一路从江苏、浙江至福建。中路从河南分为二路,一路通达广西;另一路通达云、贵。西路经山西至甘肃、四川。驿站支销,由直省编征。全国 21 省,岁耗驿银 500 余万两。

(六)文教支出

顺治元年,定直省各学支给廪饩法,在京者由户部支给,在外省州县由当地官府支给。顺治四年,定各直省学官及学生俸廪:教授、学正、教谕照从九品支给薪俸。廪膳生每名给膳夫银 60 两,廪生给 12 两,师生每人日给米 1 升。雍正八年,增建国子监学舍 500 余间,并赐岁需银 6 000 两,以资饩廪;十一年命直省省城设立书院,各赐帑金千两,为营建之费。此外,还命各直省置学田,雍正二年为 3 880 顷余,乾隆十八年为 11 586 顷,以其租银、粮赈给贫困生。

(七)赈恤

除抚恤死伤将士及家属外,主要是赈济灾荒支出。康熙年间,赈陕西灾,用银 500 余万两;乾隆七年,江苏、安徽夏秋大水,用于抚恤、正赈、加赈之米近 240 万石,银 738 万两。以后直隶、山东、江苏、河南、湖北、甘肃诸省之灾,都发帑银、截漕米,以救灾民。

第三节 清代中后期的财政收支

一、清代中后期的财政收入

清代的嘉庆、道光两期,是由盛而衰的转折点。自咸丰、同治以后,国家财政已运转不灵,收不抵支,财政已陷入困境。到光绪、宣统两代的清末,税收总量较乾隆时期增长了 30% 有余,而甲午战争以后更是突飞猛进,1899 年突破 1 亿两大关,1908 年突破 2 亿两大关,1911 年接近 3 亿两大关。其中 1911 年财政收入 29 696 万两,与 1894 年甲午战争时期的 8 103 万两相比,增长了 2 倍多;与 1841 年鸦片战争时期的 3 903 万两相比增长了 6 倍多。[①] 清中期财政收入仍以田赋为主,盐税不断扩大征税范围,海关税和厘金日益显示了其重

---

① 李文治. 中国科学院经济研究所中国近代经济史参考资料丛刊 中国近代农业史资料 第 1 辑 1840—1911[M]. 北京:生活·读书·新知三联书店,1957:238.

要性。到清末,税收主体逐渐从农业税转向工商税,大量的债务更是为困窘的清财政雪上加霜。

(一)田赋

清自中叶而后,章制渐紊,吏治日坏,对赋制破坏颇多。民国时期陈登原在其著作《中国田赋史》中评价"田苦则多,赋苦名多,征收无定章,货币无定制,而浮收侵蚀之弊滋甚。"由于政府收入骤减,支出大增,于是除举办新税外,还不得不增加旧赋,主要有附加、借征、浮收等形式。光宣时期的田赋,虽已失去嘉道年间的重要地位(占全部财政支出的 2/3),但仍是国入的重要支柱之一。地丁、租息、粮折、杂赋等几项相加,占全部财政收入的 37%～40%左右。

1. 漕粮改折

因漕粮运输费用巨大,有漕粮任务的湖南、湖北等省,希望朝廷把漕粮"本色"米麦能折纳成银两缴纳。嘉庆时,允许除山东、安徽、江苏、浙江四省外,各省漕粮以银钱折纳,称为"粮折"。直到太平天国定都南京,运输路线阻塞,漕粮无法北运。咸丰三年正月,准江苏省征存漕米,其道路稍远各州县,每石折银一两。同治元年十二月,李鸿章令苏松各属,每石折征制钱 6 540 文,一切公用,均在其内,由官买米起运。至光绪年间,仅有一二处仍征本色,其他处所全征折色了。自乾、嘉、道以至于咸丰,漕折无恒例,州县可随意折收,同治十一年,山东巡抚谭廷襄亦奏请漕粮每石收钱六千,于是,各省相继严定折价。由于漕米几经改折,其实征田赋无形中又增加不少。

2. 漕粮浮收

钱粮浮收之弊,至嘉庆时,随着吏治的腐败而加剧。史载"向来开仓,多派壮丁,守护大斛,今则斛不必甚大,公然唱筹,计数七折八扣,而淋尖、踢斛、捉猪、秤盘、贴米等犹在其外;又有水脚费、花户费、灰印费、筛扇费、廒门费、廒差费,合计之,则二石四五斗当一石"①。收取之际已甚黑暗,至运送至京,途中经运丁、吏胥之弊后,"每石之值,约需要四十两、或三十两、或十八两,而其归宿,乃为每石易银一两之用"。道光六年谕:"江苏漕务疲敝已久,在闾阎则每苦浮收,而各州县用度浩繁,不能不借资津贴。"②同治五年,李鸿章奏减苏松等处浮收钱粮,包括苏州、松江、常州、太仓三府一州 27 县在内,共减除浮收米

---

① 冯桂芬.显志堂稿(卷5)[M].光绪二年刊本,第 36 页.
② 陶澍.陶云汀先生奏疏(卷十七)[M].上海:上海古籍出版社,2002.

37.46万石,钱167.62万(千文),又减苏、松、常、太银折浮收钱40万千文(时银价贵贱无定,大抵每两二千五六百文),各占额征银米的三成上下,足见浮收幅度之大。

3. 田赋附加

清代虽无田赋附加的名称,但雍正时的火耗、漕项,乾隆时的平余,均为附加性质。鸦片战争失败后,田赋附加有"着赔""分赔""摊赔""代赔"等项名目。咸丰时,四川首先按粮随征津贴,每田赋银一两随加征一两,征解完毕,根据总数可扩大乡举名额;同治元年,骆秉章为四川总督,又奉办捐输,以济军用,按粮多寡摊派,总数为180余万,超过定额地丁的两倍以上。因康熙定制不许加赋,而所捐仍允许按数额增加乡举名额,故称"捐输"。同治初年,有的省份按粮多寡,摊派捐输。咸丰九年,福建一省即捐输457万两。到了光绪中叶实行新政,允许各省自由筹款,于是各地率先以新政之名,附加粮捐,以充地方经费;如奉天、吉林、黑龙江有警学亩捐或饷捐,江苏、安徽、江西、浙江有丁漕加捐,山西有赔款加捐,四川有新加粮捐,新疆有加收耗羡,广东有新加三成粮捐。这些田赋附加,名目繁多,税率高低不同,省自为政,少者如云南6万两,多者如奉天241万两。据统计,清后期的捐纳收入,在财政收入中所占比重,一般为10%以上,最高年份达48%。

除上述各项附加税捐外,还有借征,就是在太平天国军兴以后,清政府采取的一项预征田赋的办法。《东华续录》载咸丰三年十月谕:"所有山西、陕西、四川三省咸丰四年钱粮,即行借征一年……其咸丰五年钱粮,即于明年秋季接征,按年递推。"农民负担进一步加重。

4. 差徭

差徭本已摊入地亩,而各县遇大徭役仍借口临时向民间摊派,历时既久,沿为定例。因无统一标准,故十分苦累。

田赋既经附加、借征与浮收,到了光绪、宣统之际,田赋收入约4 800万两,较之道光以前的地丁杂税3 300万两大为增加。

(二) 盐课

清前期盐税不重,每斤税率,各省不同,少者不满1文,最高不过8~9文,普通在1~3文之间。咸丰三年,税率骤增:最低三倍,最高至十余倍。个中原因有三:一是改引行票;二是盐税抽厘;三是盐斤加价。

1. 改引行票

道光初,两淮引多课重,且专商跋扈,垄断盐利,上侵国课,下削百姓,政府和百姓交受其困。陶澍为两江总督,奏请淮北改行"票盐",听任商贩赴局缴课,领票买盐,运销各地。以后陆建瀛又行票盐于淮南,于是变引商为票盐,革除专商。咸丰初,议于全国通行票法,河东、两浙及福建率先实行。所谓票商之制,即规定在盐场适中地点,设局收税,无论何人,只要纳税之后,便可领票运盐。盐引因引地广狭不同,获利有多寡之分,导致售价不同;而盐票则在同一行盐地,每票售价相同,且运盐区域广泛。票商每票的运盐数量,也远比引商的每引为多,票商每票可运盐十引(200 斤为一引)。道光、咸丰时,两淮每票值银仅五百两,后因官商竞相购买,光绪年间,狂涨至银10 000 两以上。同治三年,两江总督李鸿章、曾国藩改定大票(500 引起)、小票(120 引起);同治五年,李鸿章在票法中参与纲法,循环转运,作为世业,票商又类同引商。

2. 盐税抽厘

咸丰初,创盐厘以筹集军饷,镇压太平天国革命运动。"初,盐厘创于两淮南北,数皆重。"从此既征盐课,又征盐厘,苛重无比。盐厘以省为单位,各自为政,其征收次数、额度大小、征收方法都不相同。有征一两次甚至三四次的,有入境征税、出境征税、落地征税的,运盐越远,课厘越多。盐厘收入,不计入厘金,而合计于盐课之中。道光二十一年,全国盐课实征数为 4 958 290 两,到同治十二年,报到户部的盐税、盐厘合计为 6 632 000 两。[①]

3. 盐斤加价

咸丰五年,定花盐每引万斤抽厘 8 两,嗣因商贩私加至 1.7 万斤,四川总督骆秉章于是奏请就所加斤按引加抽 17 两,共正、厘 25 两。以后,各省亦皆加税厘,盐税收入大增。光绪八年,左宗棠督两江,请增盐引,盐课大增;光绪二十年为应对中日甲午战争,各省对食盐每斤加价 2 文。光绪二十七年为筹措赔款,又加价 4 文,二十九年,又普加 4 文。乾嘉时,盐课 530 余万两;光绪中,已增至 1 127 万余两,其杂课亦得 350 余万两。此外,还有土盐加税、行盐口捐、杂捐、商包余利、盐票、盐引转输等名目,不下十余种,其盐利总数不下1 400 万～1 500 万两。由于加价过多,食盐滞销,走私日多,不得不实行官营。官营以后,上下分肥,官本侵蚀,各项规费多归官吏中饱。[②] 光绪末,合课、厘共 2 400 万有奇;宣统三年预算,盐课列 4 500 万余两。

---

① (清)董恂. 户部现办各案节要[M]. 北京图书馆抄本.
② 胡钧. 中国财政史[M]. 北京:商务印书馆,1920:349-350.

由于盐税的增加,自甲午战争后,盐税也成了帝国主义的掠夺对象,盐税、盐厘成为外债的担保品;而庚子赔款后,盐税、盐厘也同关税一样,几乎尽数作为外债和赔款之用;剩余部分,称为盐余,实际上盐税所余无几。

(三)关税

清自道光二十二年对英鸦片战争失败后,被迫开放广州、福州、厦门、宁波、上海为通商口岸,建立新海关,征海关税;而称原来的内地关口为常关(旧关),征于常关的称为常关税。

1. 常关

清代常关税是指对通过内地各关口的货物(衣物、食物、用物等)所征收的税,一般包括正税和附加税两项。由于有定额和无定章,所以征收时多有弊害发生。如咸丰十年,原各关口过往行人携带用物,其应纳税银不过三分者,向准免税。但是,其后有的地方并计纳税,索诈留难。又如崇文门税关,正税之外,勒索无厌,甚至会试举子皆受其累。

2. 海关

鸦片战争后,清王朝于各开设海关的地方,征收关税,包括进口税、出口税、子口税、复进口税、吨税和洋药厘金等数种。

(1)进口税。道光二十三年,"定洋货税则值百征五,先于广州、上海开市。洋货进口,按则输纳"(《清史稿·食货六》)。当时规定进口货48种,从量课税,税则中未及列名者,一律按值百抽五定税;而进口洋米、洋麦、五谷则免税。光绪十七年,详定各货税率,从价核算,并且规定货价一经确定,十年不变。随着物价趋涨,实际征收税率不足2.5%。光绪二十八年重议税率,计算之法改从价为从量,另定税率表,从此进口货大部分皆从量征税。但一部分以从价征收为便的仍以从价5%计算。当时免征进口关税的有外国进口粮食、金银、书籍、新闻杂志;禁止输入者,则有盐及兵器、火药等。

(2)出口税。对途经关口出境的本国货物,征收出口税(输出税)。中英协定税则中规定出口的货物共61种,亦从量计征,值百抽五。

(3)子口税。凡从外国输入之货,转输于内地,或内地土货,自产地运至口岸准备出口,除在海关缴纳进口税或出口税外,沿途通过时皆课内地过境税——子口税,税率为2.5%。当时以海关口岸为"母口",内地常关、厘卡为"子口",又称"子口半税"。鉴于中国内地遍设厘卡,外商为欲避厘金,乃定输入之货再纳从价进口税之半;输出之货,在内地共纳出口税之半(从价2.5%)。完纳此税以后,便可免纳内地一切厘金。这一优待外商的办法,到了光绪二十五年惠及华商,办理进出口货时,亦予优惠。

(4)复进口税。并称沿岸贸易税,是对土货从一个通商口岸由商船运往另一个通商口岸所征收的国内关税。商品在内陆运输,通过常关,负税甚重;而由海口转运,则负税甚轻,为了平衡海陆税负,官府统一征收此税,税率为出口税的一半,即2.5%,故又称"复进口半税"。

(5)吨税。亦称船钞,是对往来各通商口岸的船舶所征收的税,相当于现代的港口使用费,由海关征收。《南京条约》订立后,道光二十三年按通商条约规定分两级征税:150吨以上每吨课银5钱;150吨以下每吨课银1钱。咸丰八年《天津条约》修改为150吨以上每吨纳钞4钱;150吨以下每吨纳钞1钱。

(6)洋药厘金。此是对鸦片(初称药材)进口时所课的正税和厘金。《清朝续文献通考》称,自烟土入中国,白银外漏,货物走私,道光十七年上谕广东漏银3 000万两,福建、浙江、江苏各海口1 000余万两,天津海口2 000余万两,合计当为6 000万两。第一次鸦片战争后,英国为倾销鸦片,主张清政府对鸦片课税,但道光坚持禁烟。英国于是在《天津条约》中,以洋药之名将鸦片混入进口商品之列,每百斤纳银30两。光绪九年在李鸿章的主持下,与英国协约洋药税率,每100斤正税30两,外加征80两,共计厘税110两(内地厘金一概豁免)。土药不论价格高下,每100斤征40两(进口时输纳)。光绪十年又定行坐部票的制度:凡华商运烟,必须持有行票,每票限10斤,每斤捐银2钱,经过关卡,另纳税厘,无票便不得运烟。其行店则有坐票,无论资本大小,年捐20两。贾士毅所著的《民国财政史》载,洋药厘金,光绪年间每100斤征收110两,至宣统三年加至350两。

清政府的海关税,是在中英签订不平等的《南京条约》后,被强迫接受的带有殖民地性质的"协定关税"。首先,它失去了保护本国民族工商业的作用,由于外国商品不仅低于本国商品税率,而且享受多种免税特权,使中国国内商货处于十分不利的地位;其次,有利于外国商品对华倾销和掠夺本国原材料,为外国列强占领中国市场服务。

光绪二十二年,清有海关27个;宣统三年增至47个。据《清续文献通考》记载,清自协定关税后,"一切货物概课以值百抽五。奢侈品(如洋缎、烟酒等)应高其税以遏制,利益品(如种子与我国所不生产之物)应轻其税以招徕,而限于协定,均不可得也"。开关之后,进口大增,海关税咸丰末年只490余万(两,下同),同治末年增至1 140余万;光绪十二、三年兼征洋药厘金,增为2 050余万;三十四年,增至3 290余万;宣统末年,3 617万有奇,为岁入大宗。据光绪十八年统计,是年征税之数,包括进口征税银(459万余两)、出口征税银(825万余)、复进口半税、洋药税、船钞、内地半税、洋药厘金(566万余两)七项在内,计征银2 268万余两。

由于关税收入增长极快,列强各国为了确保赔款和债务及时到位,也乘机加强了对关税的控制。甲午战争后,列强借款都以关税税款为担保,由总税务司直接从关税收入中拨付债息和赔款,以保障各帝国主义国家的利益。只有当支付当年债息和赔款之后,所剩余者(叫"关余")才交清王朝使用。1911年,辛亥革命爆发,为防止关税落入革命军手中,各债权国在华银行组成海关联合委员会,对关税保管权进行接收。凡中国关税收入,由总税务司代收代付,其税款一律存入汇丰(英)、德华(德)、道胜(俄)、东方汇理(法)和横滨正金(日)等数家银行。中国的海关税则的制定权、行政管理权、税款保管权和关盐两税支配权都被各帝国主义国家所控制。占中国财政收入1/4的关、盐两税收入为列强所把持,中国财政主权严重受损。

(四)厘金

厘金亦称厘捐,始于咸丰三年,是值百抽一的商业税。

咸丰三年,太平天国占据南京,清政府从各省调集数十万大军,由钦差大臣向荣和琦善在南京外围分别建立江南大营和江北大营,以谋防堵。最初三年,每年开支军饷达1 000万两,之后战事扩大,军费更巨。军兴三年之后,糜饷已达2 963万余两;至咸丰三年六月,部库仅存正项待支银227 000余两。部库之款,为各省缴款,道光三十年,部库尚存银800余万两,及两广用兵,屡颁内帑,不到三年,已用去500余万两;而军兴之后,失地数省,以致"地丁多不足额,课税竟存虚名"①。为筹集军饷,咸丰三年仿林则徐在新疆伊犁推行的"一文愿",创设"商贾捐厘",旬日之间,得饷十几万。次年三月,江苏各府州县仿行劝办,凡货物皆抽助饷金一厘。居者设局,行者设卡,月会其数,以济军需。《清史稿》称,"江西设六十五局、卡,湖北设四百八十余局、卡,湖南亦设城内外总分局"。到咸丰五年,厘金制度由地方性的税捐演变为一个全国性的税捐,无处不设卡,无物不收厘。厘金收入除上缴中央一部分外,其余部分皆为地方收入,在太平天国起义期间主要用于军饷,至同治十三年厘金充作军费,约占73.7%。

厘金的名目,十分繁复,按课税品种不同,可分为百货厘、盐厘、洋药厘、土

---

① 罗玉东著.中国厘金史[M].北京:商务印书馆,2017:9.

药厘等类,以百货厘金为主体。如按课税地点为准,又有在出产地征收的出产税、山户税、出山税以及各种土产税、落地税等;在通过地课于行商的活厘(行厘);在销售地课于坐商的坐厘(板厘)、埠厘、铺厘、门市厘等。而以行厘为厘金收入的主要来源。

厘金的税率,开办之初为1%,之后逐渐提高,到光绪年间,各省多为5%,浙江、江西、福建、江苏为10%,各地并不统一。厘金初办时,原为助饷的临时救急办法,待战事停息理应立即裁撤,但由于税源旺盛,竟成为大宗岁入。光绪十七年,厘金收入1 631万余两,约为2 366万两地丁收入的68%。宣统二年,厘金收入已增至4 318万余两,与4 616万余两的田赋收入旗鼓相当;与3 513万余两的洋关收入、699万余两的常关收入相比,有后来居上之势。

清代的厘金制度弊害很大。第一,厘金征及百货,危害商民。特别是征课日用必需品,所以名为征商,实则征民。第二,多环节课征,重复征税。"各省厘局,但有厘局之名,实则抽分抽钱,有加无已。凡水陆通衢以及乡村小径,皆设奉宪抽厘旗号,所有行商坐贾,于发货之地抽之,卖货之地又抽之,以货易钱之时,以钱换银之时又抽。资本微末之店铺,肩挑步担之生涯,或行人之携带盘川,女眷之随身包裹,无不留难搜何?"(《皇朝道咸同光奏议》)货物贩运路途越远,征课次数越多,严重阻碍了商品流通。第三,税制混乱。厘金的征收,清中央未制定统一征收制度,由地方各自制定税制,自主征收,致有一地数卡、一物数征的现象出现,其厘金收入,"十分之中,耗于隶仆者三,耗于官绅者三,此(外)四分中,又去其正费若干,杂费若干"①。因厘金给地方政府带来的巨大利益,中央虽明知其弊,却无法约束,屡禁不止。

(五)债务

清代在道光以前,财政收支相抵,积余较多,咸丰以前,则略有节余。后为筹措军饷及赔款,举借了大量内外债务。

1. 外债

清在咸丰以前,没有外债记录。咸丰三年,为镇压上海小刀会起义,由苏松太道吴健章出面,向上海洋商举借款项,以雇募炮船之用,约定从上海海关关税中扣还(还本付息127万余两)。其后清王朝政府在创办海军办理河工、完成津沽铁路等事项上,多向外商订借外债。据余义生所著的《中国近代外债史统计资料(1853—1927)》载,清王朝在甲午战争以前的初期外债,即从咸丰

---

① 李德林.改革现场:唤清经济改革始末(上部)[M].北京:北京联合出版公司,2014:34.

三年至光绪十六年,共借43笔,折合库平银4 592.2万余两,不包括拟借但不知是否借成的25笔。此时清财政库存尚未枯竭,而且开办捐输,举办厘金,其收入不少,而赔款及所借外债,在财政中所占比重不大,基本上可按期归还。甲午战争后至清王朝被推翻期间的后期外债,共借112笔,折库平银12亿余两,实收为6.6亿余两。此外,还有36笔是拟借而不知是否借成的。此时期所借款项,首先用于赔款(7.2亿两),约占借款总额的59％以上;其次为用于铁路、轮船及电讯工业的投资,约占借款的30％;最后为供军事及其他之用。这些外债,使清王朝付出了沉重的代价,包括政治的和财政经济的损失。第一,借款的利息高,折扣大。一般年息都在4％～7％之间,有的高达10％以上;而借款不是全额付给,一般不超过90％,有的只给全额的83％;第二,利用各国货币的比值变化及市场价格的涨落所造成的差价,对中国进行勒索,如1895年的克萨镑款(100万英镑),本息达173万余两,占实收额570余万两的30％;第三,外债多由赔款转化而来,是殖民主义者对待殖民地人民的办法,并需由外国人指定用途,限制向他国借款,不许提前偿还;第四,要用中国关税、盐税以及百货厘金作担保,如到期不能还本付息,债权国有权到通商口岸直接征税,等等。这些苛刻条件,不仅使中国遭受严重的经济损失,也使中国财政主权受到极大伤害。

2. 内债

清代由于金融市场不发达,还没有具备使公债成为原始积累最有力杠杆的条件,所以发行的内债,远不如举借的外债多。光宣年间,向国内举债的次数不多,数额也不大。

光绪二十年,为筹措甲午战争经费,户部建议向"富商巨贾"借款,名叫"息借商款"。这项借款没有规定发行总额,也无统一制度规定,北京及各省分额募款,各地发行方法多有不同,类似捐输,近于勒索,不到一年即停止发行。借到款项1 100余万两。

光绪二十四年,为偿付《马关条约》第四期赔款,发行"昭信股票"。总额为1亿两,股票票面分为100两、500两、1 000两三种,以田赋、盐税作担保。年息5厘,20年还清,股票准许抵押售卖,但应报户部昭信局立案,认购多者还赏给官衔。由于官吏勒索,招致人怨,不到一年即中止,借到款项仅2 000万元。

宣统三年,由于爆发辛亥革命,为应付时局,发行"爱国公债",总额3 000万两,年息6厘,期限9年,债券分5元、10元、100元、1 000四种,以部库收入为担保。此时清廷行将崩溃,民间购买甚少,除王公世爵、文武官员略有认购外,绝大部分由清皇室以内帑现金购买。最后收入1 200余万元,不久清王朝被推翻,爱国公债随即停止。

此外尚有地方公债,如北洋总督袁世凯,为扩张军备,于光绪三十一年(1905年)发行直隶公债480万两;湖广总督陈夔龙,为偿还旧债,宣统元年(1909年)募地方公债240万两;安徽巡抚朱家宝,为备抵补,募地方公债120万两。三债条件大同小异,均规定年息7厘、期限6年。

(六)其他收入

1. 茶课

《清史稿·食货五》载,清代乾嘉以后,各省产茶日多,行茶69万余引。咸丰三年,福建商茶设关征税,凡出茶之沙、邵武、建安、瓯宁、建阳、浦城、崇安等县,一概就地征收茶税,由各县给照贩运。所收专款,留支本省兵饷。咸丰六年,伊犁亦设局征税,充伊犁兵饷之用。咸丰九年,江西定章分别茶厘、茶捐,每百斤境内抽厘银2钱,出境抽1.5钱,于产茶及茶庄处收茶捐银1.4两或1.2两不等。十一年,广东巡抚奏请抽落地茶税。

2. 矿税

嘉庆至道光初,以"岁入有常,不轻言利",除铜、铅见准开采外,其余金、银各矿,一般不允开采。道光二十四年,因筹军饷,放宽禁限;二十八年,复诏云、贵、川、两广、江西各督抚及其余各省于所属境内查勘,鼓励开矿。《清史稿》载,"至官办、民办、商办应如何统辖弹压稽查之处,朝廷不为遥制,一时矿禁大弛"。咸丰三年规定,凡金、银、铜、锡矿均在朝廷奖励开采之列。咸丰年间,渐开煤矿。光绪九年招商集股采煤。光绪二十九年与各国议订商约,准许外商在中国境内开矿。

3. 苛杂

清后期苛杂繁复,各地不同,如牛马税课(黑龙江)、果木税、棉花税(吐鲁番)、药材(河南)、竹木税(湖北)、烟酒税(吉林),以及名目繁多的捐(指捐、借捐、炮船捐、亩捐、米捐、饷捐、堤工捐、船捐、房捐、盐捐、板捐、活捐等)。

除上述主要赋税外,清朝前期各项工商税捐,除个别有变动外,仍按原定制度征收,有的税课,还明显加重,即甲午后的加厘加税。据《清史稿·食货六》所载:"庚子以后新增之征收者,大端为粮捐,如按粮加捐、规复征收丁漕钱价、规复差徭、加收耗羡之类,盐捐如盐斤加价、盐引加课、土盐加税、行盐口捐之类;官捐如官员报效、酌提丁漕盈余、酌提优缺盈余之类;加厘加税,如烟酒土药之加厘税、百货税之改统捐、税契加征之类；杂捐如彩票捐、房铺捐、渔户捐、乐户捐之类。"清末的杂赋收入，光绪十七年时为281万，到制定宣统三年预算时，则列为1 919万两。

4. 公营经济收入

光宣时期，随着社会经济的发展，特别是受资本主义经济的影响，为适应社会发展需要，由政府出面，对铁路、轮船、邮政、电报等经济事业以及军事工业进行投资。当这些经济部门形成生产规模，创造了盈利后，便有一部分收入上缴国家财政。

铁路营运收入。甲午战争以前，中国自筑铁路仅有京奉路；甲午后，陆续修筑了官办铁路京汉、京奉等12条铁路，商办铁路浙江铁路、新宁铁路等5条，通车上万里，收入约为2 000万两。

邮政收入。英人赫德任海关总税务司后，于光绪二年创议由海关兼办邮政。光绪四年先在天津、烟台、牛庄等地试办，接着九江、镇江亦相继设局，其后各关均兼办邮政。光绪十九年，清政府决定自办邮局，推行于沿江沿海各省，兼及内地水陆各路，并加入总部设在瑞士的万国联约邮政公会。到宣统时已得到很大发展，但收入不多，年收入约600万两，几乎没有盈余。

电报、电话收入。晚清电报之设，始于同治九年，英国使臣威妥玛创设水线，自广州经闽、浙以达上海。光绪五年，李鸿章始于大沽北塘海口炮台设线达天津。光绪十年自天津陆路循运河以至江北，越长江以达上海设置旱线，其正线支线横直3 000余里，沿河分设局栈，统称为北洋至南洋线，费银10余万两。其常年维护费用，起于军饷内垫付，办成后择商董招股集资，分年缴还本银，嗣后即成为"官督商办"。光绪二十八年统一改为官办，由邮传部备价筹还商股。清代电线通达9万余里，电报在商办时期，历年获利约500万~600万两。全国实行官办后，电报、电话年收入约为1 000万两。

轮船。中国自第一次鸦片战争后开埠通商，客货外轮先航行于海上，后又行驶于长江，内江外海之利，尽为列强所占。为挽回利权，同治十三年冬成立轮船招商局。光绪三年动用直隶、江苏、江西、湖北、东海关财政官款190万两，向美商旗昌洋行购入轮船16艘。光绪十年招商局有了较大发展的，拥有江、海轮29艘，其中江轮航行于长江，海轮航行于沿海。在国内主要运销漕米、食盐和官物，在海外则受到帝国主义国家的排挤，虽有官府补赔，但仍月有亏损。

二、清代中后期的财政支出

此时期的支出，主要是军费、赔款、债务、实业、河工及其他例行开支。

(一)军费支出

清嘉道时期,国家养兵据称比乾隆时少。军队装备,从道光年开始,为装备水师,从国外陆续购进炮舰(军舰);为装备陆军,购进洋枪、洋炮,装备费较前大增。清自道光以后的战争费用,包括对内镇压农民革命运动和对外抵抗外国侵略者入侵的开支。道、咸年间,清政府在各省招募"乡勇",军费支出大增,仅围堵太平军,前后支付的军费就达1.5亿两;而咸丰三年、四年雇募外国炮舰攻打小刀会,雇佣美国流氓华尔率领的"常胜军"镇压太平天国起义军,从咸丰十一年至同治三年,共支付费用342万余两;如再加上镇压捻军、西北回民以及西南地区和闽、台地区的农民起义,据统计,军费当在4 229万余两;如再包括各省自筹军费,其支出估计达8.5亿两。[①]

至于抵御外侮的军费,第一次鸦片战争和第二次鸦片战争的军费开支为一千数百万两,中法战争军费为三千余万两,巨额的军费开支已使清财政陷入困境。

同治、光绪年间,各省防军练勇,凡36万余人。岁需银2 000余万两。甲午战争后步军统领荣禄保袁世凯练新军,称新建陆军;复小站练兵,称定武军;两江总督张之洞聘德人教练新军,称江南自强军;其后荣禄以兵部尚书节制北洋海陆各军,编练新军,称武卫军。庚子年后,各省皆练新军。光绪三十年划定军制,统一新军。在海军方面,道光时筹海防,始由西方购入军舰,以辅水师,标志着中国进入海军时代。同治时设厂造船,李鸿章练北洋海军。甲午海战,师船尽没。光绪中,南、北洋仅有船50余艘。《清史稿·兵七》称:"船政经费,同治十三年,首次报销造船购费,盖厂各费达五百十六万两,养船费十九万两。光绪二年后,船政常年费为六十万两。自同治五年至光绪三十三年,造船四十艘,用银八百五十二万两。营造厂屋,用银二百十一万两。装造机器,用银六十四万两。洋员岁俸,及修机器、置书籍,用银五百五万两。学堂费六十七万两。养船费一百四十六万两。经营船政四十余年,凡用银一千九百万两有奇"。至于造船方面,《清朝续文献通考》称,福州船厂建成于光绪十九年,费银2 000余万两。旅顺船坞的建设,亦耗银200余万两,甲午战后先后为日、

[①] 彭泽益著.十九世纪后半期的中国财政与经济[M].北京:人民出版社,1983:130—137.

俄所侵占。

在战争经费方面,先后有光绪十年中法之战;光绪二十年中日甲午之战;光绪二十六年,八国联军攻入北京,其中仅中法之战,即用银 3 000 万两。

(二)赔款支出

清自鸦片战争后,累战累败;战败则被勒索赔款,赔款数量也一次比一次增多。

第一次鸦片战争战败赔款 2 100 万元(银元),折合白银 1 470 万两,其中包括鸦片烟价赔偿 600 万元,战争赔款 1 200 万元,商行欠款 300 万元;此外,英军向清廷勒索的广州赎城费 600 万元以及在沿海各城市劫掠官库和商民的财物(估计为 730 万元)还未计算在内。

第二次鸦片战争失败后向英法两国各赔白银 800 万两,还要支付"恤金"50 万两。

《中俄伊犁条约》规定向俄赔白银 600 万两。总计赔偿白银 3 700 多万两。为了筹措这笔赔款,除用海关税、地丁银、捐输各款支付外,还令江、浙、皖、粤等省负责摊赔。

中日甲午之战,签订《马关条约》,割地赔款,赔日本军费 2 亿两,分 8 次于 7 年内交清。除第一期的 5 000 万两(6 个月内还清)不计利息外,其余的 1.5 亿两要计息,年息 5%。

光绪二十七年,八国联军攻入北京,清朝被迫签订《辛丑条约》,规定向英、德、美等 13 个帝国主义国家赔款,赔款总额 4.5 亿两,由于清王朝财政已空竭,无力在短期内还清,议定分 39 年赔付完毕。未赔之款,按借债对待,年利 4 厘,合计为 9.8 亿两。约相当于光绪末年近十年的财政收入。

此外,还有所谓教案赔款,如光绪五年云南赔法国教堂 5 万两;二十年,贵州赔教堂 3 万两;二十五年,山东赔 7 万两;二十九年,吉林全省教案赔款 25 万至 26 万两。

(三)债务利息支出

债务利息是清末财政的一大支出。据光绪二十二年户部奏称:"近时新增岁出之款,首以俄法英德两项借款为大宗",一为 500 余万两,一为 600 余万两,共计 1 200 万两左右,一年内还清,对财政压力很大。而光绪二十年至二十七年的八项借款所付本息银数,光绪二十五年时约占岁出的 22.9%;三十一年时占 31%。宣统三年试办的预算表上,赔款和债息为 5 200 万,占当年预算支出的 15%。

(四)皇室开支

清皇室支出并未因财政困难而收敛。清后期皇室支出包括内务府经费(岁额60万两)、庆典费用、陵墓建筑维修费和园囿修建等费。内务府日常经费仍由国家财政定额支付。其临时开支,则由国家财政和地方共同支给,如同治十一年,令各省添拨白银100万两供皇帝大婚之用;又如同治十三年,东陵用款不敷,从长芦盐务项下借支5万两,生息备用;光绪十三年皇帝大婚,提拨京饷银550万两;光绪二十年慈禧太后的"万寿庆典",各种耗费计700余万两。这笔庆典用款一部分来自"部库提拨",一部分来自"京外统筹",而部库提拨是从饷需、边防经费和铁路费用中腾挪出来的。光绪陵墓工程180万两,从各省地丁、厘金、海关、洋税中提取。庚子(1900年)后,英人赫德编拟的"岁计收支概算"中所列的皇室费为110万两;宣统年间,增至400万两内外。

(五)百官俸禄

百官俸禄,分银、米两类。道光中,每岁京库放俸米380万至400万石。同治六年规定,凡在外文官俸银与京官一例,按品级颁发,不给恩俸,不支禄米。而武官额俸则与京官有异。光绪十七年俸食、廉膳、公廉三项合计,共853万余两。宣统三年预算行政费2 732.8万两。至于官俸,包括公费、津贴、薪水等项,宣统二年时,军机大臣每年公费为2.4万两,尚书为1万两。

(六)实业支出

鸦片战争后,清王朝内外交困。为了"自强""求富""富国强兵",以曾国藩、李鸿章为首的洋务派,从咸丰末年开始,先后创办了一批新式军事工业。咸丰十一年,曾国藩创办安庆军械局;同治元年建上海炮局;同治四年,李鸿章筹建上海江南机器制造总局,光绪十九年建成;同治五年,左宗棠与法人在福州马尾山下建福州船政局,开办费47万两;同治六年,崇厚于天津筹建天津机器制造局;同治十一年,李鸿章购买轮船,强固国防,又奏办轮船招商局,官商合办,总局设在上海。光绪年间,清朝加大了对铁路、轮船、邮政等经济部门的投入。

铁路建设费。光绪初,英人擅自在上海筑铁路至吴淞,清以银28万两赎回不用。其后李鸿章、张之洞力主筑卢汉铁路,于光绪三十三年建成,自京师至汉口,路近三千里,费逾四千万。此时国家财政资金不足,向外国借款而成。按《清史稿·交通》所载,清代官办铁路有京汉、京奉、津浦、京张、沪宁、正太、汴洛、道清、广九、吉长、萍株、齐昂12条,资本金共计35 499.4万余元;商办铁路有浙江、新宁、南浔、福建、潮汕等铁路,资本金也有2 635.7万元。

邮电支出。电报创办于光绪五年，初为官款官办，八年起为官督商办，二十八年起为商股官办。光绪三十三年，全国电线计飞线、水线、地线共76 098.5里，到宣统元年，线路达95 281.5里。邮政始议于光绪二十一年，广西按察使胡燏荣奏请创邮政以删驿递，每岁可省驿费300余万，而收数百万之盈；二十二年首设于沿江沿海；三十年，拟推广全国各省，约需经费109万两，由关税项下垫付。1878年，清朝政府在北京、天津、上海、烟台和牛庄（营口）五处设立邮政机构，附属于海关内，上海海关造册处当年即印制以龙为图案的一套3枚邮票发行，邮票的颜色和面值不同，面值用银两计算，包括一分银、三分银、五分银，这是我国首次发行的邮票，集邮界习惯称为"海关大龙"，简称"大龙邮票"。邮票上"大清邮政局"5个字十分醒目，图案中的"大龙"两目圆睁，腾云驾雾，呼之欲出。上方标有"CHINA（中国）"，下方标有"CANDARIN(S)（海关关平银分银）"字样。大龙邮票见证了中国从古老的农业国家向现代国家的转变，在邮票发行史上具有重要位置。

（七）河工、河渠支出

《清史稿》记载河道堤防工程的财政支出，道光年间，东河、南河除有年例岁修经费外，又拨有专项（另案）工程经费：东河每年额拨150余万两，南河270余万两，十年则有4 000余万；六年，拨南河王营开坝及堰、盱大堤银517万两；二十一年及以后数年，有东河祥工、南河扬工、东河牟工等拨银1 668万两，后又有加。咸丰初，丰工亦拨银400万两以上；同治中，山东侯工、贾庄各工，用款200余万；嘉、道二朝，仅河工用银即达1亿多两，是清代后期河工支出最多的时期。光绪、宣统时期支出的河工费，约2 000万两。

（八）其他支出

赈济支出。道光中，拨给江苏、河南、河北等数省赈灾银400多万两；安徽、浙江截留办赈银近百万，江苏为140余万。光绪初，山西、河北、陕西之灾合官赈（拨帑、截漕）、义赈及捐输等银，不下千数百万两；而郑州河决，直隶、江苏、山东及秦晋等地水旱各灾，赈捐用银近3 000万两。同时，尚有官绅商民捐输银两。

教育支出。光绪宣统时，文化教育事业有了较大发展。义和团运动后，光绪二十九年在教育行政方面设管部大臣，颁教育制度；三十二年改设学部。光绪初年办实学馆、方言馆，十一年建天津武备学堂；十三年设广东水师学堂和陆师学堂，广东建广雅书院；三十二年建曲阜学堂；三十四年耗资200万两建京师大学堂等。据宣统二年统计，各省学堂为42 444处，各省学生人数为

128.5万人，其中专门学生增加3 951人，实业学生增加4 923人，普通学生增加26.5万余人。还向国外派遣留学生，学习西洋技术。随着学校的增加，教育费也相应增加，但在国家财政支出中所占比重仍旧很小，不到1%。

第四节 清代的财政管理及国家财富分配

一、财政管理机构

清代的财政机构，中央为户部，职掌天下户口、土田等政务，并统理一切经费的出入。户部为内阁六部之一，其本身设有尚书，掌军国支计。尚书之下，有左右侍郎满汉各一，右侍郎兼管钱法。其下有十四清吏司，分掌各省及有关全国钱粮政务。此外，还有井田处、俸饷处、理审处等机构。《清史稿》记载，光绪三十二年（1906年），"厘定官制，以户部为度支部""大臣主计算、勾会银行币厂""土药统税，以经国用"。度支部设度支大臣及副大臣各一人，左右丞及左右参议各一人。下设田赋、漕仓、税课、管榷、通阜、库藏、廉俸、军饷、制用、会计十司和一个金银库。田赋司掌土田财赋、稽核八旗内府庄田地亩；漕仓司掌漕运、核仓谷委积、各省兵米数等；税课司掌商货统税，审核海关、常关盈亏；管榷司掌盐法杂课，盘查道运、土药统税等的审核校实；通阜司掌矿政、币制、稽核银行、币厂文移；库藏司掌国库储藏；廉俸司掌百官俸禄，审计百司职钱；餐俸；军饷司掌核给军糈，勾稽各省报解协饷；制用司掌核工程经费，兼司杂支、例支；会计司掌国用出纳，审计公债外款，编列收支报表；金银库掌金帛出入核算。光绪三十三年，设省财政处，以隶于度支部。部中仍置尚书、左右侍郎、左右参议各一人。宣统三年（1911年），改尚书为大臣，侍郎为副大臣。

在地方则由承宣布政使司掌一省之财政，布政使稽收支出纳之数，汇册申报巡抚再转报户部。而具体财务工作，则设专门财务员分管。

为加强盐政管理，在中央设盐政院，主管官为盐政大臣，下设总务厅、南盐厅、北盐厅、参议等职。由大臣总揽盐政；丞佐理差务；总务则综理庶务，典守机密；南盐厅掌管淮、浙、闽、粤盐务；北盐厅掌管奉、直、潞、东盐务；参事掌拟法制。并派御史巡视盐课；地方则以督抚综理盐政。宣统元年，改设督办盐政处，宣统二年十一月，又将处改为院，直到清王朝被推翻为止。

清末的海关，从鸦片战争后就受到外人操纵。咸丰四年上海成立英、美、法关税管理委员会,这是西方殖民者直接参与中国海关管理的开始。海关组织机构分为税务部、港务部、教育部和邮政部,其中最重要的部分是税务部的征税处,专门办理各关进出口货物的征税事宜,它的人员占海关人员的90%以上。在这些人员中,一切重要职务,都由洋人担任,中国海关的征税权、行政管理权已完全丧失。咸丰十年,总理衙门成立后,于次年又成立了全国性的总税务司署,而正、副总税务司则由洋人担任。

二、预决算制度

清代中央与地方的财政体制,长期维持上供、送使、留州制度,从乾隆朝的记录来看,中央收支项目,各有定额。直到光绪后期整理财政,并于光绪三十四年颁布《清理财政章程》,规定在户部之下设清理财政处,职责之一为审核中央和地方的预决算报告,汇编国家预算。各省成立清理财政局,主要为拟定各省收支章程,造送各省预决算报告册。宣统二年正月,拟定《预算册式及例言》,规定以每年正月初一到十二月底为一预算年度;预算册内先列岁入,后列支出,各分"经常门"和"临时门",门内分类,类下分款,款下分项,项下设子目。收支数额以库平足银为标准,以"两"为记账单位,小数至厘为止。并于宣统二年、三年,分别编制出宣统三年、四年的全国预算,第一次编成近代形式的预算。后来因为辛亥革命成功,故仅有预算,没有决算。

三、国库制度

清初库藏,有中央和地方之分。中央库藏,又分为内府库藏与户部库藏,前者为皇室库藏,后者为国家库藏。内府库藏,设有六库:一是银库,掌金银、珠玉、宝石及金银玉器之属;二是缎库,掌各色缎、绸、纱、绫、罗、绢、布及绵、棉花之属;三是皮库,掌各色兽皮、鸟羽、呢、毡、绒、褐、象牙、犀角、凉簟之属;四是衣库,掌祭冠服、冬夏衣服之属;五是茶库,掌茶、人参、香、纸、颜料、绒线、环缨之属;六是磁库,掌磁、铜、锡器之属。

户部库藏,分为三类:一是银库,贮藏各省起运至京的田赋、漕赋、盐课、关税、杂赋,为国家财赋总汇;宝泉局铸币亦贮银库,以待度支。二是缎匹库,贮藏各省所输绸缎、绢布、丝绵、棉麻之属。三是颜料库,贮藏各省所输铜、铁、铅、锡、朱砂、黄丹、沉香、降香、黄茶、白蜡、桐油、并花、梨柴、愉木等。

地方库藏共有十类:一是收贮金银、币帛、颜料诸物,供应三陵祭祀及盛京(即辽宁)、吉林、黑龙江官兵俸饷,并各赏番之用的盛京户部银库。二是布政使司库,贮藏除存留支用外的各州县田赋、杂赋,为一省财赋总汇。三是贮赃罚银钱,岁输刑部为公用的各省按察司库。四是粮储道督粮道库,贮藏由州县征输粮道库的漕赋银。五是贮驿站夫马工料的驿道库。六是贮河饷兵备的河库。七是贮兵饷的道库。八是贮盐课的盐运使司盐法道库。九是各税务库,由部差者(监督库)贮关钞,分四季输部;由地方官兼者贮于兼理官库,岁终输户部。十是州县卫所库,贮藏本色正杂赋银,存留者照数坐支,输运者输布政使司库。

宣统二年,资政院提出了统一国库的办法,即在北京设总库,各省设分库,省下地方设支库,由国库度支大臣管理,其保管出纳则由大清银行经理,国家收支全部汇总国库。但因清末地方各自为政,财税收入多存入官银钱局或存入地方官吏与商人合伙开办的银号,而不愿存入大清银行,国库制度一时未能发挥其应有作用。

四、清末经济发展与央地财政分配

经济发展是国家政权合法性的标志,财政增收则是政权调控能力的反映,清末的经济进步与清政权的覆亡解释了只有经济发展未必能保证财政增收。

从 1840 年鸦片战争之后,被迫开放的中国在思想上、经济上、民风民俗上都开始发生深刻的变化,国民在屈辱和痛苦中反思,封闭的农业社会迅速地向工商社会转变,整个国家也明显向真正意义上的现代国家方向前行。这一系列剧变无形之中推动着本已停滞不前的中国社会和经济向前发展。尤其在甲午战争后,《马关条约》规定:"清国约将库平银二万万两交与日本,作为赔偿军费;该款分作八次交完。"条约中长达数十年的赔偿年限,是根据当时中国政府根据自身年财政 8 000 多万两的收入水平所做出的承诺。战后的中国痛定思痛,经济增长和社会发展势头良好,19 世纪最后几年和 20 世纪初期,中国经济每年都以十几个百分点的幅度增长,国家财政收入亦随之猛增。从宣统二年度支部试办的宣统三年预算来看,岁入分为 8 类,预计总收入为 2.69 亿两,是甲午年财政收入的 3 倍,所以清政府对日还款期限大大提前,只用了几年的时间就全部付清了赔款。

晚清时期不仅国家经济发展势头良好,财政收入大幅度提升,而且科技进步速度也非康乾全盛时期可比,很多西方先进技术在晚清时期都得以畅通无阻地进入中国。同时,清政府还为培养国家建设人才,大量派遣官费留学生出国留学,其中以赴德国、英国、日本留学为最盛。这些留学生回国后纷纷效力于清王朝的各级政府和军队之中,使得西方先进国家的思想、行政方式以及军事训练手段和装备在中国迅速普及。尤其是光绪皇帝和慈禧太后死后由摄政王载津执政的清末的最后几年,国家在经济、科技、军事等方面取得的成就更为显著,民族工商业有了长足的发展,民间老百姓的生活水平也较慈禧时期有了提高。

在这样难得的高速发展时期,清王朝的大厦却轰然倒塌。一是洋务运动只强调引进科技、发展经济,却没有进行国家制度上的根本改变;二是太平天国运动后央地财政分配彻底失衡。

晚清时期的各界精英从制度到文化的思想上全面西化,形成了对现实政权的否定和对改易国家制度、实行新政的渴望。地方官员深受知识精英影响,在思维方式上亦多有转变。再加上晚清政府在新政问题上始终不能与时俱进,不但明显落后于时代,而且皇族为了确保自身利益,不惜牺牲国家利益,引发了全国各界的反对。

为了镇压太平天国运动,中央政府一方面允许地方将领自筹军饷发展军队,另一方面允许地方大员设局征厘,终于形成了独立于中央的地方财权,导致地方军阀拥兵自重,中央完全失去了对地方财政和地方行政、军事的控制。当时的地方军阀可以罔顾中央政府的意志,颐指气使地支配各自的军事以及行政权力,全国一盘散沙。光绪二十六年八国联军进攻北京时,山东拥有现代化精锐部队的袁世凯袖手旁观,而长江以南六省更是搞起"自治",朝廷与八国联军打了三个多月,清王朝各地的勤王部队仍然迟迟不到,直至中央军队最终战败。到辛亥革命时,各地督军基本不受朝廷节制,在黎元洪通电全国后,竟有十数省份"自治",清王朝此时惟余"中央",在绝对孤立中逊位。可见财政在一国治理制度之中的"基础和重要支柱"的地位。

参考文献

1. （汉）司马迁. 史记[M]. 北京：中华书局,1959.
2. （汉）孔安国. 尚书[M]. 北京：商务印书馆,1912.
3. （春秋）左丘明. 左传[M]. 北京：中国社会出版社,1999.
4. （吴）韦昭注. 国语[M]. 北京：商务印书馆,1958.
5. （汉）郑玄注. 周礼[M]. 北京：中华书局,1992.
6. （商）姬昌. 易经[M]. 北京：中国文史出版社,1999.
7. （春秋）孔子删订. 诗经[M]. 北京：中国文史出版社,1999.
8. （汉）戴圣. 礼记[M]. 北京：中国文史出版社,1999.
9. （梁）沈约注. 竹书纪年[M]. 上海：上海商务出版社,1985.
10. （宋）朱熹集注. 论语[M]. 上海：上海古籍出版社、世纪出版集团,2007.
11. （战国）墨翟. 墨子[M]. 上海：上海古籍出版社,1989.
12. （宋）朱熹编. 孟子[M]. 上海：上海古籍出版社,1987.
13. （战国）韩非. 韩非子[M]. 上海：上海古籍出版社,1989.
14. （汉）袁康,（汉）吴平辑录. 越绝书[M]. 上海：上海古籍出版社,1985.
15. （战国）庄周. 庄子[M]. 上海：上海古籍出版社,2015.
16. （战国）荀况;（唐）杨倞注. 荀子[M]. 上海：上海古籍出版社,1989.
17. （唐）房玄龄注. 管子[M]. 上海：上海古籍出版社,1989.
18. （汉）班固著,陈立疏证. 白虎通义[M]. 北京：商务印书馆,1937.
19. （宋）李昉等. 太平御览[M]. 北京：中华书局,1960.
20. （汉）赵晔著,周生春校注. 吴越春秋[M]. 北京：中华书局,1985.
21. （战国）晏婴. 晏子春秋[M]. 北京：中国文史出版社,1999.
22. （汉）高诱注. 战国策[M]. 北京：商务印书馆,1958.
23. （战国）商鞅. 商君书[M]. 北京：中华书局,1912.
24. （明）董说. 七国考[M]. 北京：中华书局,1956.
25. （汉）桓宽,（明）张之象注. 盐铁论[M]. 上海：上海古籍出版社,1990.
26. （汉）班固. 汉书[M]. 北京：中华书局,1974.
27. （宋）范晔. 后汉书[M]. 北京：中华书局,1988.

28.（汉）刘安等,（汉）高诱注.淮南子[M].上海：上海古籍出版社,1989.

29.（元）马端临.文献通考[M].北京：北京图书馆出版社,2005.

30.（晋）陈寿.三国志[M].北京：商务印书馆,1958.

31.（晋）袁宏.后汉纪[M].北京：中国书店,1991.

32.（清）杨晨.三国会要[M].北京：中华书局,1956.

33.（唐）房玄龄等.晋书[M].北京：中华书局,1997.

34.（清）陈梦雷,（清）蒋廷锡编.钦定古今图书集成[M].济南：齐鲁书社,2006.

35.（唐）李延寿.南史[M].北京：中华书局,1975.

36.（梁）沈约.宋书[M].北京：中华书局,1974.

37.（唐）李百药.北齐书[M].北京：中华书局,2016.

38.（梁）肖子显.南齐书[M].北京：中华书局,2019.

39.（唐）姚思廉.陈书[M].北京：中华书局,2000.

40.（唐）姚思廉.梁书[M].北京：中华书局,2000.

41.（唐）魏征等.隋书[M].北京：北京图书馆出版社,2003.

42.（宋）王钦若.册府元龟[M].北京：中华书局,1960.

43.（后晋）刘昫等.旧唐书[M].北京：中华书局,1975.

44.（宋）欧阳修,宋祁.新唐书[M].北京：中华书局,1975.

45.（唐）吴兢.贞观政要[M].上海：上海古籍出版社,1978.

46.（唐）元结.元次山集[M].北京：中华书局,1960.

47.（唐）李林甫等修,陈仲夫点校.唐六典[M].北京：中华书局,1992.

48.（宋）王溥.唐会要[M].北京：商务印书馆,1949.

49.（宋）司马光.资治通鉴[M].北京：中华书局,1969.

50.（宋）王应麟.玉海[M].上海：上海书店出版社；南京：江苏古籍出版社,1990.

51.（清）赵翼.廿二史札记[M].北京：商务印书馆,1987.

52.（宋）薛居正.旧五代史[M].北京：中国社会科学出版社,2021.

53.（宋）王溥.五代会要[M].上海：上海古籍出版社,2006.

54.（宋）欧阳修.新五代史[M].北京：中华书局,1974.

55.（宋）庄绰撰,萧鲁阳点校.鸡肋编[M].北京：中华书局,1983.

56.（元）脱脱等.宋史[M].北京：北京图书馆出版社,2005.

57.（清）徐松.宋会要辑稿[M].上海：上海古籍出版社,2014.

58.（宋）梁克家,陈叔侗校注；福建省地方志编纂委员会整理.三山志[M].北京：方志出版社,2003.

59.（宋）李焘撰,（清）黄以周等辑补.续资治通鉴长编[M].上海：上海古籍出版社,1986.

60.（宋）沈括.梦溪笔谈[M].扬州：江苏广陵古籍刻印社,1997.

61.（宋）洪迈.容斋随笔[M].北京：中国社会出版社,1999.

62. (元)脱脱等.辽史[M].北京:中华书局,1978.

63. (元)脱脱等.金史[M].北京:中华书局,1975.

64. (明)宋濂等.元史[M].北京:中华书局,1976.

65. (元)苏天爵.元文类[M].北京:商务印书馆,1958.

66. (明)陈邦瞻.元史纪事本末[M].北京:中华书局,1979.

67. (清)张廷玉.明史[M].北京:中华书局,1974.

68. (明)上海书店出版社编.明实录[M].上海:上海书店出版社,2015.

69. (明)李东阳等.大明会典[M].扬州:广陵书社,2007.

70. (清)龙文彬.明会要[M].北京:中华书局,1956.

71. (清)谷应泰.明史纪事本末[M].北京:商务印书馆,1936.

72. (明)丘濬.大学衍义补[M].北京:京华出版社,1999.

73. (清)贺长龄.皇朝经世文编[M].台北:台湾大学出版社,1989.

74. (清)中华书局影印.清实录[M].北京:中华书局,1987.

75. (清)赵尔巽.清史稿[M].北京:中华书局,2020.

76. (清)昆冈等.(钦定)大清会典100卷[M].北京:商务印书馆,1911.

77. (明)海瑞.海瑞集[M].北京:中华书局,1962.

78. (清)钱泳.登楼杂记[M].南京:江苏古籍出版社,1988.

79. (清)冯桂芬著.显志堂稿[M].北京:朝华出版社,2018.

80. (清)董恂.户部现办各案节要[M],北京图书馆抄本.

81. (清)陶澍.陶云汀先生奏疏[M].上海:上海古籍出版社,2002.

82. 胡钧著.中国财政史[M].北京:商务印书馆,1920.

83. 李文治.中国科学院经济研究所中国近代经济史参考资料丛刊 中国近代农业史资料第1辑 1840－1911[M].北京:生活·读书·新知三联书店,1957.

84. 吴承明.帝国主义在旧中国资本的扩张[M]//中国近代国民经济史参考资料(二),北京:中国人民大学出版社,1962.

85. 罗玉东著.中国厘金史[M].北京:商务印书馆,2017.

86. 韩国磐著.隋唐五代史纲[M].北京:人民出版社,1979.

87. 陈寅恪著,陈美延编.金明馆丛稿二编[M].北京:生活·读书·新知三联书店,2001.

88. 洪焕椿编.明清苏州农村经济资料[M].南京:江苏古籍出版社,1988.

89. (法)贾克·谢和耐著,马德程译.南宋社会生活史[M].台北:中国文化大学出版部,1982.

90. (瑞典)多桑著.多桑蒙古史(上)[M].上海:上海书店出版社,2006.

91. 严中平.中国近代经济史统计资料选辑[M].北京:科学出版社,1984.

92. 左治生主编.中国财政历史资料选编(第九辑)[M].北京:中国财政经济出版社,

1990.

93. 西安半坡博物馆编. 西安半坡[M]. 北京:文物出版社,1982.

94. 项怀诚主编. 中国财政通史[M]. 北京:中国财政经济出版社,2006.

95. 周伯棣编著. 中国财政史[M]. 上海:上海人民出版社,1981.

96. 孙文学,齐海鹏等编著. 中国财政史[M]. 大连:东北财经大学出版社,2008.

97. 孙翊刚,王文素主编. 中国财政史[M]. 北京:中国社会科学出版社,2007.

98. 翁礼华著. 大道之行:中国财政史[M]. 北京:经济科学出版社,2009.

99. 胡寄窗,谈敏著. 中国财政思想史[M]. 北京:中国财政经济出版社,1989.

100. 临潼姜寨新石器时代遗址的新发现[J]. 文物,1975(08):82—86.

101. 青海乐都柳湾原始社会墓葬第一次发掘的初步收获[J]. 文物,1976(01):67—78.

102. 青海乐都柳湾原始社会墓地反映出的主要问题[J]. 考古,1976(06):365—377、401—404.

103. 1957年邯郸发掘简报[J]. 考古,1959(10):531—536、588.

104. 李捷民,华向荣,文启明等. 河北藁城县台西村商代遗址1973年的重要发现[J]. 文物,1974(08):42—49、95、97—98.

105. 临淄郎家庄一号东周殉人墓[J]. 考古学报,1977(01):73—104、179—196.

106. 杨军,徐长青. 南昌市西汉海昏侯墓[J]. 考古,2016(07):45—62.

107. 徐光冀,朱岩石,江达煌. 河北临漳县邺南城遗址勘探与发掘[J]. 考古,1997(03):27—32.

108. 吐鲁番县阿斯塔那—哈拉和卓古墓群清理简报[J]. 文物,1972(01):8—29.

109. 郑建明. 21世纪以来唐宋越窑及越窑系考古的新进展[J]. 文物天地,2018(09):96—103.

110. 刘志岩等. 四川眉山彭山江口明末战场遗址ⅡT0767发掘简报[J]. 文物,2018(10):26—58+1.

111. 管汉晖,李稻葵. 明代GDP及结构试探[J]. 经济学(季刊),2010,9(03):787—828.

112. 万明. 明代白银货币化:中国与世界连接的新视角[J]. 河北学刊,2004(3).

113. 宋英杰,刘俊现. 条块并存的环境分权对环保技术扩散的影响[J]. 中国人口·资源与环境,2019,29(05):108—117.

114. 黄燕. 明代社会财富结构及其对我国历史发展的影响[J]. 投资与合作,2021(09):229—231.

115. Joseph Schumpeter. *The Economics and Sociology of Capitalism*, edited by Richard Swedberg, Princeton University Press, 1991.